프랜차이즈 슈퍼바이저의 정석

프랜차이즈
슈퍼바이저의 정석

$\overline{}\widehat{oo}$

| 김진석 지음 |

휴엔스토리

슈퍼바이저가 반드시 읽어야 할 지침서

슈퍼바이저는 프랜차이즈 핵심 역량이고 심장부이다. 성공적인 가맹 사업을 완수하는 데 있어서 슈퍼바이저의 역할은 이루 다 표현할 수 없을 정도로 차지하는 비중이 크다. 상대방의 상표 및 상호와 서비스 등 경영 기법을 자신의 사업에 활용하기 위해 일정한 비용을 지급하는 형태의 계약 관계를 형성하는 프랜차이즈는, 구성하고 있는 요소들을 조직적으로 체계화하여 한군데 응집시켜서 추구하는 목적을 달성하기 위해 통일성을 유지할 수 있도록 매뉴얼을 확립하고, 현장에서 강력하게 실행할 수 있도록 해야 한다. 이것이 슈퍼바이저가 이행해야 할 역할이며 책무이다.

프랜차이즈 슈퍼바이저의 정석은 슈퍼바이저의 모든 것에 대해 이론적인 지식에서 완전히 탈피하여 현장에서 발생하고 있는 일들을 현실적이고 사실적으로 생생하게 정리한 국내 최초의 슈퍼바이저 전문 서적이다. 슈퍼바이저가 주어진 일을 해낼 수 있는 힘과 기량을 배양하여 최고의 슈퍼바이저가 되는데 길잡이가 되는 지침서가 될 수 있도록 슈퍼바이저의 A부터 Z까지 모두 다루었다. 프랜차이즈 시스템과 특성을 이해하기 쉽게 서술하였으며 가맹 본부와 가맹점에서 준수해야 할 일에 대해서 심도 있게 기술하였다. 누구나 쉽게 이해할 수 있도록 현직에서 실제 사용하고 있는 언어를 구사하였으며 가맹점 현장과 동떨어진 표현은 아예 배제하고 수록하였다.

프랜차이즈 시스템에서 가맹 본부와 가맹점의 동반 성장을 위해 원활한 의사소통과 감정 및 생각을 전해주는 임무를 수행하는 슈퍼바이저가 현장에서 추진해야 할 일들을 적나라하게 기록하였다. 슈퍼바이저가 해야 할 일과 주어진 일을 효율적이고 생산적으로 할 수 있는 방안을 중점적으로 정리하였으며, 슈퍼바이저가 프랜차이즈 사업을 하면서 왜 필요하고 중요한지에 관한 부분을 상세하게 세분화하여 현장감이 넘치도록 상황별로 기록하였다. 또한 슈퍼바이저의 직무에서 중요하고 핵심적인 사항들을 챕터마다 강조했다.

다년간 메이저급 프랜차이즈의 슈퍼바이저 생활부터 운영 팀장 및 운영 본부장을 거쳐서 영업본부장, 신규사업본부장과 특수사업본부장을 역임하면서 손수 터득한 노하우와 경험을 사실적으로 수록했다. 필자가 '역전할머니' 맥주가 태동했을 때부터 동참하여 메이저급 브랜드로 발전시키기까지 슈퍼바이저의 역할이 얼마나 중차대하게 영향을 미쳤는지 직접 확인한 부분을 독자가 간접적으로 느낄 수 있게 각 파트마다 실질적이고 현실적인 내용 위주로 정리했다.

슈퍼바이저의 역할에 대해서 명확하게 이해하고 터득하기 위해서는 수년간 직접 슈퍼바이저 직무를 수행해 보아야 하고, 나아가 운영 팀장 및 운영 본부장과 경영자로서 전반적인 업무를 추진해 보아야 한다. 실제 경험을 토대로 현장에서 일어나고 있는 전반적인 부분을 피부에 와 닿게 함축시켜서 기록하였으므로 지금뿐만 아니라 향후 발생할 일에 현명하게 대처하는 데 도움이 되리라 확신한다.

특히 가맹 사업을 진두지휘하는 경영자의 입장에서 바라보는 슈퍼바이저의 역할과 중요성을 피력하였다. 슈퍼바이저가 주어진 미션을 효과적으로 수행하기 위해서는 가맹 본부 임직원의 협조와 지원이 절대적이다. 슈퍼바이저 역할을 상호 공감해야만 가능하다.

가맹 본부 임직원이 슈퍼바이저를 이해하고 주어진 직무를 효율적으로 수행할 수 있도록 현장 상황을 생생하게 수록했다. 프랜차이즈 원리를 사실적이고 현실적으로 재해석하였고 가맹 본부와 가맹점을 이해하기 쉽게 기술하는 데 집중하였다.

필자는 오랜 기간 동안 여러 브랜드 가맹 본부에서 여러 직무를 수행하면서 슈퍼바이저의 중요성을 몸소 체험하였다. 창업주 경영자가 진정으로 가맹점과 상생하여 함께 동반 성장하겠다는 마음으로 가맹 사업을 펼치는 가맹 본부는 유능한 슈퍼바이저를 확보하는 데 전력을 다하고 있다는 것을 가까이서 확인하였다. 반면에 뚜렷한 목표와 비전이 없이 자의 반 타의 반 가맹 사업을 추진하는 경영자는 슈퍼바이저 육성에 대한 필요성을 느끼지 못하고 있다는 것을 알게 되었다. 이 책에서는 강력한 슈퍼바이저 제도를 구축하고 운영해야 하는 이유와 근거를 상세히 정리하였다.

슈퍼바이저의 핵심 역할에 대해서는 현장 상황에 맞게 실질적인 책무를 여러 번 강조하였다. 슈퍼바이저 역할이 머릿속에 입력되어 가맹점을 방문해서 해야 할 일과 소통 방법 및 대처 방안이 저절로 떠오를 수 있도록 실제 현장 상황을 위주로 기록하였다.

외식 프랜차이즈 산업은 아이템에 따라서 슈퍼바이저 역할이 다소 상이할 수 있다. 가맹 본부가 당면하고 있는 제반 제약 요인과 주변 환경에 의해 다르게 나타나는 것이 일반적인 현상이다. 하지만 전체적인 큰 틀에서의 슈퍼바이저의 역할은 대동소이하다고 보는 것이 옳은 해석이다. 슈퍼바이저 제도는 가맹 사업 초기부터 명확하게 시스템화하여 업무 프로세스를 확립하고 운영하는 것이 최선책이다.

프랜차이즈 가맹 본부에 종사하는 모든 슈퍼바이저가 이 책으로 인해 한 단계 점프할 수 있는 모멘트가 되어 모두가 유능한 슈퍼바이저가 되기를 기대해본다. 가맹 본부에서 주어진 여건과 환경을 감안하여 필요한 부분은 접목시켜 현업에 적용하기를 권유한다. 이 책을 통해 강력한 슈퍼바이저 제도를 구축하고 실천하여서 가맹점과 원활한 소통을 이루어 메이저급 프랜차이즈로 진출하는 교두보를 마련하는 계기가 되기를 희망한다.

김진석

contents

part 1

슈퍼바이저는
해결사이다

1. 슈퍼바이저 정의

슈퍼바이저는 프랜차이즈 시스템에서 핵심 인력이고 없어서는 안 될 중요한 자원이다. 슈퍼바이저를 프랜차이즈의 꽃이라고 부르는 이유다. 슈퍼바이저는 창업주 경영자로부터 위임받은 현장의 또 다른 CEO이다. 경영자가 가맹점을 일일이 다니면서 가맹 본부의 정책과 경영 방침을 전달하기가 현실적으로 어렵다. 가맹 본부는 슈퍼바이저가 경영자를 대신하여 가맹점을 방문해서 가맹 본부의 정책을 알리고 가맹점 사업자가 매장에서 가맹 본부의 방침을 이행할 수 있게 제도적으로 장치를 마련해 놓아야 한다. 슈퍼바이저는 가맹점에서 발생하는 일들을 가장 먼저 알아야 하고 가맹 본부의 정책들을 제일 먼저 가맹점에 전파하는 임무를 지니고 있다. 가맹 본부와 가맹점 사이 가교 역할을 하는 현장의 최일선 전사이다.

슈퍼바이저를 한마디로 정의하면 가맹 본부의 정책을 가맹점 사업자가 매장 내에서 실천하여 고객을 만족시키고 매출 증대와 수익 창출로 이어지게 하여 가맹 본부와 가맹점이 상생할 수 있도록 가맹점을 지도하고 관리하며 감독하는 기능을 담당하는 현장 소사장이라 할 수 있다. 가맹 본부에서 하고자 하는 제반 사항을 가맹점에 명확하게 전달해서 행동으로 옮기게 하는 중차대한 미션을 수행하는 실행가이며 실천가이고 행동가이다. 가맹 본부와 가맹점 간의 제반 업무에 대한 교량적인 역할을 1차 접점에서 수행하면서 상호 윤활유가 되도록 해주는 일이 슈퍼바이저의 직무이다.

슈퍼바이저는 상대방이 있는 상황에서 상대를 이해시키고 설득해서 실천에 옮기게 해야 하는 업무를 수행한다. 어떤 사안에 대해서 상대가 수긍하게 하여 실천하게 하겠다는 마음이 선행되어야 임무 수행이 용이해진다. 프랜차이즈 시스템 속성상 슈퍼바이저 역량과 자질에 따라서 메이저급의 가맹 본부가 될 수 있느냐의 성패가 달려 있다고 해도 지나친 말이 아니다.

슈퍼바이저가 가맹 사업에서 차지하는 비중은 말할 수 없이 크다. 슈퍼바이저는 가맹점을 방문한 후엔 반드시 가맹점으로부터 무언가 흔적을 남기고 갔다는 생각을 갖도록 하는 것이 중요하다. 슈퍼바이저가 매장을 방문했는데도 가맹점 입장에서 별다른 정보와 득이 없다고 생각되면 슈퍼바이저로서 기능이 상실되기 시작하고 가맹점으로부터 신뢰를 잃게 되어 가맹 본부 정책을 전달해서 실천하도록 하는 데 어려움에 봉착하게 된다.

슈퍼바이저는 가맹점 방문 시 무언가 도움을 주고 와야 한다는 생각을 가져야 한다. 의미 없는 매장 방문은 오히려 가맹점에 불편을 초래할 수 있음을 유의해야 한다. 도움이 되지 못하는 슈퍼바이저의 방문을 반기지 않는 가맹점이 의외로 많다고 해도 지나치지 않은 것이 프랜차이즈 가맹점의 실상이다.

상대를 설득시켜 인정하도록 하는 것이 결코 쉬운 일은 아니다. 가맹 사업은 가맹점이 가맹 본부를 대신해서 모든 것을 실천하기에 가맹점을 이해시키고 알아듣게 설명하여 동의를 구해야 한다. 이런 일을 슈퍼바이저가 해야 하는데 사회 경험이 부족하고 직장 경력이 미천한 경우 가맹점을 상대로 헤쳐나가기가 만만치 않다. 슈퍼바이저의 역량 강화를 위한 교육이 중시되는 이유이다.

슈퍼바이저는 가맹 본부와 가맹점을 이어주는 가교 역할을 하는 기술자이다. 그래서 가맹 사업은 슈퍼바이저로 시작해서 슈퍼바이저로 끝난다는 말이 가장 적절한 표현이다. 가맹점에서 발생하는 모든 일은 슈퍼바이저가 최초로 알고 있어서 모든 정보와 매장 운영 상황을 상사에게 보고하고 관련 부서와 협의를 통해 가맹점의 고충을 처리해주고 가맹점의 문제점을 파악해서 해결할 수 있는 대안을 가맹점에 피드백해주어야 한다. 가맹 본부의 정책을 현장에서 실행시켜 가맹 본부와 가맹점이 상호 상생하도록 해주는 중차대한 임무를 수행하는 것이 슈퍼바이저의 역할이라 할 수 있다. 이처럼 프랜차이즈 산업에서 슈퍼바이저의 역할은 가맹 사업의 근간을 흔들어 놓을 만큼 지대하다.

슈퍼바이저는 가맹 본부 경영자를 대신하여 가맹점에 가맹 본부의 정보를 전달하는 임무를 수행한다. 가맹점을 정기 또는 수시로 방문하여 가맹점에서 나오는 건의사항을 청취해서 가맹 본부에 보고하여 부서 협조를 구하고, 최종적인 가맹 본부의 결정을 피드백해주어 가맹 본부와 가맹점 사이의 원활한 소통을 유지해주는 일을 담당하고 있다. 또한 가맹 본부와 가맹점이 한마음이 될 수 있도록 서로의 여건과 환경을 긍정적인 방향으로 조성시켜줄 수 있는 미션도 지니고 있다.

슈퍼바이저는 매장 내에서 발생하고 있는 모든 일에 대하여 관리 감독하고 개선시키는 일을 하는 가맹 본부의 중심이 되는 인력이다. Super와 Visor가 합체된 단어가 슈퍼바이저이다. 슈퍼바이저는 가맹 본부의 정책을 가맹점에 전달하는 전달자이고 가맹점의 건의 사항을 가맹 본부에 보고하는 보고자이며 가맹 본부와 가맹점 간의 커뮤니케이션 채널 통로이고 매장의 운영상의 문제점과 현안 과제를 파악해서 개선할 수 있도록 아이디어를 발휘하는 역할을 수행하는 창조자다. 또한 가맹점의 매출이 유지되거나 상승하여 이익이 나도록 해주는 기획자이고 실행자이다. 슈퍼바이저가 주어진 역할을 잘 수행하기 위해서는 강력한 리더십과 커뮤니케이션 능력을 갖추고 있어야 한다. 이것은 부인할 수 없는 진리이다.

슈퍼바이저는 직역하면 관리자, 감독자, 부서의 부서장을 뜻한다.

프랜차이즈 슈퍼바이저의 정석

매장의 매출을 증대시키기 위한 활동을 하는 매출 증대자이다. 프랜차이즈 업계에서는 통칭하여 하나의 가맹 본부와 많은 가맹점을 한곳으로 묶어주는 다리 역할을 이행하는 자라고 부르고 있다.

프랜차이즈 시스템은 상하 관계의 개념이 아니고 가맹 본부와 가맹점이 동등한 위치에서 각자에게 주어진 일을 수행하는 수평적 관계이며 함께하는 사업자 관계로 형성된 사이다. 그 속에서 슈퍼바이저는 가맹 본부와 가맹점 사이에서 발생하고 있는 사항에 대하여 상호 정보를 전달해주는 일을 담당하고 있다. 매장의 인력을 관리해주고 고객 응대 요령을 교육하고 매장 운영에 관한 경영을 진단해주며 가맹점 재산을 관리해주는 소통 전문가이다.

슈퍼바이저는 가맹 본부에서 구축한 프랜차이즈 시스템을 가맹점 사업자가 확실하게 매장을 운영하면서 적용하고 있는지 관리하고 감독하여서 효율적인 운영이 되도록 상담하고 교육해서 개선시키는 일을 담당하는, 프랜차이즈 시스템에서 없어서는 안 될 존재이다. 가맹 본부가 가맹점을 지원하는 일의 전체로서 매장의 경영 전략 수립과 실천을 하여 실질적인 매출과 수익이 나오게끔 하는 일련의 활동을 하는 것을 슈퍼바이징이라고 지칭하고 있다. 슈퍼바이징은 슈퍼바이저 활동 전부를 의미한다. 슈퍼바이저는 가맹 본부와 가맹점 사업자, 가맹점 사업자와 고객, 가맹 본부와 고객 사이의 매개체 역할을 하는 조정자이고 해결사이다.

2. 슈퍼바이저 책무

슈퍼바이저 업무를 수행하면서 중시하고 실행해야 할 책임과 의무는 다양하다. 슈퍼바이저는 매장을 방문해서 해야 할 기본적인 업무는 놓치지 말고, 지도 및 점검하고 개선해주고 오는 습성을 지녀야 한다. 슈퍼바이저가 해야 할 역할을 이해하지 못하면 매장을 방문하여도 구체적으로 무슨 일을 하고 와야 하는지 잘 몰라서 형식적인 방문, 즉 방문을 위한 방문이 될 수 있기에 슈퍼바이저 육성에 전력을 다해야 한다. 슈퍼바이저 자신이 가맹점을 관리하면서 어떤 부분을 집중적으로 체크하고 지도해야 하는지조차도 모르는 상태에서 매장을 방문하는 일이 있어서는 안 된다.

운영팀은 슈퍼바이저 회의를 통하여 현장에서 시시각각으로 발생하고 있는 일들을 공유하고 어떻게 가맹점을 관리하는 것이 효과적인지를 논의하면서 최적의 활동을 하도록 해주어야 한다. 맡은 바 책무를 다할 때 가맹점의 불만이 최소화될 수 있어서 브랜드 가치가 올라가게 된다는 것을 슈퍼바이저는 마음속에 새기고 매장 관리를 할 수 있어야 한다.

(1) QCS 점검

양질의 품질로 깨끗한 환경에서 인사를 잘하며 고객에게 다가가는 친절한 서비스를 지속적으로 제공할 때 충성 고객이 확보되어 매출 증대로 이어져 수익이 난다. 이것이 가장 기본적인 사항인데도 말과 생각처럼 쉽지 않다. 좋은 품질을 유지하고 위생 청결에 만전을 기하고 고객이 감동할 만한 서비스를 제공하는 것은 외식업에서 아무리 강조해도 지나치지 않다. 프랜차이즈 업계에서는 이 부분을 QCS라고 총칭하고 있다. 매출하고 직접적으로 연관되는 중요 사항이다.

QCS 점검은 슈퍼바이저가 가맹점을 방문해서 해야 할 의무 사항이고 가맹점을 관리하면서 중점적으로 지도해야 할 항목이다. 점검할 항목을 체크리스트로 만들어서 매장 방문 시 객관적으로 체크해서 미흡한 부분을 개선할 수 있도록 지도 및 교육하고, 기한을 정해주어 그때까지 시정 조치 하도록 하여 반드시 개선되었는지 확인하는 것이 필요하다.

슈퍼바이저는 담당하고 있는 가맹점을 방문하여 매장에서 매뉴얼을 준수하지 않으면 해당 매장으로 인해서 브랜드 가치 하락으로 이어지게 되고 나아가 타 매장의 불이익으로 파생된다는 사실을 강조하고 특히 선의의 타 가맹점이 불이익을 본다는 점을 피력해야 한다. 왜 매뉴얼을 준수해야 하는지를 명확하게 설명하고 이해시켜 수긍하게 만들어서 매장에서 운영 매뉴얼을 지켜나가도록 해야 한다.

실질적으로 가맹점을 오픈해서 어느 정도 기간이 경과되어 안정적으로 운영된다고 판단되면 가맹점 사업자가 자리를 이석하기 일쑤이고, 돈이 되는 다른 곳으로 눈을 돌리는 경우가 많은데, 그렇게 되면 이때부터 매뉴얼 준수가 잘 이행되지 않게 된다는점을 슈퍼바이저는 유념하면서 활동을 해야 한다.

QCS 점검은 슈퍼바이저의 중요한 미션임을 명심하고 실행해야 한다. 하지만 매장을 방문하자마자 "QCS 점검 왔습니다." 하면서 곧바로 실시하는 것은 금물이다. 자칫하면 어디 관에서 조사 나온 것 같은 기분이 들 수 있어서 기분이 상할 수 있는데 가맹점에 그런 기분을 느끼게 해서는 안 되기 때문이다. 가맹점 입장에서는 죄인 같은 기분이 들지 않게 처음부터 불쾌하지 않도록 친근감을 표시하면서 첫 이미지를 부각시키고 세상 돌아가는 이야기를 하면서 마음을 열었다는 생각이 들 때 점검을 시작하는 것이 좋다. 슈퍼바이저 경험이 미천할 경우 매장을 방문해서 가맹점 사업자나 직원을 보자마자 본론으로 들어가는 경우가 간혹 있는데 하수들이 하는 행동이다. 기승전결의 논리를 적용하는 것이 좋다.

가맹 본부와 가맹점은 공동의 목표를 지닌 동반 사업자이지 누가 누구를 감독하는 관계가 아니기에 서로 존중하는 자세가 있어야 한다. 가맹 본부의 정책을 현장에서 그대로 잘 이행하고 있는지 확인하고 점검해서 개선시키는 임무가 슈퍼바이저에게 있음을 숙지하고 실천해야 한다. 전 가맹점의 통일성을 강조하는 프랜차이즈 사업의 특성상 매장마다 똑같은 맛을 내게 하고 주방과 홀 및 화장실 등을 청결히 유지하면서 매장에서 근무하는 매장 직원들이 진정으로 고객을 대하고 서비스에 만전을 기하도록 하는 역할은 슈퍼바이저의 중요한 임무이다.

사람은 자신도 모르게 어떤 일에 익숙해지면 나태한 타성에 젖어들게 되는데 이때 일에 대한 긴장을 유발시켜 텐션을 올리도록 자극해줄 필요가 있다. 이런 일을 슈퍼바이저가 가맹점을 방문할 때마다 해주어야 한다. 매장 안에 있는 화장실에 비데를 설치하고 청결을 유지하여서 고객이 자신의 집 화장실보다 깨끗하다는 이미지를 주어 고객 유입이 많아져서 매출이 상승하는 경우가 있는 것처럼 슈퍼바이저는 가맹점에서 섬세한 부분까지 고객을 위해 배려하도록 지도해야 한다. QCS 점검 활동을 슈퍼바이저가 규칙적이고 체계적으로 실시하는 것이 브랜드 경쟁력을 상승시키는 지름길이다.

　가맹 본부에서 정해놓은 운영 매뉴얼을 가맹점에서 원칙에 입각하여 운영하게끔 지도하고 교육하는 책무를 슈퍼바이저가 지고 있는데 이를 성공적으로 실행시키려면 슈퍼바이저 자신이 올바르게 운영 매뉴얼을 이해하고 숙지하고 생활화하고 있을 때 가능하다. 슈퍼바이저가 존재하는 이유는 가맹 본부 정책과 규정을 현장에서 실천하도록 교육하며 제대로 실행하고 있는지를 확인해 어긋나는 운영을 하는 가맹점은 개선할 수 있게끔 지도하는 역할을 수행하기 때문이라고 단정할 수 있다. 운영 매뉴얼 준수는 가맹 사업의 성패가 달려있다고 해도 과언이 아니다. 이러한 일을 실행하게 하는 일을 슈퍼바이저가 해야 하는 것이기에 슈퍼바이저를 가맹 본부의 핵심 인력이라고 지칭하는 것이다.
　프랜차이즈 시스템은 전체 가맹점을 통일되게 운영하도록 물리적으로 만드는 것이 주된 특성이다. 가맹점 사업자는 자기 매장의 편의성만 생각하여 매뉴얼을 안 지킨다고 무슨 일이 있겠느냐 하는 식으로 대수롭지 않게 여길 수 있다. 반면에 가맹 본부는 매장 운영의 통일성이 결여되는 순간부터 시스템이 무너진다고 생각한다. 그러므로 쌍방의 사업관이 상이해서 분쟁의 실마리가 되는 일이 발생하게 된다. 이때 상호 공동체 의식을 심어 주는 일을 슈퍼바이저가 하는 것이다.

　슈퍼바이저는 가맹점에서 맛과 품질을 준수하고 위생 청결을 잘 지키면서 고객이 만족하는 서비스를 제공할 수 있도록 가맹점 관리를 해야 한다. QCS 지도를 철저하게 하고 감독하는 것이 슈퍼바이저의 첫 번째 중요한 역할이다. 운영 매뉴얼을 준수하고 매장을 운영할 수 있도록 지도 및 관리해야 한다.

슈퍼바이저는 전 메뉴가 완벽하게 아이템에 따른 제품이 완성될 수 있도록 조리법을 숙달하여서 매장에서 가맹 본부가 규정하고 있는 레시피를 준수하고 고객한테 제공되는지를 점검하고, 미비한 부분은 직접 조리하여 교육할 줄 알아야 한다. 또한 슈퍼바이저는 가맹점 사업자는 물론 일하는 직원 전체가 마음에서 우러나오는 인사를 고객한테 하도록 교육하고 고객에게 늘 다가가는 서비스를 할 수 있도록 지도해야 한다. 가맹점에서 발생하는 각종 클레임을 접수하고 처리해서 가맹점에 피드백을 해주는 역할도 수행해야 한다.

가맹점에서 종사하는 근무자에게 가맹 본부가 지정한 유니폼을 착용하게 하는 역할도 슈퍼바이저 업무 중 손꼽히는 역할이다. 유니폼을 미착용하고 매장에서 일하는 순간부터 브랜드 파워는 찾을 수 없게 된다. 가맹점 사업자 및 종업원의 마음 자세가 유니폼을 입는 순간부터 다르게 되고 고객 관리에 정성을 다하게 되기 때문이다. 프랜차이즈 사업은 가맹점에서 유니폼을 착용하지 않고 근무하는 순간부터 브랜드 통일성이 결여되기 시작하기에 유니폼 미착용에 대해서 관용을 베풀어서는 안 된다. 슈퍼바이저는 담당 가맹점의 유니폼 착용은 100프로 준수하게 만들어야 한다. 생각보다 가맹점의 상시 유니폼 착용이 쉽지가 않으므로 슈퍼바이저는 이를 유념하고 매장의 유니폼 착용 의무화를 강조하고 실행시켜야 한다. 별거 아니라고 생각하기 쉬운 부분이지만 브랜드 가치를 증대시키고 강력한 가맹 본부를 만드는 데 중요한 부분이 유니폼 착용임을 명심하고 슈퍼바이저가 책임지고 유니폼 착용을 의무화해야 한다.

매장을 방문하다 보면 가맹점 사업자는 대표라는 마음이 한곳에 머무르게 되어 유니폼 착용을 대수롭지 않게 여기고 사복 차림으로 근무하는 사례가 있는데 슈퍼바이저는 유니폼 착용을 강력하게 지도하여 매장에서 일하는 근무자는 누구나 유니폼을 입고 근무할 수 있도록 해야한다. 유니폼 착용을 이렇게 강조하는 이유를 슈퍼바이저는 현장 근무를 통해 피부로 느끼게 될 것이다.

(2) 클레임 접수 및 처리

가맹점에서 발생하는 고객의 불만 사항과 가맹점의 고충 처리를 정확하게 접수해서 최대한 신속하게 관련 부서와 협조하여 현안 과제를 처리해주는 역할을 잘 수행해주느냐가 가맹점으로부터 인정받는 슈퍼바이저가 되는 지름길이다. 클레임 처리를 가맹점이 만족할 만한 수준으로 신속히 처리해서 불만 사항을 해결해주면 슈퍼바이저와 가맹점의 신뢰가 쌓이게 되어 상호 유대 관계가 돈독해져서 정책을 실행시키는 데 용이하다.

슈퍼바이저는 평소 매장 관리를 하면서 클레임을 사전에 최소화하도록 가맹점 지도를 잘해놓는 것이 중요하다. 예기치 못한 불만 사항이 발생할 수 있는 것이 현장이기는 하나 이를 미연에 방지할 수 있도록 가맹점을 지도하는 것도 슈퍼바이저의 능력이고 임무이다. 슈퍼바이저는 자신이 가맹 본부임을 명심하고 가맹점 클레임 요구에 대처하고 신속하게 처리해주어야 한다. 슈퍼바이저에 대한 가맹점으로부터의 믿음과 신뢰가 여기서부터 싹트느냐 아니면 무너지느냐가 판가름나기 시작하니 특히 유의해야 한다.

클레임 접수 건수를 분석해보면 슈퍼바이저 역량에 따라서 클레임 발생 빈도가 나타남을 알 수 있다. 평소에 슈퍼바이저가 가맹점 방문 활동을 잘하여 매장 운영 매뉴얼을 잘 준수하도록 지도하고 감독한 경우는 상대적으로 클레임 접수가 적은 편이다.

클레임 유형에는 고객으로부터 발생하는 부분과 가맹점에 접수되는 부분으로 나누어진다. 고객으로부터 발생하는 클레임은 우선적으로 가맹점에 연락해서 자초지종을 파악하고 고객과의 중재 역할을 해주는 것이 필요한데 여기서 상대의 말을 진정성 있게 들어주는 경청의 자세를 갖는 것이 급선무다. 화가 나 있는 상태에서는 어떠한 말이든지 끝까지 경청해주는 것이 좋다. 상대방의 고충을 들어주고 난 후 자신의 견해를 말해야 상대가 수긍하고 화를 식히게 되기 때문이다.

고객 클레임은 고객과 가맹점 사이에서 발생하는 일이 다반사이다. 양쪽 입장을 다 들어보고 합리적인 판단으로 중재 역할을 해주어야 하는데 결국 가맹점도 넓은 의미로 보아서는 가맹 본부라 할 수 있으므로 고객 입장에서 해결책을 제시해주는 것이 효율적인 방책이라 할 수 있다. 고객은 가맹점보다는 브랜드를 보고 매장을 찾아가는 경우가 많기에 이 부분을 유념해서 클레임 처리를 해주는 지혜가 필요하다. 이때는 가맹점이 곧 가맹 본부이다.

슈퍼바이저는 가맹점에서 발생되는 클레임을 상사에게 즉각 보고하는 습관을 지녀야 한다. 슈퍼바이저 스스로 판단해서 아무 일도 없었던 것처럼 묻어버리면 안 된다. 현장에서는 먹어버린다는 표현을 사용하기도 한다. 가맹점의 클레임 요구가 별거 아니라고 생각해서 상사에게 보고를 안 하고 슈퍼바이저가 스스로 먹어버리면 작은 불씨가 나중에는 큰 불씨로 변해서 걷잡을 수 없는 상황으로까지 가는 일이 있으므로 주의해야 한다. 더불어 클레임 처리를 가맹점에서 만족스럽지 못하게 가맹 본부에서 처리해 주었을 때도 가맹 본부에 대해 부정적인 이미지가 남게 되어 우호도가 안 좋게 되므로 슈퍼바이저는 클레임 발생 건에 대한 보고를 습관화해야 하고 자신이 끝까지 마무리해서 가맹점의 고충을 해소할 수 있도록 해주어야 한다. 클레임 접수 시에는 경과에 대한 피드백을 해주는 습성을 지녀야 한다.

특히 제품 관련 클레임 건은 가능한 반품 처리를 해주는 것을 원칙으로 하는 것이 좋다. 이번 제품에 한해서 그렇다고 합리화를 시키는 것은 바람직하지 못한 처사이다. 유통기한이 임박한 제품이 매장에 도착했을 시 반품을 요청하면 즉시 교환해주는 것이 좋다. 짧은 유통기한의 제품이 섞여서 매장으로 반입되는 사례가 있을 때 슈퍼바이저가 그냥 사용해도 된다고 하기보다는 가맹점의 요구대로 처리해줄 줄 알아야 한다.

매장을 오픈한 초기에는 인테리어 공사에 대한 불만 사항이 예상보다 많이 나타나고 있는 것이 프랜차이즈 가맹 사업의 실태이다. 공사 업체에 따라서 A/S 부문에서 불만 사항 표출이 심하게 일어나고 있는 실정이다. 슈퍼바이저가 매장이 오픈 된 후부터는 매장 일에 대해서 모든 것을 관리해주어야 할 의무가 있기에 공사 관련 클레임 처리에 소홀히 해서는 안 된다. 인테리어 부분은 슈퍼바이저가 공사 팀과 평소에 유기적인 관계를 잘 맺어 두고 있으면 매장 공사 관련 클레임을 처리하는 데 도움이 된다. 가맹 본부마다 여건이 다를 수 있지만 가맹점에서 발생하는 공사 클레임도 슈퍼바이저한테 일차적으로 접수되기에 슈퍼바이저가 초기 대응 방법에 의해서 가맹점 만족도가 다르게 된다는 것을 알아야 한다. 인테리어 업체의 인적 물적 환경에 따라서 공사 클레임 처리가 늦어지고 미처리되는 일이 많이 나타난다. 가맹 본부는 공사 업체가 매장 오픈 후 며칠 안에 의무적으로 공사한 가맹점을 방문해서 사후 서비스를 해주도록 업무 프로세스를 정립해두어야 한다.

현대의 가맹 사업은 가맹점에 금전적으로 가맹점의 의사와 무관하게 일방적으로 정책을 전개하는 것 자체가 힘들다. 갑질 문화가 사라진 작금의 사회 구조 속에서 횡포에 가까운 가맹 본부의 행동은 있을 수 없기에 예전보다 가맹 본부에 대한 클레임이 다소 줄어든 것은 사실이나 아직도 가맹점에서 발생한 문제로 담당 슈퍼바이저 또는 가맹 본부로 전화를 하든지 가맹 본부에 찾아와서 불만을 토로하고 있는 것이 프랜차이즈 업계에 일상화되어 있는 현상이다.

가맹 본부에 요청하는 클레임 사안은 무수히 많다. 그중에서도 인근 가맹점과의 상권 중복 및 이격 거리, 공사 하자, 제품 불만족 등이 주류를 이룬다고 할 수 있다. 슈퍼바이저는 사전에 자주 발생하고 있는 클레임 유형을 분석해서 유사한 상황이 재발하지 않도록 대처 방안을 마련하여 가맹점을 관리하는 지혜가 있어야 한다. 가맹 본부와 가맹점이 서로가 상생한다는 것을 말로만 한다는 마음이 가맹점에서 들지 않도록 슈퍼바이저는 고객 및 가맹점 클레임 처리에 온갖 정성을 쏟아 부어야 한다. 그러나 클레임이 발생하는 것이 전적으로 가맹 본부에 책임이 있다고 볼 수는 없다. 가맹점에서 매장 운영 관리를 잘못해서 발생하는 경우도 의외로 많다.

가맹점에서 발생하는 각종 클레임을 신속 정확하게 처리해서 피드백 해주는 슈퍼바이저는 가맹점으로부터 칭송을 받을 수밖에 없다. 실제적으로 어느 브랜드나 슈퍼바이저를 인정해주는 1순위 범주에 속하는 내용이 가맹점 클레임을 신속 정확하게 처리해주는 경우이다. 클레임 접수 건은 유관 부서와 조속히 업무 협조를 통해야만 처리가 가능하므로 평소에 동료 및 선배와의 친밀감을 유지하면서 직장 생활을 하는 것이 필요하다. 비단 클레임 건이 아니더라도 조직원과의 융화는 필수적인 사항이므로 슈퍼바이저는 이 부분을 가슴속 깊이 새기면서 평소 원만한 대인관계와 인품이 있다는 평판을 받도록 자기 관리를 하는 것이 좋다. 타 부서의 도움이 필요하게 될 경우 인지상정이란 말이 있듯이 직장 예절을 지키며 직장생활을 하는 습관을 갖도록 하는 것도 소홀히 해서는 안 되는 부분임을 슈퍼바이저는 새길 필요가 있다.

(3) 사입 제품 관리

가맹 본부에서 공급하는 원부재료를 가맹점에서 사용하고 있는지 확인하고 미사용 시 지도해서 개선하는 일을 슈퍼바이저가 해야 한다. 원부재료를 식자재라고 표현하기도 한다. 가맹 본부 식자재를 사용하지 않을 시 사입 제품 및 물류 이탈이라고 호칭한다.

프랜차이즈는 매장 운영에 관한 제반 사항을 가맹 본부의 정책에 따라 매뉴얼을 준수해서 통일성을 유지하여 어디서나 같은 품질로 같은 맛을 내는 것을 원칙으로 한다. 프랜차이즈를 선택하고 가맹점 신분으로 매장을 운영하면서 가맹 본부의 매뉴얼을 지키지 않고 개인 매장을 운영하는 것처럼 제각기 원부재료를 사용하여 고객에게 제품을 제공하는 순간부터 브랜드 가치는 하락하게 되어 프랜차이즈 시스템의 존립 자체가 흔들리게 된다. 한집안에서 가족이 둘러앉아 같은 재료를 사용해서 김치를 담근다 해도 맛이 다르다. 하물며 다른 식자재를 사용하여 제품을 완성한다고 가정할 때 매장마다 맛이 다르게 될 수밖에 없다. 가맹 사업의 근간이 흔들리기 시작하는 단초가 되는 것이다. 슈퍼바이저는 이러한 폐단을 가맹점 관리를 통해 방지해야 한다.

사입 제품 단속은 매장 현장을 방문해서 직접 현물을 목격해야만 가맹점에 시정 조치를 할 수 있다. 가맹점에서 가맹 본부 식자재를 사용하고 있는지 확인하는 최상의 방법은 슈퍼바이저가 자주 매장을 방문하는 것이다. 간혹 불필요하게 슈퍼바이저가 가맹점을 자주 갈 필요가 있느냐고 하면서 가맹 본부에서 매장 담당을 두고 유선으로 관리하면 된다는 가맹 본부가 있는데 프랜차이즈 시스템을 모르고 하는 소리다. 어느 아이템이라도 가맹 사업을 하는 경우는 슈퍼바이저에 의한 매장 방문을 통한 관리는 필수이다. 가맹 본부와 가맹점은 근본부터 다른 사람들이 하나가 되어가는 과정의 연속이기에 누군가 일정한 통제를 하지 않고는 물리적으로 공동 이익을 추구하기가 어려운 특수적인 관계이다.

가맹점에서 사입 제품을 사용하는 경우는 가맹 본부에서 공급하는 제품의 공급가가 비싸다고 판단될 때 자신이 아는 거래처에서 주문해서 사용하는 경우가 있다. 슈퍼바이저가 적발하여 개선해야 한다. 때로는 가맹 본부에서 사정이 생겨서 물량 공급이 수월치 않아 부득이하게 사입 제품을 사용하는 일도 있는데 이때는 어쩔 수 없이 묵시적으로 인정해주는 일이 생긴다. 가맹 본부의 의무를 다하지 못해서 발생하는 것이므로 재발하지 않게 해야 한다. 가맹점에서 가맹 본부의 방침에 어긋나게 원부재료를 타제품으로 사용하는 것은 슈퍼바이저가 원천 봉쇄할 수 있어야 한다.

사입 제품을 근본적으로 사용하지 못하게 가맹 본부에서 시행할 수 있는 방법으로 불시에 슈퍼바이저를 집합시켜서 담당 지역이 아닌 곳으로 조를 편성해서 점검하는 방법이 있다. 슈퍼바이저가 담당하는 매장이 아닌 매장을 동료 슈퍼바이저가 점검하는 형태이다. 상호 크로스 체크하는 방식이다. 단속하기 전에 미리 매출 대비 원부재료 주문량을 분석해서 매장당 평균에 미달하는 가맹점을 위주로 시행하면 효과적이다. 전산을 이용하여 원부재료를 주문량과 매출 관계를 파악하여 평균 비율보다 낮은 매장 위주로 집중적으로 일시에 점검하면 되는데, 여기서 주의해야 할 사항은 점검 대상 매장에 대한 비밀 유지이다. 슈퍼바이저가 담당 매장이 적발당했을 시 책임 추궁을 두려워해서 본인 매장에 사전에 사입 제품을 단속한다는 말을 흘릴 수 있으므로 누설하지 못하도록 안전장치를 마련해 두는 것이 좋다. 발설할 때는 문책한다는 것을 강조해두어야 불시 점검이 실효를 거둘 수 있다.

사입 제품 사용이 발각된 가맹점 사업자는 타가맹점에게 조치 사항을 전파시켜 경각심을 불러일으키게 하는 것이 향후 물류 이탈 방지에 큰 도움이 된다. 한 번의 불시 점검에 대해 가맹점에서 느끼는 강도는 예상보다도 크고 직접 와 닿으므로 가맹 본부에서 시행해보기를 권장한다.

어느 가맹점에서 가맹 본부 제품을 사용하지 않고 개인적으로 구입하여 제품을 완성시켜 맛이 일정하게 나오지 않아서 고객 클레임이 접수될 시 타 가맹점에 피해를 준다는 것을 필히 슈퍼바이저는 해당 가맹점에 주지시켜야 한다. 본의 아니게 피해를 보게 되는 매장이 생긴다는 것을 임팩트를 주어 피력해야 한다. 이 방법을 사용하면 사입 제품을 사용하는 가맹점 사업자는 할 말을 잃게 되어 개선하게 되어 있다. 고객들은 여러 가맹점을 다니면서 소비를 하기에 매장의 특색을 금방 알게 되고 타 매장을 갔을 때 전에 갔던 매장 상황을 반드시 말하게 되어 있다. 여기는 전에 갔던 매장과 맛이 다른데 왜 그러냐고 반문할 수 있기 때문이다. 가맹 본부의 운영 매뉴얼을 잘 준수하고 있는 가맹점 입장에서는 이 말을 고객에게서 듣는 순간 황당할 수밖에 없기에 슈퍼바이저의 사입 제품 단속은 말로 표현할 수 없을 정도로 중요하다고 할 수 있다.

가맹 사업은 전 가맹점이 가맹 본부의 매뉴얼을 준수해서 어느 매장에서나 똑같은 맛을 유지하고 최고의 서비스를 제공할 때 다수의 매장을 확보할 수 있다고 단언할 수 있다. 가맹점의 매뉴얼 미준수를 묵인해주는 가맹 본부는 마이너급에서 머무를 수밖에 없다. 이 세상에서 절대로라는 말은 절대로 없기에 절대로 사용하지 말라는 말이 있지만 예외라고 단정 지어도 될 정도로 중시해야 한다.

가맹점마다 맛의 통일성을 유지하게 하는 것은 가맹 사업의 근간이기에 매장에서 어떠한 변명을 하더라도 허용해서는 안 되고 용납해서도 안 되는 사항이다. 불변의 진리이다.

(4) 경영 분석

독립 점포를 운영하지 않고 프랜차이즈 매장을 운영하는 이유는 손쉽게 가맹 본부의 지식과 노하우를 비롯해 브랜드 경쟁력에 대한 수혜를 보면서 인지도 있는 브랜드 가치를 믿고 수익을 창출하고 싶은 마음이 앞서서이다. 예비 창업자들이 프랜차이즈 문을 두드리게 되는 이유이다.

가맹점 매출이 곧 가맹 본부 매출이다. 슈퍼바이저는 매장의 인력 관리에서부터 전반적인 사항이 효율적이고 생산적으로 운영될 수 있도록 지도해 줄 수 있어야 한다. 판촉 활동을 함께 기획해주고 현장에서 함께 지원해주어야 한다.

가맹 본부의 아이템과 브랜드를 선택한 것은 매장을 운영했을 때 수익이 나겠다는 확신이 있어서이다. 경험이 미천한 슈퍼바이저는 현실적으로 손익 분석을 해주지 못하는 경우가 많다. 매장의 경영 분석은 고도의 기술을 요하는 것이 아니다. 단순한 수식에 의해 산출할 수 있으므로 조금만 노력한다면 누구나 할 수 있는 일이다. 그러나 운영 전반에 관한 진단을 할 수 있어야만 가능하다. 어느 부분을 개선하면 효율적이고 생산적으로 매장을 운영해서 이익을 극대화할 수 있는지를 진단하고 대안을 마련하여 조언해 주는 역할 또한 슈퍼바이저가 해야 할 중요한 일이다. 슈퍼바이저가 다녀가면 매출이 오르고 매장이 활기를 띤다는 말을 들을 수 있을 때 최고의 슈퍼바이저 소리를 듣게 된다. 불필요한 제반 경비를 줄여서 효율적인 매장을 운영하도록 해주는 것이 슈퍼바이저의 임무이다.

가맹점에서 매출 상승이 이루어지지 않을 경우 내부에서 문제점을 찾기보다는 외적인 요인을 탓하기 일쑤이다. 실상은 내부에 문제점이 더 도사리고 있는데 가맹 본부 탓으로 돌리려는 경향이 많은 편이다. 매출 하락 이유는 품질의 저하, 서비스 부재 등 운영상의 문제로 인해 나타나는 것이 일반적이므로 내부 진단을 슈퍼바이저는 정확하게 해줄 수 있는 실력이 필요하다. 반면 매출이 좋은 가맹점은 반드시 그 속에 무언가 그곳만의 비책이 있기 마련이다. 그 비책을 찾아서 타 가맹점에 파급시켜줄 수 있는 슈퍼바이저가 유능한 슈퍼바이저이다. 가맹점마다 모든 여건과 상황 및 환경적인 조건이 다르기에 그 가맹점에 최적화시킬 수 있는 성공 전략을 맞춤형으로 해주는 지혜가 필요하다. 아무리 좋은 안이 있어도 수용해서 실천할 수 있는 기반이 없으면 실효를 거두기 쉽지 않기 때문이다. 가맹점에서 초심을 잃지 않고 가맹 본부의 운영 매뉴얼을 준수하고 있는가를 먼저 진단하는 것이 필요하다.

■ 경영 진단 항목
① 영수 단가
② 테이블 단가
③ 식자재 비율

④ 인건비

⑤ 임대료

⑥ 수도 광열비

⑦ 카드 수수료

⑧ 현금 지출

⑨ 판매 관리비

⑩ 직원 수

■ 손익 분석 용어

① 매출액 – 매장 안에서 고객을 대상으로 제품 판매로 발생하는 총액

② 매출 원가 – 원부재료 및 포장재 구입 총액

③ 매출 이익 – 매출 총액에서 제품 제조비를 제외한 제품 판매 이익

④ 판매 관리비 – 제품 제조 이외의 판매 활동을 위해 발생하는 비용 총액으로 판매 관리비에는 인건비, 복리후생비, 수도광열비, 임차료, 통신비, 관리비, 소모품비 등이 포함된다.

⑤ 영업 이익 – 매장 운영으로 발생하는 실질 소득

⑥ 경상 이익 – 영업 이익에서 영업 외 수익을 더하고 영업 외 비용을 차감한 소득

(5) 모범 사례 전파

매장을 모범적으로 운영하여 신규 고객을 창출해서 충성 고객까지 확보하기 위한 방법은 극히 단순한 일 같지만 말처럼 쉬운 일이 아니다.

물론 기본적으로 점포 위치, 아이템, 평수 등 매출을 증대시킬 수 있는 상황들이 갖추어져 있다고 가정했을 때는 그리 어려운 일이 아닐 수도 있지만 일정한 시일 동안 부단한 노력을 해야만 가능해진다. 고객이 많고 장사가 잘되는 데는 무언가 남다른 요인이 있게 마련이다. 슈퍼바이저는 잘되는 가맹점의 모범적인 요인을 파악하고 분석해서 타 가맹점에 파급시켜줄 수 있어야 한다.

성공 사례집을 만들어서 가맹점에 배포하는 가맹 본부도 있다. 하지만 책에 의한 상호 공유는 매장 여건상 효율적이지 못하다. 책자만 배포해서는 활용도가 떨어진다. 그보다 슈퍼바이저에 의해 맞춤형 판촉 방법을 가맹점에 직접 권유하도록 해야 한다. 슈퍼바이저가 성공 사례를 숙지해서 가맹점의 특성에 부합하게 전달하여 실천시키는 것이 현장 경험상으로 볼 때 생산적인 방법이었음을 강조하고 싶다. 자신의 환경에 맞으며 피부에 와 닿는 방법을 면전에서 이해시켜주고 공감하게 해주는 슈퍼바이저를 가맹점이 원하고 있기 때문이다.

(6) 동종 업종 시장 조사

슈퍼바이저는 담당 매장 방문 시 방문 매장 인근 외식 시장의 환경적인 변화와 동종 업종 및 유사 업종의 동향을 파악해서 상사에게 보고해야 한다. 외식 프랜차이즈 시장은 잘나가는 브랜드가 있으면 그 브랜드를 카피한 유사 브랜드의 다수 출현으로 불가피하게 가맹점 매출이 평소보다 현저하게 감소하는 경향을 보일 수 있다. 매장을 방문할 시에는 해당 매장만 방문하고 오는 것이 아니라 주변에 무슨 브랜드가 오픈했고 그것이 항간에 떠도는 잘나가는 브랜드인지를 확인해야 한다. 매장에서 매출이 급감할 때는 내부 및 외부 요인이 반드시 있기 마련이므로 동종 업종이 오픈하면 슈퍼바이저는 그 매장을 둘러보고 경쟁력 있는 메뉴가 있는지 또 무엇 때문에 고객 유입이 잘되는지를 분석할 줄 알아야 한다.

슈퍼바이저는 상사에게 매장에서 일어난 일들을 상세하게 보고하는 습성을 가져야 한다. 전반적인 외식 시장 추이를 파악하여 벤치마킹할 건 하고 가맹점이 영향을 덜 받도록 대안을 마련하는 역할을 슈퍼바이저가 해주어야 한다.

시중에서 이슈가 되고 소문이 난 브랜드는 대다수가 대중성이 있는 아이템이다. 유사 브랜드의 특성은 기존 브랜드에서 약간의 변형을 유도하기 위해 무언가 새로운 것을 추가로 가미해서 완성시켜 시중에 내놓는 것이 일반적이다. 유사 브랜드가 원조 브랜드를 능가하지 못하고 쉽게 자리매김하기 어려운 이유는 앞서가는 브랜드를 똑같이 모방할 수 없어서이다. 타 브랜드를 100프로 모방하면 원조 브랜드 측에서 법적인 책임을 묻기에 완벽한 카피를 하는데 제약이 있어 근사치까지만 복사할 수밖에 없다. 원조 브랜드는 그 무엇인가 존재하고 잘되는 이유가 반드시 어딘가에 묻어 있기 마련이다.

슈퍼바이저는 현실적으로 동종 업종 파악에 비중을 크게 두지 않는 편이다. 가맹점에 의해 주변 상황을 전해 듣는 것이 대부분이다. 슈퍼바이저가 관심을 갖고 현장에 가서 유심히 확인하고 대책을 세워주는 경우가 그리 많지 않다. 그러나 유능한 슈퍼바이저는 시장 상황 파악에도 관심을 갖고 활동한다. 스탭 부서에 있는 직원들은 라인 조직과는 달리 현장 상황을 실시간 알 수 없어서 현장을 방문하는 슈퍼바이저의 정보 공유가 있어야 대안을 준비할 수 있으므로 동종 업종 파악 및 보고를 슈퍼바이저는 게을리하지 말아야 한다.

유사 브랜드의 주메뉴를 유심히 살펴볼 필요가 있다. 외식업의 주된 성공 포인트는 히트 메뉴에 있기 때문이다. 동종 업종의 유사 브랜드의 히트 메뉴를 슈퍼바이저가 유심히 관찰해서 상사에게 보고하도록 해야 한다.

(7) 재계약

창업자가 아이템을 정해 가맹 본부를 선택하여 매장을 운영한 후 보통 2년의 계약 기간이 종료되면 재계약을 해야 한다. 가맹 본부는 최초 계약 기간을 2년으로 하고 종료 후 1년 또는 2년 단위로 재계약을 실시하고 있다. 담당 슈퍼바이저는 계약 종료 전 90일에서 180일 사이에 재계약 관련된 내용을 내용 증명으로 해당 가맹점에 담당 슈퍼바이저는 발송해야 한다. 가맹점에서 발생하는 일은 모든 일이 슈퍼바이저에 의해 행해져야 하므로 재계약 추진 업무도 슈퍼바이저가 해야 한다.

재계약은 가맹 본부에 직접 내방시켜서 추진하는 것을 원칙으로 해야 한다. 계약 기간 동안 가맹 본부 정책 사항 이행 실태와 매뉴얼 준수 및 운영 상태를 편철해 놓은 서류를 보고 내용을 확인해가면서 재삼 강조할 부분은 강조하고 미흡했던 부분은 새로운 다짐을 받고 재계약을 추진해야 한다. 재계약 진행은 가맹점에서 가맹 본부 규정에 부합하게 운영을 했는지 체크하고 돌이켜보는 시간을 갖는 의미도 있다.

가맹점 자의로 재계약을 포기하기 전에 가맹 본부가 임의로 재계약

프랜차이즈 슈퍼바이저의 정석

을 중단하는 사례는 극히 드물다. 가맹점에서 운영 기간 동안 가맹 계약서에 위반된 내용이 있었을 때 가맹점으로부터 확인된 내용을 서류로서 보관해서 안전장치를 해놓아야 재계약을 추진하게 될 때 잘못된 내용에 대해 인지시키고 개선하려는 의지를 확약받을 수 있다. 브랜드 가치가 하락하여 매출 증대로 이어지지 않을 때는 가맹점에서 먼저 재계약 안 한다는 의사를 밝히지만 수익이 나는 경우는 대다수 재계약을 하기에 슈퍼바이저는 재계약이 도래되기 전까지 가맹점의 운영 실태를 서류화해서 차곡차곡 모아 두어야 한다. 슈퍼바이저가 외근 활동에 버금가는 사무 관리 능력도 갖추고 있어야 하는 이유이다. 재계약을 진행한 후 슈퍼바이저는 가맹 본부 임원에게 가맹점 사업자를 인사시켜서 상사로부터 지도 및 독려를 받게 하는 것이 향후 슈퍼바이저 역할을 수행하는 데 편리하다.

항간에 매스컴에서 시끌벅적하게 뉴스화된 사례가 있었다. 프랜차이즈 매장을 10년 이상 운영한 경우 가맹 본부에서 일방적으로 재계약을 중단하는 일이 있었다는 것이다. 너무나 오랫동안 가맹점과 관계를 유지하다 보니 매장을 운영하면서 매너리즘에 빠질 수 있고 가맹 본부의 제반 사항을 너무 잘 알고 있어서 긍정적인 면보다는 부정적인 면이 많다고 보아 의도적으로 재계약을 안 한다고 통보한 경우다. 결국은 재계약을 해주었는데 이처럼 오랜 세월이 흘러도 지속적으로 가맹점을 하도록 슈퍼바이저가 역할을 잘 수행해서 브랜드 가치를 증대시켜놓을 수 있어야 한다.

이처럼 브랜드 경쟁력이 있을 시는 재계약이 순조롭게 지속적으로 이루어지게 되어있다. 슈퍼바이저는 재계약이 도래되는 가맹점을 6개월 이전부터 체크하고 있으면서 집중 관리를 해가는 것이 좋고, 재계약 도래 예정 가맹점에 관심을 갖고 지도하도록 해야 한다. 슈퍼바이저는 가맹점 사업자에게 상사로부터 특별한 지침을 받기 전에는 어떤 사유로든지 재계약을 안 해줄 수도 있다는 말을 발설하지 말아야 한다. 무심코 던진 말에 가맹점은 크나큰 마음의 상처를 받게 되고 가맹 본부에 대한 부정적인 이미지가 생기게 되기 십상이기 때문이다.

(8) 양도 양수

슈퍼바이저는 맡고 있는 가맹점의 동태를 수시로 파악하고 있어야 하고 가맹점이 양도 의사가 있는지, 매장을 부동산에 내놓았는지 가맹점 움직임을 시시각각 꿰차고 있어야 한다. 매장의 현상을 알기 위해서는 현장을 자주 방문해야 하고 수시로 유선 통화를 해야 한다. 가급적 직접 대면하고 가맹점 사업자와 대화해야 사실적으로 매장의 일을 파악할 수 있다. 사람은 마음을 비우는 순간부터 열정이 식게 되어있다. 매장 운영을 그만하겠다고 결정하면 아무래도 신경을 덜 쓸 수밖에 없기에 가맹 본부는 가맹점이 양도할 의사가 있는지 업종 전환을 하려고 하는지를 알고 있어야 한다. 이 부분은 평소 가맹점 관리를 잘한 슈퍼바이저만 알 수 있는 분야이다. 가맹점 현장에서 발생하고 있는 일들을 최초로 알고 있어야 할 책무를 지닌 사람이 슈퍼바이저인 점을 염두에 두어야 한다.

무능한 슈퍼바이저는 가맹점의 동태를 알지를 못하게 되어 있다. 가

프랜차이즈 슈퍼바이저의 정석

맹점에서 슈퍼바이저를 신뢰하지 않을 시에는 속에 있는 마음을 열지 않기 때문이다. 일부 슈퍼바이저는 가맹점의 실상을 잘 모르고 있으면서도 자신이 슈퍼바이저 임무 수행을 잘하고 있다고 착각하고 있다. 실제 현실은 가맹점에서 발생하는 일들을 겉핥기식으로 알고 있으면서 아무런 문제가 없다고 인식하고 상사에게 보고한다는 것이다. 가맹점과 원활한 소통이 안 되고 있을 때 나타나는 현상이다. 가맹점에서 슈퍼바이저를 신뢰하고 있지 않다는 증명이다.

유능한 슈퍼바이저는 가맹점에서 매장을 양도하려는 것을 어떻게든지 미리 간파한다. 기존 가맹점이 양도를 결정한 후 담당 슈퍼바이저에게 통보하는 경우 이 통보를 받는 슈퍼아이저는 주어진 책무를 평소에 이행하지 못하고 있다고 봐야 할 것이다. 믿는 슈퍼바이저에게는 양도를 사전에 알려서 인수자 협조를 구하게 되어 있다.

양도 양수는 가맹 본부 입장에서는 굳이 마다할 이유가 없다. 고정비 수익이 창출될 수 있고 때론 의도적으로 추진하는 것이 유리할 수 있기 때문이다. 프랜차이즈 속성상 가맹점의 양도 양수는 계속해서 발생하게 될 수밖에 없는데, 슈퍼바이저는 담당 가맹점의 현상을 실시간으로 파악하여서 가맹점 움직임을 알고 있어야 한다. 이 점이 중요하다. 슈퍼바이저가 모르는 가맹점의 독단에 의한 양도 양수를 결정하게 해서는 안 된다.

평상시 가맹점을 다니면서 양도 양수 의사가 있을 시 가맹점에서 행동할 절차를 사전에 이해시켜 놓아야 한다. 가맹 본부는 가맹점 수익 유지를 최우선으로 하는 정책을 펼치고 상생할 수 있는 실행안을 수립하여 브랜드 마케팅과 홍보 활동을 적극적으로 해야 하며 히트 메뉴를 계속해서 개발하여 가맹점에 공급해서 폐점보다는 양도 양수를 할 수 있도록 브랜드 경쟁력을 강화시키도록 해야 한다.

때로는 전략적 양도 양수도 필요하다. 가맹 본부에서 의도적으로 가맹점을 양도하는 것이다. 평소 가맹 본부에 대해서 불만이 많고 부정적인 성향이 강한 가맹점에 대해서는 전략적인 양도 양수를 펼치는 것이 유리하다. 브랜드 파워가 있는 가맹 본부에서 할 수 있는 행동이다.

실제 전략적 양도 양수를 통해 매장 매출도 좋아지고 가맹 본부를 바라보는 시각도 긍정적으로 변하는 경우를 많이 보아왔다. 고도의 양도 양수 기술이다. 일정한 가맹점을 확보하고 있는 가맹 본부는 양도 양수로 인해서 고정 수익이 발생해서 유동 자금 운용에 도움을 주는 일이 많다.

슈퍼바이저에 의해 체계적으로 이루어지는 양도 양수는 굳이 마다할 필요가 없다. 매장을 오픈한 초기는 매장 운영에 대한 의욕이 충만해서 매뉴얼을 준수하고 고객 서비스에 만전을 기하게 되기에 가맹 본부 입장에서는 양도 양수가 브랜드 가치 증대에 효과를 얻을 수 있는 장점도 있다.

양도 양수에서 중요한 것은 앞에서도 표현했듯이 슈퍼바이저가 가맹점의 움직임을 사전에 인지하고 소통해서 알고 있어야 한다는 것이다. 가맹 본부는 가맹점이 양수자와 일방적으로 양도를 진행하여 놓고 슈퍼바이저한테 통보하는 것을 미리 차단하고 예방할 수 있는 업무 시스템을 마련해야 한다. 가맹 본부가 양도자의 일방적인 선택을 통한 양수자의 결정이 아니라 가맹 본부가 양수자와 사전 면담을 통해 면면을 알고 가맹점 사업자로서 적합하다고 판단될 때 양도 양수를 승인해주어야 한다.

(9) 가맹점 불만 처리

슈퍼바이저의 미션 중 어느 하나도 소홀히 해서는 안 되나 가맹점 불만과 고충을 처리해주는 임무는 그 어느 것보다도 우선시해야 한다. 슈퍼바이저가 해당 가맹점의 작은 불만이라도 상사에게 보고하지 않고 속된 표현으로 현장에서 먹어버리게 되면 그것이 불씨가 되어 점점 가맹본부에 대한 우호도가 안 좋게 되어서 결국은 가맹 본부와의 불만으로 쌓여 분쟁으로 이어지기 쉬우므로 슈퍼바이저는 각별히 이 점을 유념하고 가맹점 방문 활동을 해야 한다. 가맹점 입장에서는 당사자의 매장의 매출과 수익에만 집중할 수밖에 없기에 본인의 요구 사항을 슈퍼바이저가 충족시켜주지 못하고 들어주지 않으면 무조건 가맹 본부에 대해 불만이 쌓이고 대화가 안 된다고 하는 것이 일반적인 현상이다. 외부와 차단된 일정한 공간에서 장기간 일하다 보면 근시안적인 시각이 그렇게 나타날 수밖에 없다. 원인을 파악해서 원활한 소통을 이루어 가맹 본부와 가맹점의 상호 얽혀 있는 실타래를 풀어주기 위해 슈퍼바이저가 존재하는 것이다.

피를 나눈 가족도 때로는 서운한 점이 발생하는 마당에 전혀 자라온 환경이 다른 가맹점과의 소통에서 불만이 쌓이는 것은 당연한 일이다. 슈퍼바이저는 가맹 본부와 가맹점 상호 간의 간극을 좁혀서 공통 의식을 지니도록 하고 비전을 공유하여 목적을 달성할 수 있도록 조정자 역할을 하여 불만을 최소화시켜야 한다.

■ 가맹점 불만 사유

① 가맹점 의사와 무관하게 강제적으로 판촉 행사를 하면서 가맹점에 비용을 부과할 경우

② 신규 가맹점이 근거리에 오픈했는데 사전에 통보를 안 해주었을 경우

③ 가맹 본부에서 일방적으로 내용증명을 보냈을 경우

④ 재계약 중단 사유를 사전에 이해를 구하지 않고 전달했을 경우

⑤ 매뉴얼 준수를 하지 않았다는 이유로 제재를 가할 경우

⑥ 로열티 미수금에 대해 강제로 징수하려고 할 경우

⑦ 마케팅 홍보 비용을 상호 협의 없이 부과할 경우

⑧ 사입 제품 사용 시 언쟁을 높여서 서로 감정이 상할 경우

⑨ 원가 인상을 무리하게 할 경우

⑩ 인테리어 하자가 발생할 경우

(10) 상권 분석

사람이 경제 활동을 하기 위해 선택하는 장소를 입지라고 하며 특정한 지역에서 상품이나 서비스가 이루어지는 범위를 상권이라고 정의할 수 있다. 슈퍼바이저는 가맹점 상권이 지니고 있는 특징과 매장 주변의 운영 중인 외식 업종에 대한 특성을 파악하고 고객층이 어떻게 형성되어 있으며 주요 고객이 누구인지를 분석할 수 있어야 한다. 프랜차이즈 가맹점을 하기 위해서 어느 주변이 유동인구와 상주인구가 많은지를 물

색하면서 어디에 점포를 구해야 할지 고민하고 망설이는 예비 창업자가 많다. 상권에 따라서 매출 영향을 받게 되는 경우가 많다. 유동인구와 상주인구가 많은 곳에 점포를 구하려는 것이 대다수 예비 창업자의 희망이다.

프랜차이즈 속성상 각 부서 간 상호 연관성을 지니고 있기에 운영과 영업 및 교육은 항시 톱니바퀴처럼 함께 움직이게 되어있다. 상권 분석을 할 줄 알아야 가맹점의 매출 분석과 부진 요인을 정확히 진단해서 설명해주고 개선책을 제시해 줄 수 있다. 슈퍼바이저가 상권 분석하는 능력을 갖추고 있어야 가맹점의 신뢰를 얻는 데 도움이 된다.

슈퍼바이저는 가맹점 방문 시 주변의 상권 변동 사항을 예의주시하고 항상 살피는 습관을 지녀야 한다. 가맹점 인근에 어떤 아이템이 성황을 이루고 있고 어떤 브랜드가 오픈을 앞두고 있는지 등을 면밀하게 파악하고 있어야 한다. 이를 토대로 해당 가맹점의 매출 하락 방지를 위해 가맹점을 지도하고 관리해줄 수 있어야 한다. 판촉 행사를 비롯해서 매뉴얼 준수 등 서비스에 더욱 철저히 해야 한다는 경각심을 갖게 해주어야 한다.

자유 경쟁 시대에 유사 브랜드와 타종 외식 브랜드가 난립하는 것은 당연한 일이기에 자신의 매장 관리에 더욱 초심을 잃지 않고 매뉴얼을 준수하여 운영할 수 있도록 가맹점을 지도해주어야 하는데, 상권 특성을 알고 있어야 효과가 배가 될 수 있다. 가맹점 간의 이격 거리를 가맹 본부는 정확히 설정해 놓아야 하고 운영팀과 영업부는 상호 긴밀하게 실시간 소통해서 가맹점의 분쟁 소지가 안 생기도록 미연에 방지해야 한다. 상권 분쟁으로 인해 가맹 본부에 대한 불만으로 직접적 영향을 미치는 경우가 많다. 그러므로 슈퍼바이저는 담당 지역의 신규 오픈 입점 지역을 미리 알고 있어야 한다. 가맹 본부는 가맹점 간 이격 거리에 저촉을 안 받는다고 해도 분쟁 소지를 없앨 수 있도록 탄력적으로 신규 입점을 시켜야 한다.

가맹 본부 입장에서도 가까운 거리에 두 개의 가맹점이 오픈할 때 한 개의 가맹점이 있을 때보다 매출이나 브랜드를 홍보하는 데 불리하게 작용하는 경우가 있다. 가맹점 간의 이해관계가 얽혀 상권 분쟁으로 이어지면 걷잡을 수 없는 사태가 일어나게 되어 공정위를 비롯해서 언론에 부정적으로 브랜드가 노출되어 가맹 사업에 심각한 타격을 받게 되는 일이 발생할 소지가 있다. 가맹점이 확산일로에 있거나 일정한 가맹점 수를 확보했을 경우 나타나기 쉽다. 명확히 가맹점 간 이격 거리를 규정해 놓았더라도 상권 특성상 오픈을 안 시키는 것이 더 유리한 경우가 있으므로 각별히 신경 써서 추진해야 한다. 가맹 사업에서 상권처럼 예민하고 민감한 사항은 없다. 가맹점의 생계와 직접적으로 직결되기 때문이다.

가맹 본부는 구체적으로 정확하게 가맹점의 상권 이격 거리에 대한 규정을 확립하고 원칙대로 실천해야 한다. 상권 분쟁을 방지하기 위해서 슈퍼바이저는 담당하고 있는 가맹점 주변의 상권에 대한 해박한 지식을 갖추고 있어야 한다.

(11) 가맹점 폐점 관리

가맹점을 폐점시킨다는 것이 가맹 사업을 하면서 결코 쉬운 일이 아니다. 가맹점 의사와 무관한 가맹 본부의 일방적인 폐점은 극히 드물다. 전 재산을 올인해서 매장을 오픈한 가맹점 입장에서 가맹 본부의 방침을 이행하지 않았다고 하루아침에 매장 문을 닫게 한다는 것이 생각보다 그리 쉬운 일이 아니기 때문이다.

가맹 본부의 결정에 따른 경우가 아니고 가맹점이 스스로 사정이 생겨서 폐점을 불가피하게 하는 때가 있다. 브랜드 경쟁력이 없어서 생기는 사례다. 개인 사정상 지속적인 매장 운영이 힘들 경우 대부분은 양도 양수를 하게 마련이다. 브랜드 파워가 있고 가맹 본부의 안정된 프랜차이즈 프로세스가 정립되어 있으면 폐점보다는 대다수 매장이 양도 양수로 진행되게 되어있다. 예비 창업자가 아이템과 가맹 본부를 잘 선택해야 하는 이유이다.

가맹점이 폐점되는 것은 매출 부진으로 수익 발생이 저조한 경우가 많다. 담당 슈퍼바이저도 일말의 책임이 있다고 볼 수 있다. 평소에 매장을 관리하면서 밀착 관리를 하지 못한 요인도 있기 때문이다. 매출 부진에 대해 분석해서 대책을 세워 해결해 주지 못한 이유도 있어서이다. 때론 가맹 본부의 정책과 매뉴얼 준수를 이행하지 않아서 가맹 본부에서 의도적으로 폐점 절차를 밟는 일도 있을 수 있다. 이런 예는 극소수의 경우이다. 매장이 어떤 이유로든지 문을 닫는 일이 없도록 슈퍼바이저가 평상시 매장 관리를 잘해야 한다.

슈퍼바이저가 가맹점을 관리하면서 1차적으로 얼마만큼 가맹점과 소통을 원활하게 해서 가맹점 만족도를 높여주느냐가 폐점을 방지하는데 가장 좋은 예방책이라 할 수 있다. 가맹 본부와 가맹점의 의견 대립시 상호 이해관계가 상충 되지 않도록 합일점을 찾아주는 것이 중요한데 이 일을 슈퍼바이저가 중간에서 역할을 해주어야 하는 것이다. 슈퍼바이저는 사전에 가맹점의 동태와 실태를 간파하여 애로사항에 대한 해법을 찾아 제시해줄 줄 알아야 한다.

가맹점이 스스로 사정이 생겨서 매장 문을 닫게 될 때는 가맹 본부에서 미리 정해놓은 서식과 절차에 의거 처리해야 한다. 간혹 폐점 서류를 보관하지 않는 일이 있어서 곤란을 겪는 일도 있으니 유의해야 한다. 폐점 서류는 가맹점 사업자한테 직접 받아야 한다. 가맹점 폐점에 대해서는 가맹 본부는 일정한 업무 프로세스를 확립해놓고 그 절차에 의거 진행해야 매장 문을 닫은 후에도 별 탈이 없다.

가맹점 사업자가 자진 폐점을 하고 그 자리에서 업종 전환을 했을 시 가맹 본부의 집기 및 비품을 그대로 사용하는 일도 있다. 흔적을 남겨서 고객들로부터 항의 전화가 와서 타 가맹점에 불이익을 주는 사례가 발생하는 수도 있다. 슈퍼바이저는 이 점을 숙지하고 실천에 옮겨야 한다. 가맹 본부에서 폐점을 시킬 때와 가맹점 스스로 폐점을 원해서 추진할 때 대응 방법과 업무 프로세스를 차별화해서 정립해 놓는 것이 필요하다. 슈퍼바이저는 매장이 폐점된 후 폐점 지역 인근 가맹점을 방문할 시 폐점된 매장을 들러서 매장 내에 브랜드 흔적이 남아 있는지 반드시 점검하고 결과를 팀장에게 보고해야 한다. 팀장은 놓치지 말고 슈퍼바이저를 통해 확인해야 한다.

프랜차이즈 슈퍼바이저의 정석

■ 매뉴얼 준수 조치 사항

① 현장에서 구두로 시정 조치를 하고 일정 기간을 제시한다.

② 기간 경과 시 시정이 되지 않았을 시 경고장을 발부한다.

③ 시정이 안 될 시 2차 경고장을 발부한다.

④ 그래도 시정이 안 될 시 1차 내용증명을 발부한다.

⑤ 재차 시정이 안 될 시 2차 내용증명을 발부한다.

⑥ 가맹 본부 소집해서 임원을 통해 폐점 사유를 통보한다.

⑦ 가맹점이 수긍을 안 하고 반대할 시에는 가맹 본부가 강제적으로 폐점 처리하기보다는 상호 절충안을 모색하는 것이 바람직한데 가맹 본부에서 가맹점으로부터 확인서를 받고 한 번의 기회를 더 주는 것이 효과적인 방법이다.

■ 자진 폐점 원인

① 장사가 안돼서

② 수익이 안 나서

③ 건강상 이유

④ 타 업종으로 전환

⑤ 가맹 본부가 불만족스러워서

⑥ 오랫동안 운영해서 싫증이 나서

⑦ 타 위치로 평수를 넓게 확장하고 싶어서

⑧ 타 도시로 이사 가게 되어서

⑨ 브랜드 가치가 하락해서 비전이 안 보여서

(12) 신규 매장 오픈 지원

현재 프랜차이즈 가맹 본부는 가맹 사업을 전개하면서 슈퍼바이저와 오픈바이저를 병행시켜서 운용하고 있는 경우가 대다수이다. 매장이 새로 오픈했을 때 초도 물품을 정리해주고 오픈 준비를 도와주며 오픈 당일 지도를 해주고 익일까지 함께 매장 근무를 해주는 것이 오픈바이저의 주된 역할이다. 가맹 본부에서 정한 기준에 따라서 오픈 지원을 나가게 되는데, 오픈 지원 방식이 상이하다.

오픈 지원은 오픈 지역 담당 슈퍼바이저가 나가서 지도해주는 것이 효과적이다. 그래야 가맹점 사업자와 오픈 기간 동안 친밀도를 가져서 가까워지는 계기가 되고 향후 가맹점 관리에 도움이 된다. 신규 매장 오픈이 많을 때는 어쩔 수 없이 타 슈퍼바이저가 오픈 지원을 나가는 경우도 있는데 가급적 피하는 것이 좋고, 지역 담당 슈퍼바이저가 오픈 지원을 해주는 것이 효율적이다.

매장 오픈 시 오픈바이저는 매장 일을 도와주는 것보다 매장에서 근무하는 가맹점 사업자에게 매장 운영과 관련한 전반적인 사항을 지도해주고 교육하는 업무에 매진해야 한다. 점장 및 아르바이트 직원에게도 매뉴얼 준수 및 서비스 교육을 시켜주는 것을 중점적으로 해야 한다. 오픈 지원 미션이 매장 직원처럼 일해주러 가는 것이라고 생각하고 있는 가맹 본부도 있는데 잘못된 생각이다. 매장 직원인 양 일을 하는 것은 바람직하지 못하다. 물론 바쁜 시간에는 현장 일을 도와주는 것은 좋지만 오픈바이저 역할이 마치 고객 응대를 해주는 것이라 판단해서는 안 된다는 것이다. 슈퍼바이저 본연의 임무는 지도 및 교육 감독 기능에 있다는 것을 항시 명심하고 오픈 활동을 해야 한다. 매장이 오픈되고 나면 어느 슈퍼바이저가 정말로 열정을 다해서 오픈 지원을 해주었는지 가맹점으로부터 전해지게 되어있다. 고마움의 표시로 슈퍼바이저에게 감사의 사례를 하는 경우가 있는데, 정중히 사양해야 한다. 향후 가맹점 관리를 하면서 원칙대로 처리하기 곤란한 경우가 발생할 수 있기 때문이다.

가맹 본부에서 오픈 수당을 사기 진작 차원에서 지급해 주는 것이 좋다. 보상이 없으면 슈퍼바이저는 자신의 지역에 오픈이 많아도 육체적으로 힘들어서 볼멘소리를 할 수 있다. 오픈 수당을 지급하지 않을 경우와 매출 목표 부여에 따른 실적 달성 시 성과급을 미지급하게 될 때 나타날 수 있는 현상이다. 매출 목표 달성의 보상이 있으면 슈퍼바이저는 자신의 지역에 신규 오픈을 기다린다. 매장이 오픈되면 성심성의껏 오픈 지원을 하게 되어 가맹점과의 사이도 돈독해질 수 있다. 매장 오픈 시스템을 잘 갖추고 있는 가맹 본부가 가맹점 우호도를 좋게 만들어서 가맹점 확산에 유리하다. 첫 대면 시 가맹 본부 직원의 열과 정성을 가맹점 사업자는 알게 되어 잔상에 남아 긍정적 마인드를 지니게 되기 때문이다. 슈퍼바이저가 오픈 지원을 나가서 대충 형식적인 오픈 지원을 하게 되면 가맹 본부의 신뢰도는 추락하게 되어있다. 오픈바이저가 곧 슈퍼바이저이기에 평소 얼마나 유능한 슈퍼바이저 자원을 확보하고 있느냐에 가맹 사업의 성패가 달려있다고 볼 수 있는 것과 같은 원리이다. 슈퍼바이저는 오픈 지원 시부터 자신의 역할이 시작된다는 것을 염두에 두고 직무에 충실해야 한다. 슈퍼바이저가 오픈 지원을 나갈 때 성심성의껏 지도해주어야 하고 가맹 본부는 슈퍼바이저에게 보상을 아끼지 않아야 한다.

오픈바이저는 가맹 본부의 첫 번째 얼굴이라는 생각을 갖고 오픈 지원을 해주어야 하고 오픈 첫날부터 지원해주는 기간 동안 실시간으로 임직원 단체 소통 방에 상황을 알려서 공유하는 것이 좋다. 운영팀 및 경영자가 매장 오픈 기간 동안 고객 반응과 매장 운영 상황을 상세히 알 수 있어서 문제점과 개선점을 파악하는 데 유리하게 작용한다. 동료 슈퍼바이저도 함께 시장 동향을 공유할 수 있어서 유용한 면이 많다. 매출 및 인근 동종 브랜드 현황을 함께 전해주면 효과적이다. 시장 동향 파악이 되어서 향후 전략을 수립하는 데 크게 도움이 될 수 있으니 활용해보기를 권장한다. 슈퍼바이저와 오픈바이저를 분리해 가면서 가맹 사업을 전개한다는 것이 어려운 점이 많은 것이 프랜차이즈 실상이다. 경험에 비추어 볼 때 분리 운영보다는 병행하여 운영하는 것이 효율적이었다.

(13) 가맹점 해결사

슈퍼바이저는 가맹점에서 발생하는 일을 해결해 주어야 한다. 결국 슈퍼바이저의 역할을 한마디로 표현하면 가맹점에서 발생하고 있는 무수히 많은 일을 해결해주는 해결사라고 할 수 있다. 해결사가 되려면 멀티플레이가 될 수 있어야 한다. 무능한 슈퍼바이저는 매장을 방문하여 현안 과제를 해결해주고 오는 것이 아니라 오히려 문제만 산더미처럼 안고 오는 경우가 많다. 차라리 매장 방문을 안 하는 것이 더 좋다는 우스갯소리가 있을 정도이다. 왜 슈퍼바이저가 역량을 키워야 하는지 이해가 갈 것이다. 매장을 방문하였을 시 현장에서 즉시 이해시킬 사항은 이해시키고 받아들일 것은 받아들여서 가맹 본부에 건의하여 결과를 피드백해 주겠다고 약속을 하고 약속한 것은 어떠한 일이 있어도 이행하는 슈퍼바이저가 되어야 한다. 그러므로 슈퍼바이저로서 자질과 역량이 있다고 판단되었을 때 슈퍼바이저 역할을 부여해야 한다. 가맹 본부의 경쟁력과 밀접하게 연관이 되기 때문이다.

3. 슈퍼바이저 기능

가맹점 사업자가 가맹 본부의 지식이나 노하우를 제공 받아서 매장에서 적용시켜 운영하여 계속적으로 매출 증대를 이룰 수 있도록 만드는 것이 슈퍼바이저가 해야 할 일이다. 슈퍼바이저는 엔터테이너가 될 수 있어야 한다. 슈퍼바이저 직무가 다양한 기능을 지니고 있어서이다. 특정한 분야만 잘해서는 유능한 슈퍼바이저가 되기 어렵다. 가맹점이 전체적으로 돌아가는 흐름을 파악하여 적재적소에 진단을 내릴 줄 알아야 하는데 그러기 위해서는 슈퍼바이저가 어떤 일을 하는지를 이해하고 있어야 한다. 막연한 가맹점 방문을 통한 관리를 해서는 의미 없는 방문 활동이 될 소지가 있으므로 주의해야 한다. 가맹 본부와 가맹점과 고객 사이에서 1인 3역을 하면서 가맹 사업의 번창과 가맹점의 매출 증대를 위해 고군분투하는 슈퍼바이저는 프랜차이즈 사업에서 없어서는 안 될 핵심 요인이다.

가맹점의 전반적인 운영을 책임지는 기능을 지니고 있는 자가 슈퍼바이저이다. 가맹점을 관리하고 감독하며 교육시키고 슈퍼바이징을 해주고 매출 증대를 할 수 있게 도와주며 고객을 만족시키는 서비스를 제공하게 하고 의사소통을 원활하게 하는 기능을 슈퍼바이저가 지니고 있다고 보면 된다. 여러 기능을 현장에서 실시하기 위해서는 슈퍼바이저 자신이 지식과 지혜와 부지런함과 성실함이 곁들어져야만 가능할 수 있다.

(1) 가맹점 관리 및 감독

슈퍼바이저의 원래 의미는 감독자이고 관리자라는 뜻이 내포되어 있다. 가맹점에서 가맹 본부의 방침을 잘 따르고 매장을 운영하고 있는지 지도하고 확인하여 개선시키는 일을 슈퍼바이저가 하는 것이다. 가맹점 사업자는 타인에 의해 무언가 지도를 받고 상대가 정해놓은 규정에 입각하여 이행하고 있는지 확인받는다는 것이 처음에는 귀찮고 어려운 일이라고 충분히 생각할 수 있다. 하지만 시일이 지날수록 가맹 본부가 정해놓은 원칙에 의하여 매뉴얼대로 매장을 운영하게 되면 이득이 많다는 점을 서서히 깨닫게 되어있다. 슈퍼바이저가 매장을 방문하는 근본 목적은 가맹점에서 가맹 본부가 규정해 놓은 매뉴얼을 준수하면서 매장을 운영하는지를 관리하고 감독하는 데 있다. 슈퍼바이저가 가맹점에 대한 관리 감독을 얼마나 확실하게 하느냐에 메이저급 가맹 본부로 가느냐의 성공 여부가 달려있다고 볼 수 있다. 가맹 본부와 가맹점의 사업 성공은 가맹 본부 지침에 따른 매장 운영을 하는지를 지도하고 관리하면서 미비점을 체크하고 교육해야 하는 기능을 슈퍼바이저가 잘 수행하느냐에 달려있다고 해도 과언이 아니다.

(2) 교육 상담

슈퍼바이저는 프랜차이즈 시스템을 이해하지 못하는 부분과 부족한 점을 교육해 주고 상담해 주는 기능을 가지고 있다. 예비 창업자가 아이템을 정한 후에 가맹 본부를 선택하는 이유는 브랜드 가치에 따른 수익 보존의 믿음도 있지만 가맹 본부로부터 제반 사항에 대해 지도를 받으면 혼자의 힘으로 장사하는 것보다 좀 더 수월하고 용이하게 매장을 운영하게 될 것이라는 생각이 앞서서이다. 보다 좋은 방향으로 매장을 운영할 수 있도록 부족한 부분을 개선토록 해주며 가맹 본부의 매뉴얼을 성실하게 수행하게끔 하는 교사의 기능을 슈퍼바이저가 지니고 있다. 가맹점 사업자의 의식을 전환시켜 주어서 장사꾼을 사업가로 변신시켜 주는 것도 슈퍼바이저의 기능에 속한다.

실질적으로 누군가의 지도 편달의 수혜를 받기 위해 프랜차이즈 시스템을 선호하고 선택하는 것이기에 선생님 같은 심정으로 정성 어린 마음에서 매장 운영에 대한 교육을 해주어야 한다. 가맹점은 슈퍼바이저 방문이 매장의 수익 창출로 이어지기를 희망하고 기대하고 있다는 점을 슈퍼바이저는 각별히 유념할 필요가 있다. 가맹점은 항시 최고의 슈퍼바이저가 자신의 매장에 방문해줄 것을 기대하고 있다는 점을 슈퍼바이저는 인식하고 있어야 한다.

(3) 매출 증대

슈퍼바이저는 가맹점 사업자가 가맹 본부의 정책과 노하우에 따라서 매장을 운영하여 가맹점을 성공적으로 이끌 수 있도록 도와주고 계속적으로 매장이 번창하도록 제반 사항을 지원해주어야 한다. 슈퍼바이저는 가맹 본부의 운영 매뉴얼을 매장에서 이행하고 있는지 체크하는 것 말고도 전반적인 환경 변화에 따른 대응책도 매장을 방문했을 때 제시할 줄 알아야 한다. 슈퍼바이저는 가맹점을 방문하여 상담을 해주고 고충을 들어주며 조언해주고 의견 차이를 좁혀서 조정해주며 해법을 찾아주는 슈퍼바이징 기능을 수행할 수 있도록 해야 한다. 그러기 위해서는 매장 방문하기 전에 미리 해당 가맹점에 대한 사전 자료 준비를 하고 전에 방문 시 어떤 현안 과제가 있었는지를 파악한 후 이번 방문 시 무슨 내용으로 상담해주고 와야 하는지를 염두에 두고 방문하는 습관을 지니도록 해야 한다.

능력이 있는 슈퍼바이저는 해당 가맹점에서 어떤 말을 하고 무슨 불평을 하며 무엇을 가맹 본부에 요구할지를 예상할 수 있고 감을 잡을 수 있다. 체계적으로 지속적인 매장 방문을 했기에 가맹점 사업자의 성향을 훤히 알 수 있어서이다. 이처럼 슈퍼바이저가 가맹 본부를 대신하여 해야 할 기능도 많고 슈퍼바이저가 차지하는 영향력도 크다고 할 수 있다. 슈퍼바이저가 가맹점 매출 증대를 위한 제반 활동을 하는 것이라고 단정 지을 수가 있는데 이것이 가맹점을 확산시키는 비결이다.

슈퍼바이저는 가맹점의 매출 증대와 수익 극대화를 위해 전력을 다해야 한다. 가맹점 사업자의 경영 성과를 극대화하고 현안 문제를 해결해 주기 위해서는 신속하게 가맹점이 풀어야 할 과제를 분석하고 현실을 올바르게 관찰하여 정보를 수집하고 평가해야 한다. 여러 사례에 대한 효율적인 판단을 하여야 하고 창의적인 실력과 독창적인 사고력을 지녀야 한다. 매장 수익을 올리기 위해서는 담당하고 있는 매장의 전부를 확실하게 파악하고 있어야만 가능하다. 슈퍼바이저의 사물에 대한 분석력과 대안을 마련하는 능력이 요구되는 부분이다. 매장 매출을 증대시켜 주기 위해서는 매장의 지리적 위치를 비롯하여 운영 인력과 운영 형태 등 전반적인 매장을 분석하는 능력을 구비해야만 추진할 수 있는 일이다. 슈퍼바이저가 존재하는 가장 근본적인 이유는 가맹점 매출 증대에 있다고 보는 것이 정확한 표현이다. 가맹점의 매출을 증대시켜 줄 수 있는 슈퍼바이저가 베스트 슈퍼바이저이다.

(4) 가맹점 서비스 경쟁력 강화

가맹 사업의 근간은 매장 매출 증대에 따른 가맹점 확산에 있다. 매출 상승의 주된 원천은 새로운 고객 유입과 충성 고객 확보에 있다. 신규 고객 유치는 브랜드 경쟁력과 가맹 본부와 가맹점의 적극적인 마케팅 활동을 통해 이루어질 수 있으나 고객 감동을 통한 충성 고객 확보는 가맹점의 서비스 품질에 있다. 슈퍼바이저는 가맹점 사업자와 매장 근무자가 매장을 운영하면서 가맹 본부의 운영 매뉴얼을 준수하고 고객을 맞이하도록 지도하고 감독해야 할 임무를 갖고 있다. 고객한테 제공하는 최고의 서비스가 가맹 사업의 성패를 가름하는 생명과 다름없음을 슈퍼바이저는 항시 염두에 두고 가맹점 방문 활동을 해야 한다. 서비스의 최대 맹점이 서비스를 제공하는 사람은 완벽하게 잘했다고 생각하지만 제공받는 사람은 부족함을 느낀다는 것이다. 이 점을 해결해주는 일을 슈퍼바이저가 해야 하는 것이다. 최고의 서비스는 서비스를 제공받는 사람이 만족할 때이다.

(5) 커뮤니케이션

가맹 본부와 가맹점 사업자와의 의사소통을 원활하게 해주는 기능을 슈퍼바이저가 해주어야 한다. 가맹 본부 방침을 가맹점 사업자에게 전달해서 철저하게 이행하게 하여야 하며 가맹점 사업자로부터 요구 사항을 가맹 본부에 피드백해주는 쌍방향의 의사전달자 역할을 수행해야 한다. 슈퍼바이저는 투웨이 커뮤니케이션 업무 수행을 할 줄 알아야 한다. 시대의 변화와 발전에 따라 통신 수단이 다양화되고 있어서 여러 가지 효율적인 방법으로 가맹점과 소통을 수시로 하면서 정책을 공유하고 실천하도록 해야 한다. 슈퍼바이저의 최대 임무 중의 하나가 가맹 본부와 가맹점이 서로 사업을 전개하면서 매출 증대로 인한 이익을 내는 데 있어서 장해 요인이 없도록 중간에서 의사소통을 잘 전해주어 성과를 달성할 수 있도록 해주는 일이다. 상호 매개체 역할을 하는 것이다. 슈퍼바이저 자신이 혼자만 새기고 상대방에게 전달하지 않는 습성을 버리는 것이 소통에서 제일 중요한 부분이다. 슈퍼바이저가 반드시 새겨야 할 사항이다.

4. 슈퍼바이저 사명

슈퍼바이저는 가맹점 관리를 잘하기 위해 주어진 임무가 있으며 가맹점을 위해 할 일이 정해져 있다. 슈퍼바이저 본연의 임무를 수행하기 위해서는 기본적으로 어떤 일을 해야 하는지를 알아야 그 업무를 수행할 수 있다. 슈퍼바이저 자신에게 주어진 확실한 사명을 모른 채 그냥 이행하면 된다는 생각을 버려야 한다. 가맹점을 방문하면

프랜차이즈 슈퍼바이저의 정석

서 무슨 일을 어떻게 해야 하는지의 투철한 사명감을 갖도록 해야 한다. 슈퍼바이저한테 맡겨진 임무를 숙지하고 가맹점 관리를 해야 한다는 생각을 늘 가져야 한다. 슈퍼바이저 마음속에 깊이 간직해야 할 부분이다.

(1) 의사소통

프랜차이즈 사업이 성공하기 위해서는 가맹 본부의 전략과 정해진 규정들을 가맹점에 정확하게 전달해주어야 하고 가맹점에서 발생하고 있는 일들과 가맹점이 요청하는 사항들을 현장에서 여과하지 않고 제대로 가맹 본부에 보고해야 한다. 프랜차이즈는 가맹 본부와 가맹점의 의사소통이 명확하게 이루어지는 것이 매우 중요하다. 슈퍼바이저는 가맹 본부와 가맹점 간의 소통을 원활하게 하는 사명을 갖고 있다. 상호 원하는 방침과 의견을 여과 없이 전달하여 실천하고 반영하는 것이 가맹 사업을 성공적으로 추진하기 위해 필수적으로 갖추고 있어야 할 사항이다.

슈퍼바이저는 쌍방향의 커뮤니케이션을 지니고 있어야 한다. 가맹 본부와 가맹점의 정보자로서 역할을 해야 한다. 가맹점에서 얻은 개선 제안 사항과 의견 및 질문 등 커뮤니케이션을 가맹 본부에 여과 없이 전달해야 한다.

(2) 상담 및 의견 제시

외부와 차단된 일정한 크기의 점포 안에서 오랜 기간 생활하다 보면 생각이 좁아지고 보는 눈이 근시안적이 될 수밖에 없다. 슈퍼바이저는 넓게 바라보는 시각에서 판단하고 가맹점 경영에 관해 조언해줄 수 있어야 한다. 가맹점의 특성에 맞게 현실적이고 실질적인 운영상의 효율성을 가져오게끔 매장의 경영 진단과 해법을 제시하는 능력을 슈퍼바이저는 지니고 있어야 한다. 그러기 위해서는 컨설팅을 할 수 있는 역량을 키워야 한다. 슈퍼바이저로서 지니고 있어야 할 갖가지 사항을 숙지하고 이해하고 있어야 한다. 내가 알지 못하면 남을 지도한다는 것은 어불성설이다.

뜬구름같이 현실하고 괴리감이 있는 지도는 금물이다. 컨설팅은 컨설팅에 지나지 않는다는 말이 있다. 이론에 불과하고 현장 적용이 비합리적인 것이 많기 때문이다. 슈퍼바이저가 가맹점 업무 외에 개인적인 상담도 해줄 수 있어야 신뢰감을 갖게 되고 친밀감을 유지할 수 있다.

(3) 조언

슈퍼바이저는 가맹점에 경영상 조언과 지도를 할 줄 알아야 한다. 가맹점을 관리하기 위해서는 상담 기법도 배워야 한다. 사람이 살아가기 위해서는 항상 누군가와 만나서 이야기하고 지내야 한다. 업무의 특성상 슈퍼바이저는 늘 가맹점을 방문하여 이야기하고 들어주어야 하는데 이때 상대의 말을 잘 경청하고 자신이 하고 싶은 말을 상대방이 기분 나쁘지 않게 전달하는 상담 능력을 지녀야 한다. 슈퍼바이저가 갖추고 있어야 할 사명감이다. 같은 말이라도 친근감을 주는 표현을 하며 상대의 말에 맞장구를 쳐줄 수 있도록 해야 한다. 올바른 태도로 자신의 말을 수긍해주고 인정해줄 때 사람은 상대방에게 마음의 문을 열게 되어 있기 때문이다. 실제적으로 슈퍼바이저보다 사회 경험이 많은 가맹점 사업자가 많기에 가맹점을 카운슬링 해준다는 것이 어색할 수도 있지만 가맹점 내에서 발생하는 일에 대한 조언을 해주는 것이기에 가능하다.

(4) 조정

자라온 성장 환경이 다르고 사람마다 가치관과 인생관이 상이한 상황에서 가맹 본부와 가맹점은 받아들이는 입장이 달라 여러 사안에서 견해 차이를 보이게 되어 있다. 서로 다른 의견을 중간에서 조율해주는 기능을 슈퍼바이저가 해주어야 한다. 누군가가 의견이 다를 경우 조정을 해주려면 양쪽의 입장에서 객관적인 판단을 할 줄 알아야 하는데 가맹 본부와 가맹점 사이에 다른 주장이 발생했을 때 슈퍼바이저는 가맹 본부의 일원이기에 가맹 본부의 위치에서 가맹점을 설득해서 조정해주는 일을 맡아야 한다. 이때는 고도의 조정 기술이 필요하다. 슈퍼바이저가 곧 가맹 본부라서 그렇다.

한쪽의 위치에서 다른 쪽의 의견을 수렴하면서 자신의 주장으로 오게끔 조정하기 위해서는 완벽하게 정책을 이해하고 있어야만 할 수 있다. 슈퍼바이저의 조정 기능은 말처럼 쉽지 않다. 유능한 슈퍼바이저가 할 수 있는 일이다. 슈퍼바이저는 또한 매장 내부 및 외장 상태와 진열 등을 종합적으로 점검하고 조정할 수 있는 능력도 갖추고 있어야 한다. 가맹 본부의 스탭 부서와 업무를 조율하는 기술도 필요하다.

(5) 통제

슈퍼바이저는 가맹 본부의 정책과 방침을 가맹점에 전달하는 역할을 수행하면서 가맹점에서 가맹 본부의 지침대로 매장을 운영하고 있는지를 점검하고 규정에 어긋나는 행동을 매장 내에서 하지 못하도록 통제

할 줄 알아야 한다. 남을 규제하려면 강한 지도력과 정책에 대한 미이행 시 당사자에게 시정 조치를 할 수 있는 카리스마가 있어야 한다. 가맹점 지도를 원칙에 입각하여 실천한다는 관리 철학이 있어야 가능한 일이다. 슈퍼바이저가 매뉴얼 미준수를 용납하지 않는다는 것을 가맹점 사업자에게 각인시켜 줄 수 있어야 한다. 즉 슈퍼바이저 때문에 가맹 본부의 정책을 따른다는 생각을 지니게 할 수 있는 슈퍼바이저가 최고의 슈퍼바이저이다. 실제로 가맹점은 어느 가맹 본부에도 만족하기가 현실적으로 어렵다. 자기 위주로 판단하고 해석하는 것이 인간의 심리라 그렇다. 메이저급 프랜차이즈는 담당 슈퍼바이저가 타 지역 슈퍼바이저보다 불이익을 보면 안 되기에 협조해주는 사례가 많다. 슈퍼바이저는 프랜차이즈 계약으로 상호 승인한 프랜차이즈 규칙을 준수하고 있는지를 체크해서 지켜나가게 할 수 있어야 한다.

(6) 판매 촉진

가맹점의 매출을 증대시켜서 매장 수익을 내게 해주는 것이 슈퍼바이저가 존재하는 이유이다. 가맹점에서 매출을 올리기 위해 가맹 본부에 요구하는 소리를 가감 없이 슈퍼바이저는 가맹 본부에 전하여서 효율적인 방책을 강구해야 한다. 성공적인 판촉사례를 가맹점에 전파해주고 상황에 맞는 효과적인 판촉 방법을 강구해서 적절한 프로모션을 추진할 줄 아는 슈퍼바이저가 되어야 한다. 프로모션을 진행하는 방법은 다양하므로 슈퍼바이저는 생산적이고 효과적이며 다양한 가맹점 판촉 방법을 숙지하고 있어야 한다. 가맹점에서 시행하려는 판촉 방식에 대해 최적의 안을 제시하고 조언해줄 수 있어야 한다. 아울러 부진 가맹점 매출 증진을 위한 프로모션을 추진할 줄 알아야 한다. 판촉 활동 지도는 다수의 판촉 경험과 마케팅 공부를 통해서 터득해 놓아야 할 수 있는 일이기에 슈퍼바이저의 능력을 필요로 하는 사항이다.

5. 슈퍼바이저 의무

슈퍼바이저는 가맹점 관리를 하면서 지키고 실천해야 할 임무와 의무가 세부적으로 정확하게 정해져 있다. 슈퍼바이저는 가맹점에 방문을 위한 방문을 해서는 안 된다. 한 번을 방문하더라도 상호 가맹 본부와 가맹점에 의미 있는 방문이 되도록 해야 한다. 그러기 위해서는 슈퍼바이저가 자신이 해야 할 임무를 알고 있어야 한다. 슈퍼바이저가 매장을 방문해서 가맹 본부의 정책 내용을 전달하고 매뉴얼을 지키면서 매장을 운영하고 있는지 확인하고 가맹점에서 요청하는 사항을 상사에게 보고하여 가맹점의 고충을 해소시켜주는 것은 기본적인 임무이다. 가맹점에서 있었던 일을 혼자만 간직하는 일을 해서는 절대 안 된다. 일부 가맹 본부의 슈퍼바이저에게 해당한다고 할 수 있지만 가볍게 여길 사항은 아니다. 슈퍼바이저로서 마땅히 해야 할 일을 했을 때 프랜차이즈의 근본 목적을 이룰 수 있음을 슈퍼바이저는 염두에 두고 주어진 미션을 수행해야 한다.

(1) 매장 방문 계획 수립

슈퍼바이저는 언제 어느 가맹점을 방문할지 사전에 방문 계획을 수립해야 한다. 방문계획이 없이 즉흥적으로 가맹점 방문 활동을 하게 되면 슈퍼바이저 본연의 임무를 완수하는데 제약이 따르게 되어 있다. 사전에 방문 계획을 가맹점에 알리고 방문하는 경우와 통보 없이 불시에 방문하는 때가 있는데 사안과 여건에 맞게 실시하면 된다. 가맹점에서 방문을 요청해서 방문하는 일도 있는데 어느 형태가 되었든지 슈퍼바이저는 가맹점 방문 전에 방문 목적과 매장에서 처리할 일 등 전반적인 사항을 체크한 후 매장 방문하는 것을 습관화하는 것이 필요하다. 목적이 없는 가맹점 방문을 지양해야 한다.

(2) 가맹점 운영 상태 관리 및 감독

슈퍼바이저는 가맹점을 방문해서는 오픈부터 매장을 닫는 순간까지의 매장의 운영 상황을 세부적으로 파악하고 점검해야 하며 감독자로서 역할을 잊지 말아야 한다. 매장 방문 시 수박 겉핥기식으로 대충 매장의 운영 상황을 점검한다는 생각 자체를 버려야 한다. 하나를 보더라도 자세히 확인하는 습관을 지녀야 한다. 메뉴판을 보면서 가맹 본부에서 정하지 않은 메뉴를 팔고 있는지 판매 가격은 임의로 변경한 사항이 있는지 등 대수롭지 않게 여길 수 있는 부분까지도 유심히 관찰하고 점검하는 자세가 있어야 한다.

슈퍼바이저가 매장을 방문하면 매장 운영 상황을 상세하게 확인한다는 인식을 가맹점에 심어주어야 한다. 긴장감을 불러일으키게 해야 한다. 또한 매뉴얼 미준수 사항 적발 시는 그에 상응한 조치를 반드시 슈퍼바이저가 한다는 것을 가맹점 사업자에게 각인시키는 것이 중요하다. 재발 방지를 위해서 필요한 사항이다.

(3) 가맹점 요구 및 건의 사항 보고

슈퍼바이저가 가맹점을 방문했을 때 이것저것 가맹 본부에 요청하거나 건의하는 경우가 많다. 가맹 본부의 정책 사항에 대해 불만을 토로하는 일도 다반사인데 이때 슈퍼바이저가 대처를 잘해야 한다. 현장에서 가맹 본부를 대신하여 이해시킬 것은 즉석에서 이해시켜주어야 하며 자신이 결정하기 곤란한 사항은 상사에게 보고한 후 결정 사항을 피드백해주겠다고 약속하고 반드시 회신해주는 것을 잊지 말아야 한다. 이 부분에서 약속한 기간 안에 회신을 주지 않으면 슈퍼바이저와 가맹점과의 사이에 신뢰는 무너지기 시작하게 되어 향후 가맹 본부의 정책을 실행하게 하는데 애로 사항이 발생할 수 있다. 슈퍼바이저와 가맹점의 신뢰는 곧 가맹 본부와의 신뢰이다. 가맹점을 대할 때 사소한 것까지 챙겨서 서운하지 않게 처신하는 것을 잊어서는 안 된다.

(4) 가맹점 현안 과제 확인 및 개선

무엇이 문제이고 현재 어려움이 어떤 것인지를 파악하고 진단하여 최적의 대책을 강구해서 해결안을 제시해줄 줄 아는 슈퍼바이저가 되어야 한다. 정확한 진단이 없거나 오진을 하면 효율적인 해법이 나오기 힘들다. 슈퍼바이저는 매장에서 일어나고 있는 일에 대한 분석 능력을 갖추고 있어야 한다. 매장 운영상의 문제점을 가맹점 사업자가 인정할 정도로 주지시켜주고 대안까지 제시해주어야 한다. 가맹점을 파악하기 위해서는 자주 방문하는 것이 최선책이다. 매장을 눈으로 보아야만 무엇이 문제인지를 알게 되는 첫 단추를 맞추게 될 수 있어서이다. 현장을 안 보고는 어떤 것도 알 수 없고 할 수 없기 때문이다.

프랜차이즈 시스템은 시대의 변화에 대응하여 실행하는 것을 원칙으로 한다. 트렌드가 변화하면 그 변화에 맞추어 시스템을 변경해야 하지만 변화에도 지키고 고수해야 할 부분이 있다. 가맹 계약서에 표기되어 등재되어 있는 내용이다. 계약서 내용대로 규정 준수 여부를 지도하고 관리하는 것을 가맹점 진단이라고 부른다. 슈퍼바이저는 운영 매뉴얼을 가맹점에 철저히 지키도록 해야 한다. 그렇지 않으면 가맹 본부에 슈퍼바이저 존재의 의미가 없어지게 된다.

가맹점에서는 객관적인 시점에서 매장의 현상을 볼 수 있는 슈퍼바이저의 진단이 요구된다. 매장을 판단하는 척도가 될 수 있다. 슈퍼바이저의 가맹점 진단 업무는 중시해야 할 업무이다. 가맹 본부와 가맹점의 매출과 수익을 좌우하는 요인이다. 현안 문제점이나 해야 할 과제는 항상 매장에서 발생할 수밖에 없는데 그것을 최대한 신속하게 찾아서 개선하는 것이 자유 경쟁 시대에 승리할 수 있는 최선의 요인이기 때문이다.

가맹점 진단에서 가장 중요한 시기는 매장 운영을 하면서 고객에게 만족을 주고 있고 고객으로부터 공감을 받을 수 있는 시스템을 유지하고 있는지를 중점으로 진단할 때이다.

가맹점 진단의 좋은 점은 가맹점 전체의 이미지를 상승시켜주는 데 있다. 타 매장과 비교 시 기초 데이터가 될 수 있고 매장 운영이 초심으로 전환되는 시발점이 될 수 있다. 매출 이익을 올리는 데 유리하며 매장 운영의 잘못된 점을 조기 발견하여 개선시킬 수 있다.

가맹점 진단 방법은 매장 체크리스트를 작성하고 진단한 결과를 가맹점에 확인하게 하여 인정하게 만들어야 한다. 슈퍼바이저는 보다 나은 방법으로 개선할 수 있는 대책을 상호 검토하고 수립하여 실행할 수 있어야 하며 결과에 대한 평가를 해서 같은 일이 반복해서 일어나지 않도록 해야 한다.

(5) 고객 만족 서비스 제공 여부 파악 및 교육

매장 근무자가 매장을 찾은 고객에게 진정성 있는 서비스를 제공하는지를 슈퍼바이저는 확인하고 미흡한 점이 있다고 생각되면 교육을 통한 지도를 필히 현장에서 해주고 와야 한다. 매장에서 일하는 직원 중에는 가맹 본부 주관의 기초 교육을 이수하지 않고 일하는 직원이 의외로 많다. 슈퍼바이저가 가맹점을 방문해서 유심히 지켜보아야 하고 교육해주어야 할 부분이다. 종업원의 고객에 대한 불친절은 고객이 재방을 하지 않게 되는 직접적인 사유가 된다.

고객 서비스에서 중요한 점은 고객에게 다가가는 서비스를 하는 것이다. 여기서 특별히 인사의 필요성을 강조해주는 것이 좋다. 인사만 잘해도 단골 고객을 확보할 수 있다는 외식업의 정설이 있다. 슈퍼바이저는 이것을 마음속에 새기고 매장 방문을 할 필요가 있다. 인사만 잘해도 70%는 매출 증대를 가져올 수 있다.

(6) 브랜드 파워 유지 및 증대

가맹점의 행동 하나하나가 브랜드 경쟁력임을 인지시키는 임무도 슈퍼바이저의 몫이다. 매장에서 고객에게 제품과 서비스를 제공하면서 고객이 감동 받을 수 있게 하는 것이 곧 브랜드 가치를 증대시켜 가맹점의 수익과 연관이 된다는 것을 인지시켜주어야 한다. 가맹점이 가맹 본부임을 주지시켜주는 것이 슈퍼바이저의 필수적인 임무이다.

브랜드의 힘을 증대시키는 것도 필요하나 상승된 브랜드 가치를 유지시키게 하는 것도 슈퍼바이저의 역할이다. 프랜차이즈 시스템에서는 브랜드 파워가 생명이고 전부라고 말할 수 있다. 브랜드 가치를 보고 예비 창업자가 창업을 결정하기 때문이다. 그만큼 가맹 사업에서 브랜드 위력은 말로 다 할 수 없다. 이러한 브랜드 가치를 증대시키고 유지하게 하려면 가맹점의 운영 매뉴얼 준수가 있어야만 가능할 수 있는데 이를 지키게 하는 일을 슈퍼바이저가 해야 하는 것이다. 슈퍼바이저의 주된 임무이다.

(7) 가맹 계약서 내용 이행 준수 여부 점검 및 지도

프랜차이즈 시스템은 가맹 본부와 가맹점 간의 가맹 계약서에 의해 모든 행위가 이루어진다. 가맹 계약서의 내용은 상호 구속력을 가지기에 충분하다. 슈퍼바이저는 가맹계약 내용을 가맹점 사업자에게 인지를 시켜서 계약서 내용대로 매장을 운영하도록 지도 감독하는 것을 놓쳐서는 안 된다.

예비 창업자가 매장을 오픈하기 전에 가맹 본부 영업부 담당과 가맹 계약서를 작성할 때 그때 계약서 내용을 어느 정도는 이해하게 되는데, 유심히 살펴보지 않고 계약서에 서명하는 것이 일반적이 현상이므로 슈퍼바이저가 재차 계약 내용을 강조해주어야 한다. 너무 빡빡하게 틀에 짜인 대로 계약 내용을 말하면 자칫 가맹점 사업자가 겁박 당한다는 기분이 들어 불쾌해질 수 있으므로 포괄적으로 설명해 주는 것이 좋다.

가맹점에서 실제로 어느 특정 부분을 위반했을 시에는 가맹 계약서에 수록된 조항을 명확하게 인지시켜서 개선하도록 하는 것이 현명한 처사이다. 가맹점은 계약서에 의한 관리가 일을 쉽게 푸는 최선의 방식이다.

(8) 매장 종사자 인사 업무 지원

프랜차이즈 가맹점을 하겠다고 결정한 후 점포 공사가 진행되면 막상 매장에서 일할 직원을 구하는데 난감해 하는 가맹점 사업자가 생각보다 많다. 매장을 운영하면서 가장 골머리를 앓는 부분이 직원을 구해서 안정되게 정착시키는 일이라고 대부분의 가맹점 사업자가 말하고 있다. 슈퍼바이저가 매장 직원을 구해주는 일을 할 필요는 없지만 매장에서 일하는 직원의 채용 및 처우에 연관된 일은 조력해주는 것이 좋다. 직접 채용해줄 필요는 없으나 채용 방법과 정착시킬 수 있는 좋은 사례들을 알려줄 수 있는 슈퍼바이저가 되어야 한다. 그렇게 하기 위해서는 슈퍼바이저 자신이 기본적인 인사 업무를 숙지하고 있어야 한다. 수당을 미지급하여서 가맹점 사업자와 종업원 간에 임금 문제로 관계 기관에 접수되는 신고 건수가 의외로 많다. 사전에 마찰 소지를 없앨 수 있도록 슈퍼바이저가 조언을 해줄 필요가 있다.

(9) 사업 계획 수립

프랜차이즈 가맹점을 선택했을 시는 타의에 의해 장사에서 사업가로 변신하게 된다. 가맹 본부의 방침과 전략을 따라서 매장을 운영해야 하기 때문에 자신도 모르게 사업가로 변신한다. 사업가는 자신만의 사업 계획을 수립할 줄 알아야 한다. 수립된 계획에 의해서 실행하도록 종업원 관리를 해야 한다. 막연한 기대 속에 무작정 매장을 운영하다 보면 정체성을 잃게 되어 매너리즘에 빠지게 되는 일이 다반사이다. 슈퍼바이저는 오픈 시간 및 문을 닫는 시간과 인원을 몇 명 채용해서 매장을 운영하고 판촉 활동은 언제 어떤 방식으로 하는 것이 효율적인지를 가맹점에 전해줄 수 있어야 한다. 일 매출과 월 매출 및 분기와 반기 매출 등을 수립하고 목표를 달성할 수 있도록 지도해주어야 한다. 특히 매장의 월 매출에 대한 수익 분석을 해주어 어느 부분이 부족하고 미흡했는지를 이해시켜서 생산적인 매장 운영을 하도록 해주어야 한다.

(10) 가맹점 매출 활성화

슈퍼바이저가 해야 할 일 중에서 부진 점포를 활성화시키는 일을 빼놓을 수가 없다. 매장의 매출 하락 요인을 찾아서 무엇 때문에 매출 증대로 이어지지 못하고 있는지를 정확하게 진단해 줄 수 있어야 한다.

부진 매장은 그만한 이유가 필히 존재한다. 그래서 "부진한 매장 관리자는 있어도 부진한 매장은 없다."는 말이 있는 것이다. 아무리 슈퍼바이저가 부진 요인을 극복할 수 있는 방안을 전해주어도 이를 매장에서 실행하지 않는다면 아무런 의미가 없게 되어 부진의 늪에서 헤어 나오기가 어렵게 될 수밖에 없다. 여러 번 개선 사항을 통보했는데도 지키지 않을 시는 전략적 인수인계를 검토해 보는 것도 좋은 방안이다. 슈퍼바이저의 지도와 조언을 듣지 않고 실천하지 않는 가맹점은 오랫동안 가맹 본부와 가맹 관계를 유지해도 브랜드 가치 하락으로 이어지게 할 뿐이고 타 가맹점에도 도움을 주지 못하기 때문이다.

가맹 본부에서 물질적인 지원을 해주어야 할 상황이 있다고 판단되면 슈퍼바이저가 사전에 구두로 상사에게 보고한 후 승인을 받고 품의를 작성하는 절차를 밟는 것이 업무 효율 면에서 득이 된다.

슈퍼바이저는 가맹점 매출 활성화를 위해서 먼저 매출 부진 원인을 찾아낼 수 있어야 한다. 매출 구조에 대한 분석과 고객의 반응을 분석하고 경쟁 업체에 대한 분석을 통해서 무엇 때문에 매출이 저조한지를 알아내야 한다. 일자별, 주간별, 월별로 매출 변동 추이와 상품별 매출 현황 및 수익성 등을 면밀하게 검토 분석해야 한다. 고객의 연령층별 객단가와 시간대별 매출 분석을 통해 판매 품목과 연계성 여부를 판단해보아야 한다. 고객 서비스가 제대로 이루어지고 있는지를 집중적으로 점검해서 보이지 않게 잠재된 고객 이탈을 방지할 수 있는 해법을 제시해주어야 한다. 수량이 아닌 매출액을 기준으로 하여 매출이 하락하는 경우 팀장에게 보고한 후 매장 특성과 여건에 맞는 효율적인 대책을 강구하도록 해야 한다. 고객 클레임이 잦은 경우 운영 매뉴얼을 정확하게 준수하고 있는지를 확인해서 지도해 주어야 한다. 판매 가격에 비해 만족도가 떨어지는 상품에 대해서는 집중 분석을 하도록 관련 부서에 전해주어야 한다. 정상가에 비해 이벤트 기간 동안 잘 팔리는 상품을 별도 관리하고 시즌별로 어느 제품이 인기가 있는지를 분석해야 한다. 비인기품목에 대해 타 가맹점 상품 판매 현황과 비교하여 상대적으로 저조한 현상을 보이고 있는지 확인해서 현안 문제점을 규명할 수 있어야 한다.

슈퍼바이저는 인근 상권 내의 경쟁 업체 또는 유사 업종의 고객 연령대, 판매 단가, 상품에 대한 조사를 통해 가맹점 매출 부진 사유를 진단할 수 있어야 한다. 가맹점 매출 현황에 대한 주간 변동 상황을 파악하여 대비책을 강구해야 한다. 매출이 부진한 매장의 홍보 및 판촉 활동에 대한 계획을 수립하고 실천에 옮길 수 있어야 한다. 매출 비중이 높은 서비스 판매 품목은 전면에 홍보물을 부착하여 고객에게 서비스를 확대해서 고객 선택의 폭을 넓혀 주도록 하며 관리 대상 서비스 품목은 할인 판매를 통해 판매를 유도하되 추구하는 목적 달성이 어려우면 추후 품목에서 제외하는 방법을 모색해야 한다.

슈퍼바이저는 가맹점 사업자와 종업원의 접객 서비스 상태를 체크하고 지속적으로 보다 나은 서비스 제공을 할 수 있도록 지도하고 교육해야 한다. 아울러 종업원의 불만 사항을 솔직하게 물어보아 애로 사항을 파악하여 해소해 주어야 한다. 그들의 사기를 진작시켜 주인 의식을 갖고 고객 응대를 하도록 해주어야 한다.

가맹점 사업자로부터 매출 부진에 대한 원인에 대해 서면으로 받아보는 것도 부진 탈출의 해법을 모색하는 데 유익하다.

가맹점 매출 활성화를 위해서는 여러 가지의 방안이 있을 수 있으나 가맹점에서 초심을 잃지 않고 가맹 본부의 정책과 매뉴얼을 지키면서 고객에게 다가가는 최상의 서비스를 제공해주고, 상대를 존중하는 참된 인사를 하면서 매장을 찾은 고객과 친밀감을 높여 가족같이 한결같이 지낼 수 있도록 환경을 조성해 주는 것이 최고의 해법이라 할 수 있다. 가맹점에서 이 점을 실천하도록 지도하고 교육하는 역할을 슈퍼바이저가 해야 한다.

6. 슈퍼바이저 역할

슈퍼바이저가 주어진 역할을 어떻게 수행하느냐에 따라서 가맹 본부 경쟁력이 판가름나게 될 확률이 높다. 슈퍼바이저 역할을 본인은 잘하고 있다고 생각할 수 있는 것이 프랜차이즈가 갖는 형태라고 말할 수 있다.

슈퍼바이저의 역할에 대해 명확히 평가한다는 것이 쉽지 않다. 담당하고 있는 가맹점 사업자의 성향과도 밀접하게 연관이 될 수 있어서이다. 본부 슈퍼바이저는 자신이 슈퍼바이저로서 어떤 역할을 해야 하는지를 먼저 이해하고 있어야 한다. 슈퍼바이저 역할을 상세히 모르면 업무 성과를 내기가 만만치 않다. 허울만 슈퍼바이저가 되어서 가맹 사업의 근간이 흔들기 시작하는 단초를 만들어 줄 수 있다. 슈퍼바이저로서 맡은 바 해야 할 일을 확실하게 숙지했을 때 맡겨진 역할을 잘할 수 있다는 점을 항상 염두에 두면서 가맹점을 관리해야 한다.

(1) 소사장

슈퍼바이저는 가맹 본부의 경영자를 대신한 현장의 소사장 역할을 지니고 있다. 가맹 본부의 경영 정책과 방침을 가맹점에 여과 없이 전해서 실천하게 하는 임무를 가진다. 가맹 본부의 비전을 공유시켜서 목표를 설정하여 장사가 아닌 사업가 마인드로 매장을 경영하도록 지도하는 역할을 수행해야 한다. 슈퍼바이저는 가맹 본부와 가맹점의 상호 소통

채널 창구 역할을 담당하여 작은 오해가 발생하지 않도록 해서 '나'가 아닌 '우리'라는 생각을 갖도록 하고 공동체 의식을 느끼도록 하는 역할을 해야 한다. 조직의 한 구성원이라는 생각에서 탈피하여 슈퍼바이저 자신이 가맹 본부를 대신한 경영자라는 마인드와 주인 의식을 갖고 가맹점을 지도한다는 습성을 갖는 것이 선행되어야만 슈퍼바이저 활동 목적을 달성할 수 있다. 어느 곳이든지 주인이라는 생각으로 주어진 일을 할 때 성과를 내게 되는 것과 같은 맥락이다.

가맹점을 방문하는 일이 주 업무인 슈퍼바이저는 항상 매장 근무자와 직면하여 직무를 수행하게 되는데 내가 직접 무슨 일을 실천하여 이루는 것이 아니고 상대를 공감시켜서 실천하게 하여야 하기에 더더욱 주인 정신과 경영자 마인드를 갖도록 해야 한다.

(2) 경영 진단

슈퍼바이저는 가맹점을 방문할 때 방문을 위한 방문에서 벗어나 매장의 운영 상황을 파악하고 분석하여 효율적인 운영이 되도록 지도해주어야 한다. 실상 매장 운영을 들여다보면 가맹점마다 특색이 있게 운영하고 있는 경우를 볼 수 있다. 좋은 부분보다는 가맹 본부의 방향에서 벗어난 매장 운영이 많은 편이다. 슈퍼바이저가 매장 방문을 하여 정확하게 진단해서 지도하고 개선해 주어야 하는 이유이다.

사실 매장을 경영 지도 한다는 것이 말처럼 쉬운 것이 아니다. 슈퍼바이저의 자질과 역량을 필요로 하는 부분이다. 슈퍼바이저는 이 점을 기억하고 부단한 노력과 지식을 습득해야 한다.

또한 가맹점의 목표를 달성할 수 있도록 지도해주는 역할을 슈퍼바이저가 해주어야 한다. 슈퍼바이저에게 고도의 기술을 요하는 부분이 경영 진단이고 경영 지도이다. 슈퍼바이저가 실력이 있어야만 업무 수행을 할 수 있기에 현장에서 제대로 실행되지 못하고 있는 것이 프랜차이즈 가맹점의 현 실태이다. 가맹점 경영 진단을 할 정도의 능력을 갖추고 실제로 이행하고 있는 슈퍼바이저는 유능한 슈퍼바이저라고 할 수 있다. 경영 진단을 위해서는 여러 항목의 요소를 파악하고 분석할 수 있는 능력을 갖추고 있어야 한다. 슈퍼바이저가 지니고 있어야 할 자질을 다 갖추고 있을 때 가맹점의 경영 진단이 가능하게 되는 것이다.

(3) 신뢰 조성

가맹 본부와 가맹점의 믿음과 신뢰를 쌓게 하는 일은 슈퍼바이저의 역할 중에서도 매우 중요한 부분이다. 가맹 본부와 가맹점 사이에 상호 신뢰가 없으면 어떤 정책도 성공적으로 완수하기가 어렵다. 불신하는 마음이 가슴속 한군데 도사리고 있으면 마음의 문이 닫힌 상태에서 실천하게 되기에 전력을 다한다는 것이 만만치 않다. 이러한 폐단을 방지하기 위해 슈퍼바이저는 가맹 본부와 가맹점의 중간에서 원활한 소통을 통한 쌍방의 의사 전달이 될 수 있도록 역할을 해야 한다.

신뢰는 자주 만나고 통화하여서 전달하고 듣고 건의하고 해결책을 만들어 피드백해줄 때 싹트기 시작한다. 가맹 본부와 가맹점이 상호 믿음을 주게 하기 위해서는 슈퍼바이저가 가맹점과 의사소통을 실시간으로 하여 상대의 의중을 파악하고 견해가 상충하는 부분은 이해와 설득을 시킬 수 있어야 하며 현장의 소리를 가맹 본부에 가감 없이 전해야 한다.

(4) 정보 공유

프랜차이즈에서 가맹 본부로 기울어진 힘의 원리를 가맹점으로 분산시켜서 서로 균형을 이루게 하는 일을 슈퍼바이저는 할 수 있어야 한다. 힘의 치중은 정보가 한쪽으로 쏠려있음을 뜻한다. 정보를 전달하고 공유해서 공감하게 하여야 프랜차이즈가 추구하는 상생 경영을 이룰 수 있다. 정보는 내가 남에게 많이 주었을 때 상대도 나에게 새로운 정보를 주게 되는 것이다. 한쪽의 일방통행식의 정보는 관계를 점점 멀어지게 할 수밖에 없다. 특히 프랜차이즈 사업에서는 더욱 그렇다. 슈퍼바이저가 가맹점을 방문해서 가맹 본부의 정책에 대해 설명하고 추진 계획에 대하여 정보를 제공하려면 먼저 자신이 가맹 본부의 경영 방침과 실행 계획에 대해 상세하게 이해하며 숙지하고 있어야만 가능해질 수 있다. 정보는 누가 주는 것이 아니고 자신이 얻으려는 자세가 필요하다. 슈퍼바이저는 이 점을 염두에 두고 매장을 방문해야 한다. 슈퍼바이저가 현장에서 일어나고 있는 일에 대한 정보를 가맹 본부에 잘 전달해서 가맹 본부 정책 수립 시 현장의 상황과 여건을 수렴할 수 있도록 해야 한다.

(5) 가맹점 마케팅

가맹점별로 특성에 맞게 시행하는 지역 마케팅은 매장이 위치한 지역의 특성을 살리고 매장 여건에 부합한 마케팅을 펼칠 수 있어서 가맹점에서 선호하는 마케팅 방식이다. 요즈음은 매장 인근에 유사 업종이 오픈하였을 시 고객 이탈을 방지하기 위해 점포 마케팅을 시행하는 경우가 많다. 매출 부진을 위하거나 신규 고객을 유입하기 위해서도 자주 실시하고 있다. 점포 마케팅은 슈퍼바이저의 도움이 절대적으로 필요하다. 슈퍼바이저는 가맹점 매출 부진 시 지역 판촉을 권유하여 매출을 증대시키도록 할 수 있어야 한다. 담당 지역의 가맹점마다 지니고 있는 속성이 있어서 맞춤 관리를 통한 효율적인 판매 촉진 활동을 하도록 슈퍼바이저가 역할을 해야 한다. 상권 변화에 따른 대응책을 마련하여 적합한 마케팅을 할 수 있도록 환경을 조성시켜주는 역할 또한 슈퍼바이저가 할 일이다.

■ 세부적 역할
① 매장 경쟁 상황의 조사 및 분석을 통한 대책 강구 및 실행
② 매장 서비스 및 청결 사항과 원부재료 보관 상태 체크
③ 제품 관리와 청결 및 서비스 지도
④ 매장 설비 및 보수 관리
⑤ 매장 인력의 인사 관리 지도
⑥ 가맹 본부 정책 수행 사항 점검 및 지도
⑦ 로컬 판매 촉진 계획 수립 및 실시
⑧ 재계약 및 매장 변화에 따른 설명 및 진행

7. 슈퍼바이저 권한

맡은 업무를 수행할 수 있는 공식화된 힘을 가질 수 있도록 슈퍼바이저는 업무 능력을 배양해야 한다. 가맹 본부가 슈퍼바이저를 믿고 일정한 권한을 부여해주어야 소신껏 매장 관리를 할 수 있게 된다. 일선 현장에서 가맹점 관리를 하는 슈퍼바이저에게 어디까지

권한이 주어지는 것이 효과적인지 명확하게 단정 짓기가 어려운 것이 가맹 본부가 안고 있는 과제이다.

슈퍼바이저가 맡은 업무를 이행하면서 가장 애를 먹는 부분이 본인에게 주어진 권한의 폭을 모른다는 것이다. 가맹점 사업자는 슈퍼바이저가 매장을 방문했을 시 매장의 현안 과제에 대한 명쾌한 대답을 즉석에서 듣기 원한다. 물론 가맹 본부의 사정에 따라 슈퍼바이저에게 권한이 많이 주어지고 덜 주어지느냐가 결정되겠지만 현실에서는 생각보다 적은 권한이 부여되는 것이 사실이다. 슈퍼바이저의 직급과 역량에 따라서 매장 방문을 했을 시 즉석에서 가맹점의 요구에 대해 결정할 수 있는 사안이 예상보다 많은 차이가 있는 편이다. 가맹 본부는 상세하게 슈퍼바이저 권한을 정해놓고 지침을 하달하여 공정하고 객관성 있는 매장 관리가 되어 가맹점이 일률적으로 가맹 본부의 지원을 받도록 해야 한다.

슈퍼바이저에게 스스로 결정할 수 있는 권한을 부여해주면 정해놓은 매장 관리 수칙에 의거 매장 운영을 안 할 경우 강하게 지적하고 개선시킬 수 있어야 한다.

슈퍼바이저는 가맹 본부가 만족할 수 있도록 만들어 놓아야만 더욱 큰 권한이 부여 되게 되어있다. 무능한 슈퍼바이저는 권한이 없어서 직무를 수행하기가 어렵다는 핑계를 대는 일이 많다. 권한은 스스로 부여받는 것이란 것을 슈퍼바이저는 알고 있어야 한다.

가맹 본부에서 상황별로 가맹점 대응 수칙을 정해놓지 않고 주먹구구식으로 현장에서 처리하게 하면 슈퍼바이저별로 예상치 못한 문제가 속출할 개연성이 있다. 원칙이 없으면 잘 모르겠다는 말을 하기가 일쑤이고 알아보고 대답해 주겠다는 말밖에 할 수 없어서 슈퍼바이저로서 믿음과 존재 가치가 없어지게 될 소지가 있기 때문이다. 즉 가맹점 방문이 의미가 없어진다고 할 수 있다. 프랜차이즈 원리의 기본인 통일성이 슈퍼바이저에게도 통용되는 것이다.

현실과 괴리감이 있는 표현일지 모르나 권한은 본인의 역량에 따라서 자신이 정할 수 있다. 가맹점에 금전적으로 지원해주어야 하는 부분은 상사의 재가를 받아야만 결정할 수 있다. 이는 어느 조직에서나 같은 이치다.

슈퍼바이저가 매장에서 발생하는 상황별로 즉석에서 어떻게 대응하고 대처하느냐에 따라서 가맹점에서 가맹 본부를 받아들이는 감이 다를 수밖에 없다. 가맹점 사업자가 어느 사안에 대해 요청했을 경우에 "요구하신 대로 지원해드리겠습니다."라는 표현을 안 할지언정 즉석에서 "저는 권한이 없습니다."라는 말은 삼가야 한다. 유능한 슈퍼바이저는 가맹점에서 요청하는 사항과 건의 사항에 대해서 유연한 사고를 갖고 상대가 무안하지 않게 성의를 베푸는 것 같은 느낌을 받도록 응대한다. 그만큼 슈퍼바이저의 능력이 중요하다는 표현이다. 무능한 슈퍼바이저의 공통된 생각은 나한테 권한이 없어서 가맹점과 소통이 힘들다고 자주 말한다. 권한은 어느 직종과 직무에서나 자신이 어떻게 처신하느냐에 따라서 유무 사항을 느낄 수 있기에 이 점을 유의해서 슈퍼바이저는 가맹점 관리를 해야만 한다.

가맹점 사업자는 본인의 생각과 견해를 슈퍼바이저가 들어주고 처리해주길 원한다. 그렇지 못하면 말이 안 통하고 소통이 안 된다고 불평을 늘어놓게 되기가 쉽다. 결국은 가맹 본부에 대한 불만을 표시하는 것으로 이어지게 되는 것이 다반사이다. 가맹점 사업자는 바깥세상보다는 매장 안에서만 종사하는 직업 특수성이 있기에 슈퍼바이저는 이 점을 미리 염두에 두고 가맹점과 대화를 하고 요청 사항에 합리적으로 응하는 자세를 취해야 한다.

　권한을 가지려면 직무에 대한 실력이 있어야 하고 순발력과 지혜로움을 갖추고 주변 동료와 정해진 시스템을 활용할 줄 알아야 한다. 가맹점 사업자의 건의 사항을 즉석에서 대답해주기가 어려운 부분이 있을 경우에는 빠른 시일 안에 유선 또는 재방을 해서 회신해주겠다고 약속하고, 필히 그 약속을 지키는 것을 잊어서는 안 된다. 이 부분을 놓치는 순간부터 가맹점과 슈퍼바이저 사이는 물론이고 가맹점과 가맹 본부와의 믿음도 금이 가기 시작한다는 것을 슈퍼바이저는 명심해야 한다. 어떤 요구 사항이라도 가맹점에 대한 피드백은 잊지 말고 반드시 해주어야 한다. 슈퍼바이저가 준수해야 할 중요한 사항이다.

part 2

슈퍼바이저는
재능을 지니고 있어야 한다

1. 슈퍼바이저 능력

매장을 방문하지 않으면 기다려지고 만나면 반갑고, 무언가 배울 것이 있을 거 같고 도움을 받을 수 있겠다는 느낌을 가맹점 사업자에게 줄 수 있는 슈퍼바이저가 최고의 슈퍼바이저이다. 매장을 슈퍼바이저가 방문했을 때 지적 사항이 나오지는 않을까 하고 가맹점 사업자를 긴장하게 하는 슈퍼바이저가 최상의 슈퍼바이저이다.

슈퍼바이저가 가맹점을 방문한 후는 가맹점 사업자에게 반드시 무언가 흔적을 남겨줄 수 있어야 한다. 가맹점의 손익 분석을 해주고 수익을 창출해주며 가맹점과 원활한 소통을 이루는 슈퍼바이저가 최고의 슈퍼바이저이다.

가맹점이 오픈한 후 매장의 운영 관리를 해주는 일을 담당하는 슈퍼바이저는 우수한 역량을 필요로 한다. 슈퍼바이저의 업무를 잘 수행하기 위해서는 가맹점에서 종사하는 근무자와 우선적으로 신뢰를 쌓아서 믿음을 주어 부담 없이 주고받는 사이가 되는 것이 우선이다.

슈퍼바이저 임무를 잘 수행하기 위해서는 선천적으로 갖춘 끼도 중요하지만 슈퍼바이저가 지녀할 능력을 구비하도록 연구하고 노력하는 자세가 더 중요하다. 교육을 통해서 충분히 유능한 슈퍼바이저로 변모하여 업무 능력이 점점 일취월장하는 슈퍼바이저를 많이 보아 왔다. 슈퍼바이저가 갖추어야 할 능력을 구비하지 못한 상태에서 가맹점 관리를 하게 되면 오히려 가맹 본부와 문제의 불씨를 남기는 일이 있을 수 있으므로 슈퍼바이저 직무를 수행하면서 부단히 선배로부터 배우고 실천한다는 사고를 지니도록 해야 한다. 가맹 본부와 가맹점의 매출 증대에 산파 역할을 해주어야 하기에 슈퍼바이저로서 필수적인 능력을 갖추고 있어야 하기 때문이다. 여러 성향을 지니고 있고 브랜드마다의 매장 운영 성격이 다르므로 현장 상황에 맞게 가맹점을 관리하고 지도한다는 것이 생각처럼 쉬운 일은 아니다. 예측 가능한 여러 경우의 수를 두고 슈퍼바이저는 잘 대처할 수 있는 능력을 구비해야 한다.

■ 필수 구비 능력
① 원활한 의사소통 능력
② 매장의 현안 과제를 간파할 수 있는 능력
③ 위기를 극복할 수 있는 대처 능력

프랜차이즈 슈퍼바이저의 정석

④ 상대를 설득시킬 수 있는 능력

⑤ 결정된 정책을 가맹점이 실행하게 하는 능력

⑥ 상황 발생 시 효율적으로 대응할 수 있는 능력

⑦ 합리적이고 생산적인 해결 능력

⑧ 불만 사항 접수 시 신속하게 처리할 수 있는 능력

⑨ 월간 수익을 분석해줄 수 있는 손익 분석 능력

⑩ 성공 사례 전파 능력

⑪ 남의 말을 진정으로 들어줄 줄 아는 경청 자세를 지닌 능력

⑫ 가맹 본부 정책을 정확히 이해하고 숙지하는 능력

⑬ 호소력 있고 임팩트 있게 전달할 수 있는 능력

⑭ 객관적인 판단 능력

⑮ 요리 및 조리 능력

⑯ 피드백을 필히 해주는 능력

⑰ 현장에서 발생한 상황을 철저히 보고하는 능력

⑱ 자료를 분석하고 기록 정리하는 페이퍼 능력

⑲ 유사 브랜드 현상을 조사 분석하는 동종 업종 파악 능력

⑳ 가맹점 교육 능력

㉑ 올바른 품성과 겸허한 자세를 갖추는 능력

㉒ 성실한 태도로 규칙적으로 매장을 방문할 수 있는 능력

㉓ 가맹점 매출 증대 방안 수립 능력

㉔ 우호도 좋게 만드는 능력

㉕ 사입 제품 근절하는 능력

㉖ 매뉴얼 준수를 이행시킬 수 있는 능력

㉗ 공사 구별을 명확하게 할 수 있는 능력

㉘ 리더십을 갖추는 능력

㉙ 일목요연하게 정리해서 쉽게 알아듣도록 표현할 수 있는 능력

㉚ 행정 사무로 자료화할 수 있는 능력

㉛ 시테크를 할 줄 아는 능력

㉜ 부재중 전화에 즉시 대응할 줄 아는 능력

㉝ 스스로 감정을 조절할 수 있는 능력

㉞ 불편한 언쟁을 했을 시 당일에 풀어줄 수 있는 능력

㉟ 가맹점 특성에 맞게 응대할 수 있는 상담 능력

㊱ 우수 가맹점 유지 능력

㊲ 부진 가맹점 지도 능력

㊳ 오픈 시 오픈바이저 역할을 수행할 수 있는 능력

㊴ 동료 및 선배와 교감하며 배우는 능력

㊵ 초심을 잃지 않는 능력

㊶ 당당하게 확신을 갖고 추진하는 능력

㊷ 표준 활동을 할 줄 아는 능력

㊸ 측면 돌파보다는 정면 돌파해서 일을 풀어갈 줄 아는 능력

㊹ 문제의식을 갖고 사물을 보고 대안까지 제시할 줄 아는 능력

㊺ 가맹점의 현안 과제가 무엇인지 진단할 수 있는 능력

㊻ 주어진 일을 즐기면서 풀어갈 수 있는 능력

㊼ 가맹 계약서와 운영 매뉴얼을 정확히 숙지하는 능력

㊽ 인간미 넘치는 화젯거리를 끄집어낼 수 있는 능력

㊾ 사무적으로 대하지 않고 진정성 있게 다가가는 능력

(50) 상대의 진의를 파악할 줄 아는 능력
(51) 맞춤형으로 관리할 줄 아는 능력
(52) 경영 관리를 할 수 있는 지식 능력
(53) 현장의 소리를 여과 없이 전하고 제안을 할 수 있는 능력
(54) 고객 입장에서 사물을 볼 줄 아는 능력
(55) 미래보다는 오늘의 매출 증대를 이룰 수 있게 해주는 능력
(56) 매장 내 불필요한 비용을 지출하지 않고 이익을 낼 수 있는 능력
(57) 맞춤형으로 매장을 관리할 수 있는 능력
(58) 시장 트렌드를 읽을 수 있는 능력
(59) 가맹점 실태를 파악할 수 있고 간직할 수 있는 능력
(60) 매출 추이를 분석하고 대안을 강구할 수 있는 능력

2. 슈퍼바이저 자격

슈퍼바이저는 창업주 경영자의 경영 철학과 가맹 본부가 실천하고자 하는 전략과 전술을 가맹점이 이행해서 가맹 본부와 가맹점이 상호 일심동체가 되도록 하여 함께 발전하도록 가맹 사업에서 중추적인 업무를 수행하는 자이다. 그러기 위해서는 가맹 본부에서 규정한 정책을 전달할 줄 아는 전달 능력이 있어야 한다. 가맹점과 원만한 관계를 유지하면서 어떤 사안에 대하여 가맹점이 이해하고 숙지해서 실행하도록 하는 설득력을 갖추고 있어야 한다. 가맹점 사업자와 매장 근무자를 존중해주고 상대의 말에 경청하고 자신이 전하고 싶은 내용들을 관철할 수 있는 의사소통 능력도 필요하다. 가맹점에서 어떠한 문제가

발생했을 시 해결해나갈 수 있는 해결 능력 또한 갖추어야 한다.

슈퍼바이저의 자격을 갖춘 자원이 직무를 수행하는 가맹 본부도 있지만 그렇지 못한 가맹 본부도 의외로 많다고 할 수 있다. 가맹 본부의 사업 시스템이 미치는 영향이 크기 때문이다. 슈퍼바이저가 지니고 있어야 할 자격들을 검증한 후에 슈퍼바이저 역할을 하게끔 할 수 있는 객관적이고 합리적인 제도적 장치가 현실적으로 없는 편이다. 일정한 매장 근무 경험을 토대로 슈퍼바이저 업무를 수행하게 하고 있는 것이 현재의 프랜차이즈 가맹 본부의 실상이라고 할 수 있다. 슈퍼바이저가 기본적인 자질을 지니지 않고는 가맹점 방문을 할 경우 가맹 본부와 가맹점 둘 다 도움이 되지 않는다. 오히려 현장의 과제만 더 안고 오는 경우가 있다. 이것은 프랜차이즈 운영의 진리이다. 그저 명목상으로 가맹 본부에서 운영하고 있는 슈퍼바이저 제도에 불과할 뿐이다. 가맹 본부에서 되새겨보아야 할 매우 중요한 사항이다.

가맹 본부에서 일정 기간 근무 경험을 쌓으면서 경영 이념과 경영 철학을 습득하고, 여러 정책을 공유하여 숙지하고 있다고 판단되고, 원만한 인간관계를 형성하고 있으며 의사소통을 잘하겠다는 확신이 있을 경우 슈퍼바이저 보직을 부여하는 것이 성과 창출을 위해 효과적이다. 작금의 가맹 본부 환경은 신입 사원을 채용하여 교육해서 슈퍼바이저 임무를 부여하는 것보다 외부에서 경력 사원을 채용해서 곧바로 슈퍼바이저 직무를 하게 하는 경우가 많다.

아이템의 특성에 따라 다소 상이할 수는 있겠으나 신인이 가맹점을 관리한다는 것이 말처럼 쉽지 않은 것이 사실이다. 신인을 채용해서 슈퍼바이저로 활용하기 위해서는 가맹 본부의 교육 체계가 정립되어서 슈퍼바이저 양성 교육을 철저하게 실시해야 한다. 가급적 직영점에서 매장 일에 완전하게 익숙해질 때까지 현장 근무를 시키는 것이 좋다. 단 브랜드 파워가 막강할 때는 실질적으로 슈퍼바이저의 개인 역량이 가맹점을 관리하는 데 크게 차지 않는 편이다. 필자가 현재 몸담고 있는 브랜드가 입증해주고 있는 부분이다,

가맹 본부는 자체적인 슈퍼바이저 양성 교육 과정을 만들어서 정기적으로 실시하면 슈퍼바이저 역량을 강화시키는 데 좋다. 가맹 본부에서 능력을 갖춘 유능한 슈퍼바이저를 보유하고 있어야 현장 실행력을 높일 수 있어서이다. 실제적으로 유능한 슈퍼바이저는 타 가맹 본부로 이직하는 경우가 적은 편이다. 그래서 신생 브랜드에서는 인력난에 허덕이게 되는 것이다.

대부분의 신생 가맹 본부는 슈퍼바이저로서 기본적인 자질을 갖추지 않은 상태에서 임무를 줄 수밖에 없는 실정이다. 이로 인해 가맹점과의 마찰이 발생하고 가맹 본부의 정책을 정확하게 현장에서 실행시키지 못하여 강력한 가맹 본부가 되지 못하게 되는 경우가 많다. 가맹 사업 초기부터 실력 있는 슈퍼바이저를 물색하여 임무를 부여하는 것이 필수적이다. 선행되어야 할 가맹 본부의 과제이다.

아무나 슈퍼바이저 업무를 수행할 수 있겠지만 누구나 주어진 미션을 수행해서 성과를 낼 수는 없다. 최소한 1년 이상은 가맹 본부에서 내근 업무를 통해 전반적인 정책과 프랜차이즈에 관한 지식을 이해하고

숙지했을 때 현장 임무를 주는 것이 슈퍼바이저 미션을 수행하는 데 도움이 되고 가맹 본부 입장에서도 성과를 내는 데 유리하게 작용한다. 단 경력 사원은 브랜드 경쟁력과 당사의 경영 정책을 이해하고 있으면 현업에 배치해도 슈퍼바이저 역할을 수행하는 데 별 지장이 없다. 이것은 입증된 사실이다. 능력이 좋은 슈퍼바이저는 한곳에 정착하여 오랫동안 머무르게 될 확률이 높다. 요즘은 평생직장이 없는 관계로 꼭 그렇지만도 않다고 볼 수 있지만 대체적으로 그렇다고 보면 맞다. 슈퍼바이저가 잦은 이직을 할 경우 가맹 본부의 탓도 있겠으나 개인의 문제가 더 클 수 있다.

슈퍼바이저가 되려면 매장 근무 경험이 필수다. 고객을 직접 상대해서 서비스를 제공해 보아야 한다. 그래야 고객의 성향과 응대 요령을 터득할 수 있다. 특별히 주방 일을 직접 해보면서 메뉴 조리에 익숙해져야 한다. 가맹점을 관리하려면 이 두 가지를 자신이 통달하지 않고는 가맹 본부와 가맹점 어느 곳에서도 인정받을 수 없다.

슈퍼바이저는 자신은 물론이고 남을 관리할 수 있는 지도력도 필수적으로 있어야 한다. 그러기 위해서 요구되는 것이 자기관리이다. 내가 나를 관리하지 못하면 누구도 관리하기 어렵다. 슈퍼바이저는 어떤 일을 실행했을 때 그 일에 대한 책임감을 질 수 있어야 한다. 결과에 대해 나 몰라라 하는 정신을 갖고는 유능한 슈퍼바이저가 될 수 없다. 아니 슈퍼바이저직을 유지하기가 어렵게 된다.

슈퍼바이저는 외근이 많고 야간에 활동하는 경우가 많기에 기본적인 체력을 요하는 직책이다. 평소 체력 관리를 위해 운동도 게을리해서는

프랜차이즈 슈퍼바이저의 정석

안 된다. 몸이 지쳐서 슈퍼바이저직을 내려놓는 경우를 많이 보았다. 그렇게 되는 것은 가맹점의 끊임없는 불평과 요구 사항을 슈퍼바이저 자신이 해결해주지 못한 이유가 크다. 슈퍼바이저에게 주어지는 권한에 한계가 있어서 가맹점 사업자를 충족시켜주지 못해 스스로 중도 포기하게 되는 경우와 슈퍼바이저 역할과 적성이 부합하지 않아서 중도에 포기하는 사례가 많다. 가맹 본부가 신중하게 검토해야 할 부분이다.

바람직한 슈퍼바이저를 배출하여 가맹점 관리를 할 수 있도록 하기 위해서는 운영 시스템을 정립해두는 것이 선행되어야 한다. 슈퍼바이저는 적당히 하면 되겠지 하는 마음 자세로 일에 접근하면 업무 속성상 오랫동안 그 직을 유지할 수 없다. 이것이 프랜차이즈 시스템에서 슈퍼바이저가 지니고 있는 유일한 특성이다.

■ 슈퍼바이저 자격 요건
① 판매 및 서비스 경험 보유
② 가맹점 관리 및 지도력과 행정 문서 작성 능력
③ 책임감이 강하고 열정적인 사고
④ 숫자에 밝고 사무적으로 계산할 수 있는 기능
⑤ 건강한 정신과 체력
⑥ 대인관계를 원만히 할 수 있는 성격
⑦ 상대에게 신뢰감을 줄 수 있는 인격체

■ 슈퍼바이저 발탁 최소 기준
① 직영점 매니저 1년 이상 경력자

② 가맹 본부 지원 1년 이상 경력자

③ 가맹점 종사 1년 이상 경력자

④ 프랜차이즈 관련 학과 졸업자

⑤ 슈퍼바이저 관련 교육 이수자

3. 슈퍼바이저 태도

가맹점의 현안 과제에 대해서 가맹점 사업자가 슈퍼바이저에게 문제 해결책과 바람직한 방향에 대해 질의 요청 및 건의할 때 어떻게 슈퍼바이저가 입장을 정리하고 어떤 자세를 취해야 할까? 어떻게 경청하며 상담하고 응대하느냐에 따라서 가맹 본부와 가맹점의 신뢰가 싹트느냐 아니면 믿음이 사라져서 보이지 않는 벽이 생기게 되느냐가 판가름나게 되어 있다. 더불어 슈퍼바이저와 가맹점 사업자와도 친밀감을 형성하게 될 수도 있고 멀어지게 될 수도 있으므로 슈퍼바이저는 예의 바른 태도로 가맹점을 관리하는 것을 잊어서는 안 된다.

좋은 태도로 상대를 대하면 대화 방향이 긍정적으로 가게 되어있다. 상대를 무시하는 언행은 바르지 못한 태도에서 비롯된다. 슈퍼바이저가 가맹점을 대하는 몸가짐과 언행이 모범을 보일 때 원활한 소통이 시작된다고 할 수 있다. 그만큼 슈퍼바이저의 태도는 중요하다.

가맹점을 방문했을 시 가맹점 사업자와 매장 근무자가 슈퍼바이저에게 어떤 상황에 대해 강하게 문제를 제기할 때 슈퍼바이저가 어떤 자세와 입장을 갖고 응대하느냐에 따라 가맹점의 가맹 본부 우호도를 좋게 할 수도 있고 나쁘게 할 수도 있다. 그만큼 슈퍼바이저가 가맹점을 대하는 태도는 가맹 본부의 얼굴과 같다고 할 수 있다. 슈퍼바이저의 태도가 올바르다는 것은 예의범절을 지키면서 원칙에 따라 가맹점 관리를 한다는 뜻이다. 상황에 따라서 강한 어조로 상대를 지도하고 설득할 줄 알아야 한다. 탄력적으로 가맹점 사업자를 대응할 줄도 알아야 한다.

슈퍼바이저는 상대를 배려하고 경청할 줄 아는 습관을 지녀야 한다. 남의 말을 들을 줄 모르고 자신의 생각만을 고집해서 강요하는 식의 말투와 행동은 금물이다. 세상은 나의 말만 옳은 것이 아니고 모든 사람의 말이 맞기 때문이다. 귀담아 남의 말을 들어줄 때 남도 나의 말을 경청하게 되어있다. 원칙을 준수해서 일 처리를 하고 봉사한다는 마음가짐을 갖는 것이 슈퍼바이저가 지녀야 할 중요한 마음 자세이다. 특히 매장을 운영하는 나잇대가 아이템에 따라 다소 차이는 있겠지만 대다수가 사회적으로 많은 인생 경험을 하였기에 슈퍼바이저의 말과 행동은 늘 조심해야 한다. 슈퍼바이저가 가맹점을 방문하여 행하는 태도 하나하나가 가맹 본부에 대한 믿음으로 직결되게 되어 있기 때문이다.

슈퍼바이저가 가맹점을 바라보는 시각에 따라서 가맹점 사업자가 마음속에 갖게 되는 태도는 분명 달라질 수밖에 없다. 가맹 본부와 가맹점의 매개체 역할을 잘 수행하는 데 영향을 미칠 수밖에 없다. 슈퍼바이저의 가맹점을 향한 올바른 태도가 길게는 가맹점 확산과도 연관이 있다는 것을 가맹 본부와 슈퍼바이저는 인식하고 있어야 한다.

누군가를 설득하기 위해서는 항상 늘 낮은 자세로 겸손하게 말과 행동을 해야 한다. 목소리가 크다고 상대가 설득되는 것이 아니다. 가맹점은 대다수가 자신의 매장이 처한 입장에서 자신의 이익을 위해 가맹 본부에 요구하기에 때로는 가맹 본부의 정책과 상반된 주장을 하는 경우가 발생할 수 있다. 이때 슈퍼바이저의 절제된 언행과 강하고 임팩트 있는 설명이 상대를 설득시키게 된다. 언제 어떤 상황에서나 낮은 자세로 가맹점을 대하는 것은 올바른 슈퍼바이저의 태도이다. 하지만 예의에 어긋나지 않게 당당한 자세를 취하고 가맹점과 소통하는 것이 좋다. 원칙에서 벗어나 변칙을 사용할 때 문제를 더 어렵게 풀어가게 되므로 슈퍼바이저는 항상 원칙을 고수하면서 정도의 길을 가며 가맹점을 관리해야 한다.

사회 경험이 미천한 나이에 슈퍼바이저 역할을 담당하고 있는 것이 외식 프랜차이즈 업체의 일반적인 현상이다. 외식업의 특성과 여건상 불가피하게 젊은 연령대로 구성할 수밖에 없는 구조적인 상황이기에 가맹 본부는 슈퍼바이저로서 갖추어야 할 제반 자질에 대한 교육을 반복적으로 실시해야 한다.

슈퍼바이저는 사명감을 갖추고 있어야 한다. 가맹 사업에서 자신이 하는 역할이 얼마나 중차대한 직무인지를 인식하고 맡은 업무를 해야 한다. 항상 솔직하고 진실한 마음 자세를 지니고 있어야 하며 잘못한 부분에 대해서는 꾸밈없이 인정할 줄 알아야 한다. 가맹점에서 질문하거나 문제 해결을 요구할 때 모르면 모른다고 말하고 상사에게 알아보고 답을 주겠다고 말하는 용기가 있어야 한다. 가맹점을 관리하면서 실수를 했을 때는 실수를 인정하고 양해를 구하는 태도를 보여야 한다. 또한 가맹점 사업자에게 책임지지 못할 말을 해서는 안 되며 내뱉은 말에 대하여는 어떻게든지 책임지고 추진해주어야 한다. 설령 책임을 다하지 못하게 되었을 때는 사실대로 과정을 설명하고 이해를 구하는 것이 현명한 태도이다.

가맹점에서 가맹 본부의 규정을 잘 따르고 정책을 이행할 시에는 감사의 표시를 하는 것도 잊어서는 안 된다. 슈퍼바이저가 올바른 태도를 갖고 능력을 배양하여 가맹점과 가맹 본부 간에 신뢰가 쌓이게 만드는 역할을 중간에서 원만하게 해줄 때 가맹 본부와 가맹점이 같이 성장하게 되어 있다는 것을 머릿속에 간직하고 슈퍼바이저 직무를 수행하는 자세를 갖추는 것이 중요하다.

4. 슈퍼바이저 자질

슈퍼바이저는 리더십이 있어야 한다. 의사 전달을 명확하게 할 줄 알아야 하고 매장에서 진행되는 사항에 대해 분석하여 미흡한 부분에 대한 해법을 제시할 수 있어야 한다.

매장 운영의 개선책에 대한 주장을 피력할 수 있어야 한다. 결정된 사항에 대해 매장에서 추진할 수 있도록 설득하고 지도하는 능력을 구비하고 있어야 한다. 매장에서 요구하는 작은 일도 책임감을 가지고 원활한 소통을 통해서 가맹점과 함께 공유하고 공감하는 자세를 갖도록 해야 한다. 가맹점을 방문하여서 강압적이고 공격적인 자세로 매장을 감독하는 것에서 벗어나 매장이 분주할 때는 팔을 걷어붙이고 매장 근무자와 같이 일해줄 수 있어야 한다.

슈퍼바이저는 가맹 본부와 가맹점이 동반자로서 동반 성장을 할 수 있도록 역할을 해야 한다. 이것은 가슴 깊이 인식하고 있어야 할 부분이다. 이 점이 슈퍼바이저가 직무를 수행하기 전에 갖추고 있어야 할 필수 사항이라 할 수 있다. 슈퍼바이저가 또한 자신이 맡은 역할을 완수하기 위해서는 기본적인 업무 지식과 타고난 성품과 소질을 지니고 있어야 가능하다.

그러나 그 전에 기본적인 자질도 필요하지만 프랜차이즈 시스템을 이해하는 것이 우선이다. 왜 가맹점에서 가맹 본부의 방침대로 매장을 운영해야만 하는지를 이해하고 있어야 한다. 그다음에 자질이 있어야 유능한 슈퍼바이저가 될 수 있다. 타고난 능력은 개인차가 있을 수 있지만 노력하면 다소 부족한 부분도 채울 수 있는 것이 인간이다. 슈퍼바이저 직무는 몇 달 동안은 가맹점에서 만족할 만한 활동을 못 할 수도 있지만 시일이 지나면 대부분 일정한 궤도에 올라오게 되어있다. 반복되는 업무가 많기에 그렇다. 성실성과 부지런함이 밑바탕이 되면 오래지 않아 슈퍼바이저 역할을 잘 수행할 수 있다. 자신의 일처럼 접근하는 태도가 중요하다.

가맹 본부와 가맹점 간에는 무수히 많은 문제가 산재해 있다. 어떠한 문제에 봉착했을 시 올바르게 판단할 수 있는 판단력을 슈퍼바이저는 갖추고 있어야 한다. 어느 사안에 대한 판단을 어떻게 했느냐에 따라 가맹 본부와 가맹점 간에 분쟁이 발생하게 되고 가맹 본부에 대한 우호도가 안 좋게 될 수 있으며 점점 더 간극이 벌어져 나중에는 각자의 길을 가게 될 수 있다. 그래서 슈퍼바이저의 올바른 판단 능력은 매우 중요하다.

나와 같지 않은 생각을 지닌 상대방을 이해시키며 설득한다는 것이 쉬운 일은 아니나 슈퍼바이저의 자질에서는 중요하는 대목이다. 가맹점 사업자와 신뢰만 쌓아놓으면 매장 관리가 수월해지게 되어있다. 유능한 슈퍼바이저는 본인의 역할에 대한 직무가 힘드냐고 물어보면 즐겁다고 대답하는 경우가 많다. 슈퍼바이저의 개인 역량에 따라 역할을 실행하는 데 편차가 있음을 입증해주는 사례이다.

슈퍼바이저는 가맹점 사업자가 공감하여 가맹 본부의 정책들을 실행하게 하는 추진력을 갖추어야 한다. 슈퍼바이저는 현장의 소리를 그대로 보고할 줄 알아야 하며 가맹점에서 요구하고 건의하는 사항은 혼자 판단해서 새기고 결정해버리면 안 된다. 속칭 먹어버리면 안 된다는 말이다. 똑같은 사안이라도 상사들은 보는 시각이 달라 대안과 대책을 갖고 있을 수 있다. 조직은 직책에 따라 모든 현안 문제를 풀어갈 방안이 있게 마련이다. 직급이 높을수록 자금 사용 권한이 폭넓으며 타 부서와의 조율과 협조를 원활하게 할 수 있어서 해법을 찾기가 용이하기 때문이다.

■ 슈퍼바이저가 구비해야 할 소질
① 매장에서 어떠한 문제가 발생했을 때에 그것이 왜 일어났고 핵심적인 요인이 무엇인지 파악할 수 있어야 한다.
② 상대를 이끌고 올 수 있는 지도력이 필요하고 인간관계가 원만하며 올바른 성품을 지니고 있어야 한다.
③ 열과 성을 다해 정성스럽고 진실하게 업무에 임할 줄 알고 진정성

이 있게 가맹점을 상대할 수 있어야 한다.

④ 가맹점이 불쾌해 하지 않도록 말과 행동에 조심하고 신중한 태도로 소통해야 하며 친화력이 있는 언어 구사력을 할 줄 알아야 한다.

⑤ 현장 활동 결과에 대한 자료를 정리하고 문서 작성을 해서 업무의 연관성이 있게 가맹점 개개의 현상을 한눈에 볼 수 있도록 자료화할 수 있어야 한다.

⑥ 내가 주장하는 사안에 대해 남을 이해시키고 설득할 수 있으며 의견이 다른 경우에는 최선이 아니면 차선책으로 합일점을 찾을 수 있는 협상력을 갖추고 있어야 한다.

⑦ 사물을 유연하게 헤아리고 판단하여 받아들일 줄 알고 마음의 문을 활짝 열어놓고 가맹점을 관리할 수 있어야 한다.

⑧ 문제가 발생할 시 개념 없이 사안을 인식하지 말고 원인을 파악하려는 문제의식이 있어야 하며 그것에 대해 해결 방안을 강구할 줄도 알아야 한다.

⑨ 가맹 본부의 전반적인 정책과 방침 및 각종 매뉴얼을 완전히 숙지하고 있어야 한다.

⑩ 가맹점을 대할 때 딱딱한 표현보다는 부드럽게 대하며 유머 감각을 살려 대화하는 여유를 가질 수 있어야 한다.

■ 슈퍼바이저 행동 지침
① 가맹 계약서와 운영 매뉴얼에 정통할 것
② 가맹점 사업자의 매장 운영 방식을 정확하게 파악할 것

③ 가맹 본부의 정책과 방침 및 업무 내용을 이해할 것

④ 업무 절차를 명확히 숙지하고 자료를 분석할 것

⑤ 매장 고충 및 발생할 과제에 대해 조기 대응할 것

⑥ 열정과 믿음으로 설득할 것

■ 슈퍼바이저 기법

① 우수 인력 채용 기법

② 효율적 직무 개선 기법

③ 생산적인 시간 관리 기법

④ 손익 관리 기법

⑤ 가맹 계약서 이해 및 숙지

⑥ 가맹 본부 시스템 이해

⑦ 상권 분석 기법

⑧ 매장 매출 증대 기법

⑨ 매장 지도 기법

■ 슈퍼바이저 설득

① 상대방의 자존심이 상하지 않게 설득할 것

② 힘 있게 밀고 나가면서 설득할 것

③ 상대가 알기 쉽고 납득할 수 있도록 논리를 전개하고 공감할 수
   있도록 설득할 것

④ 거절할 시는 왜 그래야 하는지를 정확히 밝히면서 설득할 것

5. 슈퍼바이저 처신

슈퍼바이저는 가맹점 관리를 하면서 가맹점 사업자와 매장 근무자를 대할 때 몸가짐과 행동을 바르게 하는 것을 잊어서는 안 된다. 사람은 신분에 맞게 처신을 잘해야 한다는 말이 있는 것처럼 슈퍼바이저도 직무에 적합한 태도와 자세를 취해야 한다. 상대를 이해시키고 상대로부터 호감을 받기 위해서는 올바른 언행이 필수적으로 선행 되어야 한다. 슈퍼바이저는 가맹점 사업자에게 믿음을 줄 수 있는 몸가짐과 행동을 해야 한다.

또한 슈퍼바이저로서 지녀야 할 기본적인 소양을 갖추고 있어야 한다. 실제 현장에서 가맹점 사업자와 트러블이 생기는 이유는 서로의 태도와 자세 및 말투와 표정에서 비롯되는 일이 많다. 몸가짐과 행동이 상대로부터 호감과 비호감을 느끼는 바로미터가 될 수 있다.

슈퍼바이저는 자신의 일거수일투족이 가맹점 사업자의 마음을 움직이게 하고 가맹 본부 정책을 수월하게 실행시킬 수 있다는 것을 인지하고 있어야 한다. 누가 보아도 객관적으로 부당한 정책이 아닌 이상 가맹점 대부분은 가맹 본부의 정책을 이행해야 한다는 생각을 하고 있다. 담당 슈퍼바이저의 태도 및 처신이 올바르다고 판단이 안 될 시 오히려 역효과를 보여 가맹 본부와 간극이 생기는 경우도 있으니 이 점을 슈퍼바이저는 각별하게 주의해야 한다. 슈퍼바이저의 처신에 따라 브랜드 가치가 상승하기도 하고 하락하기도 하며 가맹 본부 우호도를 좋게도 하고 나쁘게도 할 수 있는 척도가 될 수 있다. 매너 있는 말과 행동과 몸가짐이 필요하다.

(1) 슈퍼바이저 행동 지침

① 가맹 계약서와 운영 매뉴얼에 정통할 것

② 가맹점의 인적 물적 자원을 파악하고 있을 것

③ 가맹 본부의 방침과 업무 방향성을 명확히 이해할 것

④ 예기치 않은 일이 발생했을 경우 신속히 정성껏 대응할 것

⑤ 가맹점 정보를 자료화해서 관리할 것

⑥ 직무의 본질을 파악하여 가맹점 사업자 마인드에 변화를 줄 것

(2) 슈퍼바이저 기술

① 매장 상황 진단을 위한 체크리스트 작성 기술

② 긍정적으로 수긍할 수 있게 설득하는 커뮤니케이션 기술

③ 매장 현안 과제에 초기에 대응하여 해결할 수 있는 기술

④ 매장 경영 분석과 경영 진단을 할 수 있는 기술

(3) 슈퍼바이저 미션

① 프랜차이즈 사업의 비전을 제시한다.

② 슈퍼바이저 자신의 인품과 신용을 인식시킨다.

③ 매장 운영에 대한 최고 서비스를 제공한다.

④ 경영 노하우 및 아이디어를 제공한다.

⑤ 근면한 마음과 믿음을 제공한다.

⑥ 가맹점 사업자의 요구에 대해 핵심 사항을 파악한다.

⑦ 불만 처리를 신속히 해주어 만족도를 높인다.

⑧ 가맹점의 우호도를 측정한다.

⑨ 변화와 혁신을 통해 새로운 가치를 찾아내어 제공한다.

⑩ 가맹점에 이득이 되는 일을 지속적으로 제공한다.

⑪ 매장 방문 시 매장 내 직원 모두에게 들어갈 때와 나갈 때 인사한다.

⑫ 가맹점의 요구 사항에 대해 가부를 명확하게 전달해주고 가맹 본부와 논의할 사항은 향후 피드백을 반드시 해준다.

⑬ 매출과 관련하여 가맹점 책임을 전가하는 것보다 함께 원인 분석을 통해 대안을 강구한다.

⑭ 말 한마디와 행동에 대해 모범을 보인다.

(4) 슈퍼바이저 자세

① 내가 먼저라는 고정 관념을 탈피해야 한다.

② 안 되는 이유보다 할 수 있는 방법을 찾는다.

③ 머뭇거리지 말고 즉시 실천한다.

④ 합리적이고 생산적인 안을 수립한다.

⑤ 그릇된 것이 있을 시 현장에서 시정하도록 한다.

⑥ 왜라는 의문을 끊임없이 하여 근본 원인을 물색하도록 한다.

⑦ 힘들수록 좋은 아이디어를 찾아낸다.

⑧ 한 사람의 지혜보다 열 사람의 지혜를 구한다는 자세를 가진다.

⑨ 계속적인 현장 지도를 통해 개선을 시킨다는 마음을 지닌다.

⑩ 지키지 못할 약속은 아예 하지 않는다.

⑪ 상대에게 책임을 전가하지 않는다.

⑫ 가맹점 사업자에게 전달하고 개선시킨다.

⑬ 전화보다는 가능한 매장을 방문해서 지도한다.

(5) 슈퍼바이저 마음가짐

① 가맹점과의 약속은 필히 지킨다.

② 신속하게 대응하고 즉시 처리한다.

③ 규정에 입각하여 원칙을 고수한다.

④ 매장에 대한 신뢰와 개선 의지를 강하게 갖는다.

⑤ 가맹점과 공감대를 형성한다.

⑥ 가맹점과의 마찰을 의식하지 말고 정확하게 정책을 전달한다.

⑦ 가맹점의 견해를 진지하게 경청한다.

⑧ 자신에게 닥쳐오는 매너리즘을 경계한다.

⑨ 상사에게 현장 상황 보고를 철저히 한다.

6. 슈퍼바이저 소통

가맹점에서 일어나고 있는 일에 대해서는 가맹 본부 임직원 중에서 제일 먼저 슈퍼바이저가 알아서 가맹 본부에 중요하다고 판단되는 사안을 즉시 보고해야 한다. 그러기 위해서는 가맹점에서 어떠한 상황이 발생했을 시에 담당 슈퍼바이저에게 최초로 연락해야 하는 것을 운영 시스템으로 만들어 놓는 것이 선행되어야 한다. 슈퍼바이저가 가맹 본부와 가맹점 간의 소통 채널 방식을 규정해 놓아야 한다. 가맹점에서 슈퍼바이저를 거치지 않고 운영 팀장이나 운영 본부장 또는 경영자한테 직접 가맹점의 일을 전달하는 사례가 있는데 이는 담당 슈퍼바이저를 불신하기에 일어나는 일이다.

가맹점에 가맹 본부의 정책을 전달하거나 가맹점에서 요청한 사실에 대해 피드백해주는 일도 가맹점을 담당하고 있는 슈퍼바이저에 의해서 최초로 실행되어야 한다. 이런 원칙이 어긋나기 시작하는 순간부터 가맹 본부의 정책은 혼란이 야기되어 슈퍼바이저 무용론이 나오기 시작하고 브랜드 경쟁력이 하락하기 시작하게 되는 것이다.

가맹 본부의 제반 방침은 슈퍼바이저가 먼저 이해하고 숙지해서 슈퍼바이저 입으로부터 가맹점에 전달되어야 한다. 그래야 슈퍼바이저한테 힘이 생겨서 가맹점이 슈퍼바이저를 신뢰하게 되어 가맹 본부의 정책을 실천시켜 나가기에 용이하다. 슈퍼바이저가 가맹점에 문자나 공문을 전파하기 전에 가맹 본부에서 먼저 내보내는 것은 슈퍼바이저의 권한을 빼앗아 버리는 결과를 초래하게 되므로 지양해야 한다. 가맹 본부의 어떠한 정책이나 실행 안이 있을 시에는 무조건 슈퍼바이저를 통해 처음으로 가맹점에서 알게 되어야 한다는 것은 프랜차이즈 사업에서 자명한 진리이다.

가맹점은 슈퍼바이저에게 직접 듣지 못한 내용에 대하여는 담당 슈퍼바이저에게 다시 전화를 걸어 내용을 알아보게 되어있다. 그때 슈퍼바이저가 내용을 정확하게 인지하지 못했을 경우 가맹점에서 바라보는 슈퍼바이저에 대한 시각은 바닥을 치게 되어 신뢰가 없어지는 단초를 만들게 된다. 향후 가맹 본부의 정책을 실행시키는 데 어려움을 겪을 수 있으므로 유의해야 한다.

프랜차이즈 슈퍼바이저의 정석

가맹점을 직접적으로 관리하는 부서는 라인조직인 운영팀이다. 스탭 부서에서 전략을 수립하여 가맹 본부의 정책으로 결정했을 시에는 반드시 운영팀에서 내용을 숙지하고 슈퍼바이저가 가맹점에 최초로 전달해야 한다는 점을 간과해서는 안 된다. 시간을 다투는 일이라고 해서 슈퍼바이저를 배제하고 전체 공지를 가맹점에 일괄적으로 먼저 하는 것은 프랜차이즈 사업 시스템에서는 올바른 방법이 아니므로 유념해야 할 사항이다. 이 사항은 매우 중요한 부분이다. 재차 강조하지만 가맹 본부의 모든 정책은 슈퍼바이저를 통해서 최초로 가맹점에 전달되어야 한다는 것을 원칙으로 해야 한다.

현재에도 슈퍼바이저가 가맹점에 전파하기 전에 가맹 본부 전략기획팀이나 영업지원 부서에서 일괄 공지하는 사례가 있는데 이는 슈퍼바이저의 경쟁력을 약화시키는 처사이다. 이유를 불문하고 가맹점과의 소통은 1차적으로 슈퍼바이저에 의해 행해져야 한다는 것은 가맹 사업을 하는 동안은 법칙이다. 어떻든 간에 슈퍼바이저에 의해서 첫 번째로 문자를 공지하거나 알리는 것을 철칙으로 삼는 것이 필수다. 슈퍼바이저를 무시하고 가맹 본부 구성원이 가맹점과 소통하는 것은 삼가야 한다.

부득이한 사항에 대해서 소통할 일이 있을 시는 먼저 담당 슈퍼바이저와 업무 교류를 한 후 시행하는 것이 현명한 방법이다. 이때 슈퍼바이저가 사전에 가맹점에 어느 부서 누가 어떤 일로 연락이 갈 거라는 말을 알려주는 것이 좋다. 슈퍼바이저 활동을 감시하고 견제하는 차원에서 임원이 가맹점과 소통하는 것은 별개의 사항이다.

프랜차이즈 시스템에서 가맹점에 가맹 본부의 주요 정책을 전달하는 소통 방식을 어느 채널을 통해 하는 것이 가장 효율적이냐고 질문하면 무조건 슈퍼바이저라고 하는 것이 올바른 대답이다. 가맹 본부의 정책에 통일성을 유지하고 일사불란하게 가맹점에서 실행하도록 하기 위해 가맹 본부와 가맹점에서 발생하고 있는 일에 대해 슈퍼바이저에 의한 가맹점과의 최초 및 최종적인 소통을 하는 것이 중요하다. 가맹 본부의 스탭 부서는 주요 정책 사항에 대하여 운영팀과 사전에 논의 후 실행 계획안을 수립하는 것이 효율적이다. 프랜차이즈 시스템에서 실행은 운영팀의 슈퍼바이저가 하기 때문이다.

현장을 너무 많이 알아도 전략을 수립하는 데 도움이 안 될 수 있지만, 현장의 견해를 듣지 않고 실행 계획을 수립하는 것도 효과적이지 못한 방법이 될 수 있다. 운영 팀장은 타부서에서 사전에 협의 없이 결정된 정책 사항을 가맹점에 공지하지 않도록 업무 협조를 유기적으로 하는 것을 잊어서는 안 되며 부득이하게 발생했을 시는 논쟁을 해서라도 재발하지 않도록 강력하게 소통 방법 개선을 요청할 필요가 있다.

경영은 의사 결정이라는 말이 있는 것처럼 가맹 본부는 평소에 가맹점과 효율적으로 소통하는 방법과 성과를 낼 수 있는 요령을 슈퍼바이저에게 교육해야 한다. 같은 말이라도 언어 구사력과 화법에 따라 상대가 받아들이고 느끼는 감정은 다를 수밖에 없다. 슈퍼바이저는 가맹 본부를 대신하여 처음으로 가맹점과 소통하여 제반 사항을 전달하므로 가맹점에서 이해하기가 쉽고 공감할 수 있도록 의사소통을 할 줄 알아야 한다. 가맹점에 전달하는 자체에 의미를 두고 소통하면 가맹점으로부터 동의를 구하고 내용을 인식시키는 데 어려울 수 있다. 상대의 마음을 흔

　　　　　　　　　　　　　　프랜차이즈 슈퍼바이저의 정석

들리게 할 수 있을 정도로 대화할 수 있어야 한다. 상대가 알기 쉽고 알아들을 수 있도록 표현해주는 것이 말을 잘하는 사람이다. 슈퍼바이저가 터득해야 할 화법의 기술이다.

7. 슈퍼바이저 이미지

슈퍼바이저는 본인의 좋은 이미지를 가맹점에 부각할 줄 알아야 한다. 슈퍼바이저 자신은 물론이고 가맹점을 방문하여 매장 종사자에게 긍정 에너지를 심어주고 비전을 제시하고 공감하게 하여 즐겁고 활기차게 일할 수 있는 분위기를 조성시켜 주어야 한다.

사람의 인상은 자신만의 꾸준한 노력 여하에 따라 달라지게 되어있다. 슈퍼바이저는 가맹점 사업자를 대할 때 좋은 인상을 심어주어 친밀도를 느끼게 일거수일투족을 조심해야 한다. 첫인상의 중요성을 중시하고 말 한마디와 몸가짐을 올바르게 하는 것이 가맹 본부의 경쟁력을 강화시키는 것이라는 생각을 갖고 가맹점을 방문할 때 유의하면서 말과 행동을 해야 한다. 가맹점 사업자에게 비추어지는 슈퍼바이저에 대한 긍정적인 이미지 부각은 가맹 본부 이미지와 직결된다는 점을 슈퍼바이저는 명심하고 가맹점 관리를 해야 한다.

(1) 이미지 메이킹 구성 요인
① 표정 관리
자신의 마음가짐과 심리 상태 속에서 잠재되어 있는 것을 밖으로 표출하지 않고 내재적으로 감추고 있는 행동을 표정 관리라고 말하는

데, 인생을 살다 보면 이것이 말처럼 쉽지가 않다. 내공이 쌓여야 하고 인격 수양이 되어 있어야만 자신의 감정을 억제할 수 있는데 선천적인 영향도 무시할 수 없기에 부단하게 자신과의 싸움에서 이겨내야 상대에게 불쾌감을 주지 않는 표정을 유지할 수 있다. 슈퍼바이저가 가맹점 사업자와 사소한 일로 티격태격하는 것을 볼 수 있는데, 표정 관리가 잘 안 되어서 불쾌한 생각을 상대방에게 심어주어 나타나는 경우가 많은 편이다.

개인의 감정을 억제하는 능력과 표정 관리는 슈퍼바이저별로 개인차가 크다. 사회적으로 성공한 리더는 상대방이 있을 때는 항시 밝은 표정을 짓고 있다. 매장 근무자가 고객과 최초로 대면할 때 5초 안에 매장의 첫 이미지가 결정되게 되어있다. 슈퍼바이저는 자신의 표정이 매장 전체로 옮겨진다는 것을 염두에 두면서 가맹점 방문을 해야 한다. 항시 밝고 명랑하게 당당하고 활력이 넘치면서 예의 바른 언행을 하는 것을 습관화해야 한다.

② 화법

같은 말이라도 '아'하고 '어'에서 풍기는 느낌은 다르다. 언어 화법은 타고난 영향이 매우 크다. 말을 잘하는 사람은 선천적인 면이 크게 작용한다. 하지만 유창하지 못한 언어라도 진정성이 담긴 말을 하면 상대는 감동하게 되어있다. 유난히 상대가 즐겁도록 표현하는 사람이 있다. 이런 사람하고는 왠지 느낌이 좋아서 자주 접하고 싶은 생각이 든다. 슈퍼바이저도 가맹점을 방문해서 에너지를 불어넣는 사람이 되어야 한다. 공연히 본인의 의도와 다르게 말을 하여 상대방의 감정을 상하게 해서는 안 된다. 대인관계에서 불만의 불씨가 싹트는 경우는 상대방을 자극하는 말에서부터 나온다. 내가 무심코 던진 말이 상대방에게는 평생 심장에 못이 박힌다는 것을 슈퍼바이저는 잊어서는 안 된다. 슈퍼바이저가 매장을 방문해서 매장 근무자한테 던지는 말의 화법이 곧 고객한테도 미친다는 점을 간과해서는 안 되는 부분이다. 슈퍼바이저는 가맹점 사업자에게 당당하고 확신에 찬 어투로 가맹 본부의 정책을 전달하고 가맹점을 지도하고 관리하는 것이 좋다.

슈퍼바이저가 가맹점 사업자에게 좋은 이미지를 말로서 각인시키려면 열의와 성의를 지니고 호의를 베푼다는 것을 느끼도록 해야 한다. 부드럽게 미소를 띠고 상냥하게 말하는 것이 상대로부터 호감을 얻는 비결이다. 시선은 상대방 눈에 맞추고 상대의 말을 잘 들으며 맞장구를 쳐주어야 한다. 가급적 아는 척하지 말아야 한다. 침착한 어조로 말하고 칭찬을 아끼지 않고 예의를 갖추도록 하는 것이 중요하다. 매장에서 고객한테 슈퍼바이저가 직접 응대할 경우는 기본적인 접객 용어를 사용하는 것을 놓쳐서는 안 된다. 생활 속에 습관화시켜서 자연적으로 몸에 배도록 하는 것이 필요하다.

(2) 매장 접객 용어
① 안녕하십니까, 어서 오십시오.
② 무엇을 도와드릴까요?
③ 감사합니다.

④ 죄송합니다.

⑤ 잠시만 기다려주시겠습니까?

⑥ 안녕히 가십시오.

(3) 제스처

사람은 자신이 하는 말에 대해 더 실질적이고 구체적으로 강조하기 위해 몸짓과 손짓을 한다. 제스처는 보디랭귀지와 유사한 말이다. 강연자가 청중에게 강조하고 자신이 주장하는 부분에 대해 설득할 때 강한 제스처를 사용하는 것을 볼 수 있다. 제스처는 듣는 사람에게 강력한 메시지를 받게끔 하는 데 도움이 된다. 슈퍼바이저는 과한 제스처는 아니어도 적당한 제스처를 사용해 가맹점 사업자를 설득할 필요가 있다. 슈퍼바이저의 주요 역할 중 가맹점 사업자를 설득시키는 임무가 있기에 상대가 편하게 느끼는 정도의 제스처는 해야 한다. 말의 전달력을 상대에게 자연스럽게 하는 데 한몫하는 것이 제스처이다. 평소에 자주 거울에 자신의 모습을 비추어 보면서 연습해야 몸에 배게 할 수 있다. 꾸준한 연습으로 생활에서 일상화시키는 노력이 있어야 한다. 매장 자리를 안내할 때는 손가락을 모이게 하여 손끝을 상대에게 향하도록 하는 것이 좋다. 주문받을 경우는 고객과 눈높이를 맞추기 위해 자세를 낮추는 것이 필요하다.

(4) 아름다움

여기서 말하는 미는 내면의 아름다움을 더 강조하고 있다. 상대방에게 이미지를 좋게 하려면 용모 단정함이 중요하다. 용모가 단정하면 어딘가 빈틈이 없어 보여서 말장난을 칠 수 없을 거 같은 느낌을 받게 된다. 매우 중요한 부분이다. 외면의 아름다움은 사람 자체에서 무언가 풍기는 그 자체가 더 크게 와 닿는 말과 같다고 할 수 있다.

외모까지 아름답다면 금상첨화이겠지만 외모와 이미지는 별개인 경우가 많다. 슈퍼바이저가 가맹점을 방문할 때 용모가 단정한 상태에서 지도하고 감독하면 매장 근무자에게 좋은 이미지를 갖게 하는 효과가 크다. 매장 직원들이 고객을 상대할 시 깨끗한 유니폼을 착용하고 절제된 언어와 행동을 보이며 고객한테 다가가는 친절한 서비스를 제공할 때 진정한 아름다움이 전해져서 매출 증대로 이어지게 하므로 슈퍼바이저는 특히 이 점을 유의하고 가맹점을 관리해야 한다. 매장에서 근무하는 여성은 진한 색조 화장을 하지 말고 강한 향수를 삼가며 손톱과 네일아트와 액세서리는 자제하는 것이 좋다. 긴 머리는 묶어야 하며 힐과 미니스커트는 착용하지 않아야 한다. 슈퍼바이저가 교육해야 할 사항이다.

part 3

슈퍼바이저는 지적하는 사람이 아니라 설득하는 사람이다

|　1. 슈퍼바이저 슈퍼바이징

프랜차이즈 시스템에서 슈퍼바이저는 가맹점의 사업 성공을 위해 필수불가결한 존재이다. 슈퍼바이저 없이 가맹 사업을 펼친다는 것은 어불성설이다. 모든 가맹 본부 임직원은 가맹점 매출 증가를 위해 각자의 역할을 수행하고 있다. 여기서 가맹점과의 직접적인 소통을 하는 자는 슈퍼바이저이다. 가맹 본부를 대신해 가맹점과 소통하여 실행시키는 역할을 하는 슈퍼바이저의 임무는 그래서 중요하다.

프랜차이즈 산업은 가맹 본부가 심혈을 기울여 완성한 제품을 고객에게 직접 판매 활동을 하지 않고 가맹점을 통해서 판매하는 시스템이다. 이런 역할을 슈퍼바이저가 해야 하기에 가맹 사업에서 차지하는 비중이 크다고 할 수 있다. 가맹점에서 발생하는 일들에 대해 소통의 창구 역할을 담당하는 슈퍼바이저는 가맹 본부의 경영자가 현장으로 이동하여서 경영하는 것과 같은 이치이다. 슈퍼바이저 하나하나가 가맹 본부의 CEO라고 할 수 있다.

가맹점 매출 증대를 위해서 실행하는 일련의 활동을 슈퍼바이징이라고 부른다. 슈퍼바이저가 가맹점을 방문해서 매장의 수익 창출을 위해 지도하고 관리하는 제반 활동을 의미한다. 프랜차이즈 시스템에서 성공적인 사업을 위해서는 슈퍼바이징을 필히 실천에 옮겨야 한다. 슈퍼바이징 목적은 슈퍼바이저 활동을 통해서 소통을 원활하게 하고 가맹점 매출을 상승시켜 가맹점 수익을 극대화시키는 데 있다. 슈퍼바이저가 슈퍼바이징을 효율적으로 할 때 프랜차이즈 가맹 사업 본연의 성과를 달성하게 된다. 슈퍼바이저가 왜 가맹 사업을 영위하는 데 중요한가를 상기시켜주는 이유이다.

프랜차이즈의 가장 큰 특질은 통일성이다. 전 가맹점이 하나의 공동체로 움직이게 해야만 가맹 사업이 번창할 수 있어서 가맹 본부와 가맹점의 동반 성장이 가능하게 되는데 이러한 미션을 슈퍼바이저가 해야 한다.

가맹 본부가 표준화되고 일관성 있는 생산적인 가맹 사업 시스템을 정립해 놓았을 때 슈퍼바이저의 진가가 발휘될 수 있다. 그러므로 제도적으로 시스템이 구비되어 있어야 한다. 이를 위해 분야별로 업무 프로세스를 정립하는 것이 필요하다.

시스템이 갖추어진 가맹 본부가 슈퍼바이징이 활발하게 이루어지고 목적 달성을 손쉽게 이룰 수 있다. 외식 프랜차이즈 사업은 메뉴 구성을 잘해야 하며 차별화된 서비스를 가맹점에서 고객에게 제공해 줄 수 있도록 시스템화시켜야 한다. 가성비가 좋은 가격 경쟁력이 뒷받침되어야 하고 확립한 매뉴얼을 현장에서 잘 이행하도록 지도하고 교육하도록 만들어 놓아야 한다.

슈퍼바이저는 가맹 본부에서 확립해놓은 제반 시스템을 활용하여 현장에서 실행하도록 하는 중책을 맡는다. 슈퍼바이저가 프랜차이즈 가맹 사업의 핵심 인물이며 슈퍼바이저가 가맹 사업에서 미치는 영향이 얼마나 중요한지를 알게 해주는 대목이라고 할 수 있다. 슈퍼바이징이 잘 이루어지게 하려면 가맹 본부에서 기본적인 프랜차이즈시스템을 구축해놓고 있어야 한다.

가맹 본부는 히트 메뉴를 개발하고 좋은 원재료를 값싸게 공급해주고 실용성 있는 주방 기기를 설치해 주어야 할 의무가 있다. 슈퍼바이징을 성공적으로 완수하기 위해서는 슈퍼바이저의 역량이 수반되어야 하나 가맹점에서 객관적으로 수긍이 가게 합리적인 정책을 가맹 본부에서 펼쳐야 한다. 가맹 본부에서 슈퍼바이저가 가맹 사업에서 차지하는 비중이 크다는 것을 인식하고 슈퍼바이저로서 자격을 갖추었다고 판단되었을 때 슈퍼바이저로 임명해서 슈퍼바이징을 하도록 해야 한다. 슈퍼바이저는 가맹점에서 매장의 운영을 가맹 본부가 규정하고 있는 대로 실천하고 있는지를 확인해서 미흡한 점은 교육하며 지도해주고 매출을 증대시킬 수 있는 방법을 전수해주고 가맹 본부의 경영 방침을 숙지해서 가맹점에서 실행할 수 있도록 추진하며 가맹점의 고충 처리를 해결해 줄 줄 알아야 한다. 효과적인 슈퍼바이징 활동이 되려면 가맹 본부의 시스템 구축뿐만 아니라 슈퍼바이저의 역량 강화도 소홀히 해서는 안 된다. 그보다도 더 필요한 것은 가맹점에서 슈퍼바이저에게 무엇을 원하고 있는지를 간파할 수 있는 슈퍼바이저가 되는 것이 우선 되어야 한다.

슈퍼바이저가 매장을 방문해서 가맹점 사업자의 애로 사항을 들어주는 것으로 끝나버리든지 소통을 원활하게 하지 못해 도리어 가맹 본부에 대한 불만을 더 쌓이게 하는 일이 예상보다 많이 발생하고 있는 것이 현실의 가맹 본부 실정이라고 해도 틀린 말이 아니다. 가맹점의 여러 가지 마음속에 있는 말들을 들어주는 일도 슈퍼바이저 미션의 한 부분이다. 매장 환경상 누군가가 오면 많은 말을 하고 싶게 된다. 슈퍼바이저는 가맹점에서 말하는 도중에 중간에 끼어들어 말문을 막게 하는 짓을 해서는 안 된다. 끝까지 잘 듣고 응대해주며 가맹점에서 가지고 있는 고충에 대한 대책을 강구하여 제시해 줄 수 있어야 한다. 가맹점 확산이 순조롭게 이루어져 일정 규모로 가맹 사업이 번창했다가 어느 순간 급속도로 쇠퇴기로 접어드는 것은 슈퍼바이저가 주어진 역할을 제대로 완수하지 못한 것도 이유가 될 수 있다.

슈퍼바이저가 자신의 역할을 잘 이행하기 위해서는 가맹 본부의 운영 시스템이 우선 확립되어 있어야 한다. 또한 시스템을 잘 활용해서 현업에 적용시켜 목적을 달성할 수 있는 슈퍼바이저를 양성해야 한다. 이러한 사업 시스템을 기반으로 일정한 자격을 구비한 자원을 슈퍼바이저

프랜차이즈 슈퍼바이저의 정석

로 임명해 미션을 부여해야 소기의 성과를 이룰 수 있다. 슈퍼바이저가 염두에 두어야 할 중요 사항이다. 슈퍼바이저는 자신이 담당하고 있는 가맹점의 매출을 증대시켜야 하는 책무를 지니고 있고 이행해야 하는 사명이 있다. 슈퍼바이저가 올바른 자세와 태도를 지니고 상대에게 모범이 되는 언행을 하는 것에서부터 최고의 슈퍼바이저가 될 수 있음을 염두에 두면서 활동해야 한다.

슈퍼바이저가 가맹 본부 사정으로 인해 부득이하게 담당하는 가맹점이 변경되는 경우가 있다. 가맹점과 슈퍼바이저가 친숙해져서 신뢰가 쌓이고 정이 들 무렵에 불가피하게 담당 매장이 바뀌게 되는 경우가 많다. 가맹점 입장에서는 슈퍼바이저를 배정받은 지가 얼마 되지 않았는데 새로운 슈퍼바이저가 발령받아 방문하면 또 오래지 않아 바뀌겠지 하는 생각이 앞서서 마음의 문을 쉽게 열지 않게 되므로 가맹 본부는 유념하고 슈퍼바이저 인사를 단행해야 한다. 슈퍼바이저나 가맹점이 다시 새롭게 알아 가기 시작해야 한다는 점이 업무를 추진하는 데 도움이 되지 않기에 잦은 인사는 지양할 필요가 있다. 때로는 평소 슈퍼바이저가 마음에 들지 않는다고 생각하고 있을 때 슈퍼바이저가 교체되기를 희망하는 가맹점도 있지만 대체적으로 그런 곳은 가맹점 사업자의 성향이 특별해서 나타나는 것이기에 가급적 한 슈퍼바이저에게 최소한 1년 이상은 해당 지역을 맡기는 것이 가맹점 관리를 하는 데나 업무 효율성 면에서 효과적이라는 것이 입증된 사실이다.

가맹점을 관리하고 지도할 수 있는 능력과 프랜차이즈 시스템에 대한 전문적인 지식을 지니고 있다는 확신이 있을 때 슈퍼바이저 직책을 부여하는 것이 효과적이다. 슈퍼바이저가 능력을 발휘하며 맡은 임무를 잘 수행하느냐가 가맹점 확산과 곧바로 연결되기에 가맹 사업에서 슈퍼바이저의 중요성은 아무리 강조해도 지나치지 않다. 프랜차이즈 시스템을 확립해서 아이템의 특성에 맞게 가맹 본부가 유능한 슈퍼바이저에 의한 슈퍼바이징을 하는 것이 프랜차이즈 가맹 사업을 성공시키는 지름길이다. 가맹 사업을 하면서 강력한 슈퍼바이저 제도를 운영해서 가맹 본부와 가맹점 사이의 작은 불씨도 해소시켜서 상호 신뢰를 쌓을 수 있도록 하는 것은 매우 중시해야 할 부분이다. 슈퍼바이저가 왜 중요한지는 가맹 본부 못지않게 가맹점에서도 느끼고 있는데, 이것은 역량을 갖춘 슈퍼바이저에게 통용되는 말이라는 것을 가맹 본부와 슈퍼바이저는 명심할 필요가 있다.

사람은 닫힌 공간의 매장 안에서 일정 기간 종사하게 되면 바깥세상과 단절되는 느낌이 들고 정보 공유가 물리적으로 힘들게 되어 누군가 새로운 소식과 정보를 제공해주기를 기대하게 된다. 그 임무를 담당 슈퍼바이저가 해주어야 한다. 가급적이면 매장의 수익과 직결되는 정보와 대책을 강구해주고 매출 상승 방안을 제시해줄 때 가맹점은 슈퍼바이저에게 신뢰와 믿음과 고마움을 갖게 된다는 점을 유념하고 활동해야 한다. 슈퍼바이저에 의해 가맹점 매출이 증대되는 순간부터 가맹 본부 정책을 가맹점에 실행시키기가 수월하고 해당 가맹점은 가맹 본부에 대한 우호도가 좋아진다. 슈퍼바이징을 하는 중요한 최종 목적은 가맹점 매출을 증대시켜주는 것에 있다고 보는 것이 올바른 해석이다.

2. 슈퍼바이저 10대 강령

가맹 본부는 슈퍼바이저가 현장 활동을 하면서 지켜야 할 사항들을 수칙으로 정하여 실천하게 하고 평가를 해야 한다. 외근 활동을 하는 직원에게는 적당한 규율이 세워져 있어서 누군가가 자신을 감시하고 있다는 것을 마음속에 심어줄 수 있는 제도적 장치가 있어야 나태한 정신에서 빠져나올 수 있고 업무 성과를 내는 데도 생산적이다. 이때 슈퍼바이저가 준수해야 할 사항을 명확하게 정해 놓는 것은 가맹 본부의 몫이다.

슈퍼바이저는 누군가의 통제 속에서 움직여져야 성과를 내는 데 효과적일 수밖에 없다. 실시간으로 행해지는 일을 누군가에게 보고하고 통제를 받는다는 느낌을 받을 때 효과가 배가 된다. 나 혼자만이 가맹점을 관리하는 역할을 수행하는 것이 아니라 동료들과 함께 같은 일을 지역만 구분하여 활동하기에 적당한 경쟁심 유발과 목표 달성에 대한 자존감을 느끼도록 시스템화해 놓는 것이 업무 성과를 내는 데 도움이 된다.

슈퍼바이저의 행동 수칙을 가맹 본부 교육장을 비롯하여 사무실에 플래카드를 활용하여 부착해서 슈퍼바이저가 항시 눈으로 접하게 하여 중요성을 인식하도록 하는 것도 좋은 방법이다. 행동 강령은 필수적으로 확립해놓고 가맹점을 관리하도록 해야 하는데, 여기서 유의할 점은 가맹 본부가 처한 환경에 따른 슈퍼바이저의 활동 영역이 제한을 받는 경우가 있으니 그에 맞게 현장 실행이 가능한 현실적인 활동 수칙을 만들어야 한다는 것이다. 슈퍼바이저가 담당하고 있는 가맹점 수와 근무 환경 및 처우 등 전반적으로 물리적인 여건을 고려한 활동 방안을 수립하는 것이 전제되어야 효과를 거둘 수 있다는 것을 가맹 본부는 염두에 두고 행동 강령을 정립할 필요가 있다. 이 점을 중시하지 않는 방침은 무용지물에 가까워질 수 있다는 것이 프랜차이즈 산업이 가지는 특질이다. 어느 상황에서든지 슈퍼바이저가 효과적으로 현장 활동을 하기 위한 행동 수칙은 수립되어서 실천해야만 공동체 의식을 불러오게 하여 가맹 본부와 가맹점 사이에 원활한 소통이 이루어질 수 있다는 것을 명심해야 한다.

슈퍼바이저는 자신의 역할을 수행하면서 준수해야 할 사항들을 정립하고 이를 지켜나가면서 가맹점을 방문하는 것을 잊지 말아야 한다. 또한 가맹점 사업자가 사소한 일로 응어리가 생기지 않도록 미연에 방지해주는 것이 슈퍼바이저의 임무이다. 가맹 본부에서 가맹점 관리에 관한 규정과 방침을 정해놓은 것을 슈퍼바이저가 현장 활동을 하면서 이행하지 않고 멋대로 가맹점을 응대하고 방문하게 되면 슈퍼바이저별로 개인차가 생겨서 가맹점에서는 혼선이 초래될 소지가 있다. 프랜차이즈 시스템의 근본적인 특성은 전 가맹점이 통일성 있게 가맹 본부의 방침에 입각하여 매장을 운영하는 것이라고 볼 수 있는데, 가맹점 관리도 마찬가지이다. 슈퍼바이저가 일률적으로 매장 관리를 하도록 해야 한다. 슈퍼바이저마다 상이하게 매장 관리를 하지 못하도록 가맹 본부의 운영 시스템 확립이 필요하다. 가맹 본부의 매장 수와 인력 및 여건에 적합하게 슈퍼바이저가 준수하고 가맹점 관리를 할 수 있도록 별도 수칙을 세워놓고 그것을 지키도록 강조해서 강력하게 현장에서 실행하도록 실행력을 강화시키는 것이 프랜차이즈 사업에서 절대적으로 필요하다. 이것이 가맹 본부에서 필요한 행동 강령이다.

(1) 월 1회 반드시 매장 방문

슈퍼바이저는 가맹점을 방문할 때 체계적으로 활동 계획을 수립해서 정기적으로 하는 것을 습관화해야 한다. 가맹점 사업자 입장에서는 때가 되면 슈퍼바이저를 말은 안 해도 언제 올까 하면서 은근히 기다리게 되어있다. 슈퍼바이저가 방문했을 시 건의하고 요청할 사안과 하자가 있는 제품의 처리 문제 등에 대해 대화하면서 불만을 털어놓으며 해소하고 싶은 마음이 크다. 차단된 공간 안에서 장시간 생활하다 보면 누군가와 대화하고픈 생각이 많이 들게 마련이다. 슈퍼바이저가 들어주고 맞장구 쳐주며 지도하고 개선해주는 일을 해주어야 한다.

가맹점은 자주 방문하는 것이 매장 내의 일을 알 수 있고 친밀도를 유지하는 데 유리하다. 적절한 시점에 가맹점을 방문해서 매출 증대를 위해 도움을 주어야 하는데 일정한 방문의 규정이 없으면 불규칙적이고 주관성이 가미되어 들쭉날쭉 가맹점을 방문하게 되기 쉬우므로 기본적인 방문 횟수는 정해놓고 정기적인 방문을 해야 한다. 간혹 사이가 좋지 않은 가맹점이라든지 성향이 안 좋다고 판단되는 가맹점을 의도적으로 회피하여 그 매장은 방문을 안 하는 경우가 있는데 슈퍼바이저가 해서는 안 될 일이다.

(2) 일 5개 가맹점 유선 통화

슈퍼바이저는 하루에 5개 이상 가맹점과 전화로 소통하는 것을 일상

생활화해야 한다. 필요에 의해 가맹점에서 걸려오는 전화를 제외하고 슈퍼바이저 자신이 가맹점과 통화하면서 매장에서 일어나고 있는 일들을 파악할 수 있어야 한다. 가맹점을 자주 방문하기가 물리적으로 힘들기에 유선상으로 대화의 끈을 놓지 말아야 하기 때문이다. 오랫동안 대화가 단절되면 왠지 서먹해지고 낯선 감이 와서 가맹 본부의 정책을 전달하고 실행시키는 데 어려움이 발생할 수 있다. 가맹점은 슈퍼바이저로부터 전화가 오면 관심을 받고 있다는 마음이 앞서서 친밀도와 신뢰가 점점 싹트는 시발점이 될 수 있는 좋은 기회가 될 수 있으니 적극 시행할 필요가 있다. 슈퍼바이저가 가맹점과 자주 전화로 소통해야 하는 궁극적인 목적은 매장 내에서 일어나고 있는 일들을 파악하여 가맹 본부의 정책을 실행시키게 하기 위함이다. 빈번하게 대화를 해야만 서로를 이해하고 속에 있는 것을 표현하게 되어 있으므로 슈퍼바이저는 가맹점을 수시로 방문하거나 전화 소통을 자주 해야 한다.

(3) 24시간 전화 대기

슈퍼바이저는 언제나 전화 대기를 한다는 마음 자세를 지니고 있어야 한다. 가맹점은 오로지 담당하고 있는 슈퍼바이저를 자신의 일을 해결해주는 해결사로 인식하고 있어서 매장 일을 하는 동안 돌발 상황이 발생하면 즉각 전화로 도움을 청하게 되어 있으므로 슈퍼바이저는 항시 전화기를 옆에 끼고 있어야 한다. 슈퍼바이저가 퇴근한 후에도 매장은 운영되고 언제 어떤 일이 발생할지 모르기에 상시 전화 대기를 해야 한다. 퇴근 후 가맹점으로부터 오는 전화 받기를 꺼리고 귀찮아하면 슈퍼바이저직을 내려놓는 것이 좋다. 필수적으로 해야 하는 임무인데 이를 어쩔 수 없이 이행한다면 업무 성과를 내기가 힘들 수밖에 없다.

슈퍼바이저 업무의 반 이상이 전화로 행해진다고 해도 지나친 말이 아니다. 슈퍼바이저가 안 받는 전화는 상사에게 하게 되어있다. 매장에서는 급하기에 시간대와 상대를 가리지 않고 일단 빠르게 가맹 본부에 전해야 하기 때문이다. 슈퍼바이저는 가맹 본부와 가맹점 사이에서 서로의 정보를 공유시켜야 하는 중책을 맡고 있으므로 항시 상대와 소통할 준비를 하고 있어야 하는 것이다.

(4) 클레임 처리 및 피드백

슈퍼바이저가 해야 할 역할 중에 중요한 미션이다. 상대가 있는 일을 하는 프랜차이즈는 불만과 해결해야 할 일이 늘 생기게 마련이다. 클레임은 현장에서 주로 발생하게 되어있다. 사람마다 지니는 고유의 성격과 가치관이 다르기에 자존감이 상하고 무시를 당했다는 생각이 들면 상대한테 억울함에 대한 문제 제기를 하게 되어 있다. 그래서 가맹점과 고객 사이에서 자주 클레임이 발생하게 되는 것이다.

제품 클레임은 가맹 본부의 귀책사유로 인해 발생하는 사례도 있다. 고객이 가맹 본부로 직접 연락을 해서 불만 사항을 전하기도 하지만 대체적으로 가맹점을 통해서 슈퍼바이저가 알게 되는 것이 일반적이다. 슈퍼바이저는 중요한 책무라고 생각하고 클레임 처리에 만전을 기해야 한다. 가맹점의 클레임을 신속 정확하게 처리하고 해결해주는 슈퍼바이저를 가맹점 사업자는 최고로 인정하고 있다는 것을 현장 경험을 통해 확인하였다.

슈퍼바이저가 완벽하게 클레임을 처리하려면 역할을 완수할 수 있는 역량을 지니고 있어야 한다. 가맹점의 고충 처리에 대한 회신은 가급적 빠르게 피드백해주어야 한다는 것을 잊어서는 안 된다. 피드백을 해주는 것이 중요한 것이 아니라 제때에 해주는 것이 더 중요하다는 점을 깊이 새겨야 한다.

(5) 동종 업종 파악 및 보고

슈퍼바이저는 가맹점을 방문하면서 주변 상권의 변화와 시장 동향을 파악해서 팀장에게 보고해야 한다. 해당 가맹점만 들렀다가 타 가맹점으로 향하지 말고 주변 시장의 흐름을 주시하고 파악해서 현장의 상황을 읽는 습관을 지니도록 해야 한다. 가맹 본부에 보고해서 변화하고 있는 트렌드에 맞추어 효과적으로 대응할 수 있도록 정보를 전달해주어야 하기 때문이다. 유사 브랜드가 난립하고 카피 브랜드가 성행하는 외식 프랜차이즈 업종에서 새로이 출현하는 브랜드를 간파하고 대응해가는 것은 무엇보다도 중요하다. 가맹점 매출하고 직결되기 때문이다. 또한 슈퍼바이저가 실천해야 할 직무이다. 슈퍼바이저가 머릿속에 이런 이유에 대한 개념을 정리하고 활동한다면 시장 정보를 쉽게 수집할 수 있을 것이다. 현장 일을 중점으로 하는 직무이기에 필히 해야 할 미션이다.

(6) 가맹점 손익 분석

슈퍼바이저가 가맹점을 관리하는 궁극적인 목적은 가맹점 매출 증대에 있다. 슈퍼바이저는 매장 운영 현상을 분석하여 미흡한 부분을 개선시켜 매출을 올릴 수 있는 방안을 제시할 줄 알아야 한다. 투자 대비 수익률이 나오도록 해줄 수 있어야 하는데 해당 가맹점에 대한 전반적인 사항을 알아야만 가능한 일이다. 슈퍼바이저가 담당 매장에 대해 모든 것을 알고 있어야 하는 이유이다.

현재 가맹점 손익 분석을 정기적으로 해주고 있는 슈퍼바이저가 많지 않은 것이 사실이다. 손익 분석은 슈퍼바이저가 능력과 사명감이 있어야만 할 수 있다. 역량이 부족한 슈퍼바이저는 아예 손익 분석을 해줄 생각 자체를 안 하고 있는 실정이다. 월별로 매장 수익 구조를 분석하여 매출 부진 요인과 증대안을 가맹점 사업자와 공동으로 마련하여 실행하도록 도움을 줄 수 있어야 유능한 슈퍼바이저라 할 수 있다.

(7) 사입 제품 방지

물류 이탈이라고도 표현하는데 가맹점에서 사입 제품을 사용하는 순간부터 브랜드 경쟁력은 감소하기 시작한다. 이를 차단하는 일을 슈퍼바이저가 해야 한다. 제품의 통일성은 프랜차이즈의 근간이다. 원부재료가 동일 제품이 아니면 같은 맛을 낼 수 없다. 그래서 같은 원부재료를 가맹점에서 사용하도록 통제하고 관리하는 것이다. 이러한 취지를 슈퍼바이저가 가맹점에 전파하여 일탈 현상이 생기지 않도록 해야 한다.

사입 제품 사용 여부를 보면 슈퍼바이저의 개인차가 확연하게 드러난다. 평소 어떻게 가맹점 관리를 하고 있느냐에 따라서 사입 제품 사용 여부가 달려있기 때문이다. 한편 물류가 이탈되는 것을 근절시킬 수 있어야 강력한 가맹 본부가 될 수 있다. 슈퍼바이저의 역량이 중시되는 대목이다. 현실적으로 사입 제품을 전혀 취급하지 않고 있는 가맹 본부가 극히 적은 것이 현실이다. 그만큼 통제 및 관리가 어렵다고 볼 수 있다.

한 가지 분명한 것은 사입 제품을 사용하는 순간부터 제품의 맛이 다르게 되어 프랜차이즈 최대 강점인 통일성이 결여되기 시작해 브랜드 가치가 하락하기 시작한다는 것이다. 이를 사전에 차단하기 위해 슈퍼바이저가 존재한다고 보면 된다.

(8) 성공 사례 전파

슈퍼바이저는 성공적인 가맹점 운영 사례를 매출이 답보 상태이거나 부진을 면치 못하는 가맹점에 전파하여 매출 증진에 대한 새로운 활력소가 되도록 해주어야 한다. 같은 여건에서 매장을 운영하는데 매출이 좋은 경우는 무언가 나름대로 이유가 있을 수밖에 없다. 그 원인을 심도 있게 찾아내어서 타 가맹점에 파급시켜주는 일을 할 수 있어야 한다.

사실 매출이 적은 가맹점은 무엇부터 실천하여야 하나 고민이 많다. 이를 해결해주는 자가 슈퍼바이저이다. 때론 큰 비용을 들이지 않고 효과를 거두는 가맹점이 의외로 많다. 성공 비책을 발견하여 해당 가맹점에 파급시키는 일을 해줄 때 슈퍼바이저의 믿음이 싹트기 시작하게 되어있다. 슈퍼바이저가 매장 방문 후에는 무언가 도움이 되었다는 인식을 가맹점에 심어 줄 수 있어야 한다.

(9) 로컬 판촉 활동

가맹점 환경과 여건에 적절한 판촉 활동을 하도록 제안하고 상사에게 보고하여 지원해주는 일을 슈퍼바이저가 해야 한다. 현대는 지역 판촉이 강세이고 활성화되어 있는 추세이다. 매장마다 지닌 특성이 천차만별이기 때문에 맞춤형 판촉이 효율적이다.

지역 마케팅 분야에서도 실력을 갖추고 있는 슈퍼바이저가 될 수 있어야 한다. 그래야 판매 촉진 활동을 통한 매출을 증대시킬 수 있다. 가맹점 판촉 활동은 고도의 기술을 요하는 것이 아니고 매장 내에서 고객 유입을 많이 할 수 있는 방책을 강구하여 실시하는 것이기에 슈퍼바이저가 관심을 지니면 충분히 성과를 볼 수 있다.

요즘은 지역 판촉이 활성화되고 있는 추세이다. 가맹점에서 지역 판촉을 추진할 때 비용 지원 품의를 상신하는 슈퍼바이저가 있는데 사명감을 지닌 슈퍼바이저라 할 수 있다. 가맹점과 함께 동반 성장하겠다는 마음이 있어야 할 수 있는 일이다. 대부분 지역 판촉은 일정 부분의 판촉 비용을 가맹 본부에서 지원해주는 경우가 많다.

(10) 매뉴얼 준수 이행

프랜차이즈는 매장을 운영하면서 준수해야 할 가맹 본부의 수칙이 있다. 매뉴얼 미준수는 가맹 사업의 뿌리가 흔들리는 것과 같다. 결코 용납하고 묵인해서는 안 되는 사항이다. 규정에 어긋나는 행동을 하는 가맹점은 어떤 방식으로든지 패널티를 부여해서 개선시켜야 한다. 슈퍼바이저의 숙명과도 같은 일이다.

슈퍼바이저는 가맹점 오픈 초기부터 매뉴얼 준수를 왜 해야 하는지에 대해 가슴속 깊이 각인시켜주는 것이 좋다. 왜 매뉴얼을 준수해야 하는지 이유를 공감하도록 상세하게 설명하고 교육해주어야 한다. 프랜차이즈 원리를 가맹점에 이해시키는 것이 우선적으로 이루어져야 한다. 슈퍼바이저는 프랜차이즈 가맹 사업의 시작과 끝은 매뉴얼 준수임을 인지하면서 가맹점 관리를 해야 한다. 한둘의 가맹점에서 매뉴얼을 지키지 않는 것을 묵과하는 순간부터 서서히 브랜드 가치가 하락하게 되는 것이 프랜차이즈 원리이다. 매뉴얼을 미준수하는 가맹점으로 인해 발생한 브랜드 가치 실추로 여러 타 가맹점에서 선의의 피해를 보게 된다는 것을 강조하면 매뉴얼을 준수하게 하는 데 효과가 좋다.

3. 슈퍼바이저 표준 활동

표준 활동은 슈퍼바이저가 출근해서 퇴근 시까지의 하루의 일과에 대한 과정 관리를 체계화하고 세부적인 활동 매뉴얼을 수립해서 실천하는 일련의 과정을 지칭한다고 할 수 있다. 아무런 생각 없이 매장을 방문하게 되면 슈퍼바이저로서 본연의 역할을 수행하기가 쉽지 않다. 가맹점 방문 전에 치밀하게 방문할 가맹점에 대한 핵심 사항들을 정리하고 염두에 두어야 한다. 슈퍼바이저는 매장의 현안 문제와 기존의 요구 사항에 대해 조치할 부분을 사전에 정립하고 효율적 방안을 제시하고 설득시켜서 불만이 반복되지 않도록 지도해주어야 한다.

표준 활동은 담당하는 매장 수를 고려하여 수립하는 것이 효과적이다. 가맹점 운영에 최적화된 활동을 슈퍼바이저 스스로가 할 수 있도록 가맹 본부에서 시스템화해야 한다. 슈퍼바이저의 표준 활동을 운영 본부장이 규정하는 것이 보편적인데 운영 팀장의 견해가 큰 비중을 차지고 있는 편이다. 가맹 본부 시스템이 안정적으로 되어 있을수록 슈퍼바이저의 표준 활동이 일정하게 규칙적으로 실행되고 있는 추세다. 가맹 본부의 여건과 환경에 적합하게 만들어져서 체계적이고 생산적인 현장 활동을 이룰 수 있도록 슈퍼바이저의 표준 활동 수립이 요구된다.

(1) 표준 활동 세부 사항

① 출근

슈퍼바이저는 주 3회 현장 출근, 2회 사무실 출근이 효율적이다. 물론 적정 가맹점 수가 확보되어있는 가맹 본부에 적용되는 말이다. 매일 가맹 본부 사무실로 출근하는 것은 슈퍼바이저 업무를 수행하는 데 비효율적인 면이 많다. 동선 및 비용 측면에서 효과적인 활동이 아니다. 밤늦게까지 가맹점을 순회하면서 주어진 미션을 수행해야 하는 슈퍼바이저는 현장 출근과 사무실 출근을 형평에 맞게 정하고 시행하는 것이 유용한 측면이 많다. 경영진에서 의사 결정을 하여 운영팀 출근 규정을 수립해 놓는 것이 좋다.

직장 생활에서 어느 직무를 수행하든지 출근은 기본이다. 단 슈퍼바이저는 현장 업무 특성상 매일 출근하는 것이 오히려 비생산적일 수 있으므로 탄력적인 활동 관리가 요구된다고 할 수 있다. 현장으로 직접 출근할 때는 활동을 확인할 수 있는 제도적인 장치를 마련해놓고 실시해야 한다. 예를 들어 첫 가맹점 방문 시 가맹점 PC를 통해서 출근한 것을 확인하는 방법도 좋으며 NFC 카드를 가맹점에 부착해서 태그하게 하는 방법 등 다양한 방식을 통해 가맹 본부와 슈퍼바이저 간에 크로스 체크가 되도록 하여서 업무 효율성을 높이도록 할 필요가 있다.

② 활동 일지

전일 활동 내용과 금일 활동 계획을 작성해서 팀장에게 보고하도록 프로세스를 확립해놓아야 한다. 보고를 위한 일지 작성이 아니라 본인이 했던 일과 할 일들을 다시 한 번 새겨보는 기회로 삼는 것이 근본적인 이유이다. 현대는 페이퍼 간소화가 대세이기에 예전처럼 활동 일지를 작성하는 곳이 그리 많지는 않을 것이라 판단되나 인터넷을 활용한 프로그램을 개발한 업체 것을 활용해서라도 활동 내용과 활동 계획을 매일 정리하는 습관을 지니는 것이 가맹점 관리를 효율적으로 하는 데 좋다. 가맹 본부가 자금적으로 여유가 있으면 ERP를 도입해서 사용하는 것도 추천하고 싶다.

일을 잘하는 직원들은 대체로 정리정돈을 잘한다. 가맹점 관리는 지난번 방문 시 있었던 일들을 연속성 있게 지도하여 개선하고 고충을 해소해 주어야 하기에 기록을 해놓고 잊지 않아야 한다. 재방 시 처리를 해주어야 하기 때문에 기록하는 습관을 갖는 것을 필수다. 정리가 안 된 상황에서 매장을 방문하면 막연하고 즉흥적인 활동이 되기 십상이다.

슈퍼바이저는 활동 일지를 작성하는 습관을 지녀야 한다. 그것을 토대로 매장 방문을 한다는 것을 원칙으로 삼아야 한다. 슈퍼바이저가 실제로 현장 일을 중요시하다 보면 활동 일지 작성을 대수롭지 않게 여기며 맡은 임무를 이행하는 경우가 의외로 많은데, 표준 활동을 잘하는 슈퍼바이저가 많을수록 가맹 본부와 가맹점 사이에 원활한 소통을 이루게 되어 있다. 매장 상황을 상세하게 기록해놓은 활동 일지를 참고하고 가맹점을 방문하면 자신도 모르게 자신감과 당당함이 생겨서 활기찬 발걸음으로 소기의 매장 방문 목적을 달성할 수 있으므로 필히 기재하는 것을 습관화해야 한다.

프랜차이즈 슈퍼바이저의 정석

③ 활동 분석

가맹 본부의 운영팀은 하루 활동을 시작하기 전에 운영 팀장 주관으로 전일 가맹점 방문 시 있었던 일들, 즉 현장의 소리를 상호 공유하는 자리를 갖는 것이 필요하다. 현안 문제를 파악하고 대안을 마련하는 유익한 시간이다. 현장의 문제는 현장에서 해법을 찾아야 해결할 수 있다. 가맹점은 나름대로 특색이 있고 운영하는 방식이 상이하며 지역적인 특성이 있다. 슈퍼바이저는 동료와 자주 소통하면서 자신이 담당하는 매장에서 일어나고 있는 일들에 대하여 선배 및 동료 슈퍼바이저에게 자문도 구하고 성공적인 사례가 있으면 파급시켜 함께 업무를 수월하게 풀어나가도록 해야 한다. 성과를 낼 수 있도록 오픈 마인드를 갖고 주어진 역할을 수행할 수 있어야 한다. 불필요한 시간을 낭비하지 않고 손쉽게 문제점에 대한 해결책을 구해서 현장에서 실행하도록 하는 것이 유능한 슈퍼바이저이다.

동료 슈퍼바이저와 업무 공유는 가맹점 실행력을 높이는 데 유용하다. 현장 활동을 하면서 곤란한 상황에 처하거나 해결해야 할 일이 발생했을 때 가까운 동료에게 슈퍼바이저에게 상황을 설명하고 의견을 들어서 처리해 주는 것이 많고, 실제로 지금도 슈퍼바이저들은 실시간으로 현장의 일들에 대해서 소통하고 정보를 주고받아야 한다. 팀 회의를 개최하여 상호 현장에서 발생하고 있고 앞으로 발생할 일에 대해 논의하는 업무 시스템을 확립하는 것도 생산적인 현장 활동을 하는 데 크게 도움이 된다. 슈퍼바이저는 출근해서 가맹점을 방문하기까지 준비 과정과 현장 방문 및 방문 결과 분석까지 일련의 과정마다 해야 할 일에 대해서 숙지하고 실천하는 습관을 갖도록 해야 한다.

슈퍼바이저는 가맹점 방문 후 결과에 대한 보고서를 작성해서 팀장에게 보고하여야 한다. 방문한 가맹점 관련 정보와 체크리스트에 대한 분석을 하고 그에 따른 보고서를 작성해야 한다. 진단과 체크 자료들을 중심으로 가맹점 변동 상황을 정리해서 자료로 근거를 남겨야 한다. 브랜드 경쟁력을 강화할 수 있고 매출 증대에 중대한 영향을 미칠 수 있는 내용을 중심으로 활동 결과 보고서를 작성토록 해야 한다. 매출이 부진하거나 별도의 지도가 필요한 가맹점에 대한 분류를 해서 차별화 관리를 하도록 해야 하며 익일 수행할 업무에 대해 점검하고 계획을 세우는 일을 하여야 한다.

슈퍼바이저는 가맹점을 방문했을 때 그 자리에서 하고 들은 여러 이야기를 현장을 떠났을 때 흘려버리면 안 된다. 다음 방문 시 상기해서 대처하고 해결해주어야 하기에 가맹점 방문에 대한 결과 보고서는 반드시 편리한 방법으로 기록하여 자료로 남겨두어야 한다.

(2) 세부 활동 계획
① 매장 방문 계획 수립
② 효율적 매장 운영 지도
③ 가맹 본부 정책 전달 및 가맹점 의견 청취 및 보고
④ 재고 관리 및 상품 회전율 확인
⑤ 적정 재고량 관리 및 유지 점검
⑥ 운영 매뉴얼 활용도 점검

⑦ 매장 이미지 평가

⑧ 손익 분석 지도

⑨ 매출 하락 분석 및 대책 마련

⑩ 매출 활성화 행동 실행 지도

⑪ 지속적 부진 시 근본적 조치 검토

(3) 실전 업무 프로세스

① 담당 가맹점 매출 및 특이 사항 체크 및 대책 마련

② 복장 및 컨디션 점검

③ 가맹점 방문 일정 확정

④ 가맹점 방문 코스 선정

⑤ QCS 체크리스트 준비

⑥ 가맹점 매출액 및 원부재료 주문량 체크

⑦ 정기 및 불시 방문 행동안 점검

⑧ 방문 가맹점 이전 건의 사항 점검

⑨ 가맹 본부 지침 공지 사항, 전달 사항 점검

⑩ 가맹점 미수금 잔액 확인

⑪ 해당 가맹점에 대한 고객 불만 사항 체크

⑫ 방문 가맹점 분석 및 보고서 작성

⑬ 매출이 부진하거나 별도의 지도가 필요한 가맹점 분류 작업

⑭ 익일 수행 업무 점검

4. 슈퍼바이저 전화 응대

슈퍼바이저가 해야 할 중요한 임무 중 하나가 가맹점과의 전화 소통이다. 하루에 5개 가맹점과 통화한다는 원칙을 세우는 것이 좋다. 슈퍼바이저가 가맹점 방문을 안 하는 때는 전화로 매장에서 발생하고 있는 일과 가맹 본부의 정책 이행 진행 사항을 우선으로 점검해야 한다. 상대와 친숙해지기 위해서는 만남을 자주 갖는 것이 첫 번째이나 불가피할 경우 전화로 통화해서 신뢰를 쌓아가야 한다. 어떤 형태로든지 상대와 자주 대화의 시간을 갖는 것이 서로 친밀감이 생겨서 일 처리를 하는 데 도움이 많이 된다. 가맹점 사업자의 성향과 매장 상황을 잘 파악해서 전화로 소통할 때도 만나서 대화하는 것 같은 효과를 낼 수 있도록 해야 한다.

유념해야 할 부분은, 가맹 본부에 부정적인 생각을 갖고 있으며 제반 정책을 따르지 않는 가맹점은 전화 통화보다는 매장 방문을 직접 해서 얼굴을 보면서 소통해야 한다는 점이다. 상대를 설득하는 데 전화상으로 한계가 있다.

가맹점으로부터 걸려온 전화를 받지 못했을 때는 반드시 다시 전화해주어야 한다. 일부 슈퍼바이저는 의도적으로 전화를 회피하고 부재중 전화 시에도 안 하는 경우가 있는데 슈퍼바이저가 해서는 안 될 일이다. 슈퍼바이저가 가맹점과 소통하는 것을 꺼려하고 일 자체가 맞지 않으면 스스로 보직 변경을 요청하는 것이 서로를 위해 좋다. 가맹 본부도 슈퍼바이저 일이 적성에 맞지 않는다고 판단되는 슈퍼바이저는 사람은 타부서 업무로 전환해 주어야 한다. 가맹점이 선의로 피해를 볼 수 있고 마침내 가맹 본부의 불만으로 이어질 수도 있는 사항이기에 그렇다. 슈퍼바이저가 전화를 받지 않을 경우 운영 팀장, 운영 본부장, 때로는 대표한테 전화를 걸게 되므로 슈퍼바이저는 가맹점으로부터 걸려온 전화는 피하지 말고 받아야 한다. 가맹점과의 모든 일은 슈퍼바이저 자신이 소통하고 해결한다는 생각을 가져야 한다. 슈퍼바이저가 갖추어야 할 첫 번째 의무이다.

슈퍼바이저는 24시간 항시 전화 대기한다는 생각을 지녀야 한다. 휴대폰을 품속에 끼고 생활한다는 생각을 하고 있어야 하고 가맹점과 통화를 항시 하며 가맹점으로부터 걸려온 전화는 필히 받는다는 생각으로 생활해야 한다. 슈퍼바이저는 가맹점과 소통하는 것이 자신이 급여를 받고 있는 이유라고 여길 정도가 되어야 한다. 슈퍼바이저는 기획하여 남을 실행시키는 것이 아니라 수립된 정책에 대해 남을 실천하게 만드는 직무이므로 소통하는 능력을 구비하는 것이 그 무엇보다도 중요하다. 상대가 있는 대상과 소통을 통해 상대방을 설득시켜서 실행하게 하는 일을 하기 때문이다.

슈퍼바이저는 같은 말을 해도 상대가 기분이 상하지 않게 말하는 방법도 연구하고 노력해야 한다. 가맹점과 항상 좋은 관계를 유지하고 있는 슈퍼바이저가 있는 반면에 어쩔 수 없이 가맹점과 소통하며 슈퍼바이저 역할을 수행하는 경우가 있다. 개인의 역량 차이에서 나타나는 현상이다.

가맹점에서 일어나고 있는 일들을 전화로 확인하는 것이 쉬운 일은 아니지만 평소 매장 방문을 통해 가맹점을 분석하고 있다면 직접 얼굴을 안 보고도 어느 정도는 현장 그림이 그려지게 되어 있다. 전화로 소통하여 교감을 형성하는 데 크게 어렵지 않을 수 있다. 단 가맹점을 자주 방문해서 가맹점의 운영 상태가 한눈에 들어올 때 가능한 이야기이다. 슈퍼바이저가 자주 가맹점을 방문해야 하는 이유이다.

가맹 사업의 본래 목적은 가맹점 확산에 있다고 해도 과언이 아니다. 그러기 위해서 가맹점의 가맹 본부 우호도와 만족도를 높여 가맹점이 브랜드 홍보 대사가 되게 하여야 한다. 슈퍼바이저가 가맹점과 원활한 소통을 이루고 있을 때 가능해질 수 있는 이야기이다. 이 또한 가맹점과 상생하는 정책이 수반될 때 통할 수 있는 말이다. 가맹점 방문이 여의치 않을 때 수시로 휴대폰을 이용한 소통을 통해 가맹 본부와 가맹점 간의 가교 역할을 완벽하게 하는 슈퍼바이저가 되도록 해야 한다. 전화로 대화할 때는 매장에서 직접 대면하고 있는 것처럼 예의 바른 표현을 하는 것을 잊지 말아야 한다. 전화 통화를 하다 보면 본의 아니게 오해 소지를 불러오게 하는 경우가 자주 발생할 수 있으니 유념해야 한다.

5. 슈퍼바이저 대화 기법

가맹 사업의 주된 목적은 가맹점을 확장시키는 데 있다. 신규 매장을 오픈시키는 역할은 가맹 본부의 영업 부서에서 주관하여 실시한다. 예비 창업자를 상담하고 계약을 클로징하기까지 정해진 정답의 상담 기법은 없으나 정도는 있다. 슈퍼바이저가 가맹점을 방문해서 가맹점 사업자와 어떻게 소통하는 것이 올바른지는 창업 상담과 마찬가지로 바른 상담 기법은 있다고 보아야 한다. 슈퍼바이저 업무는 상대방을 움직이게 해서 미션 수행을 해야 하는 일이다. 상대를 설득해서 실행하도록 하게 해야 한다. 슈퍼바이저는 가맹점 사업자를 공감시킬 수 있는 소통의 비결이 무엇인지 찾아낼 수 있어야 한다.

매장문을 열고 들어간 첫 순간부터 무슨 말부터 시작해야 하는지 잘 모르는 슈퍼바이저가 의외로 많다. 가맹점을 방문해서 어색한 첫인사를 하는 슈퍼바이저가 있다. 첫 단추를 잘 풀어야 한다는 말이 여기서도 적용되는데, 그래야 다음 단계로 부드럽게 이어져 자연스럽게 대화를 이어갈 수 있기 때문이다. 가맹점과 어떻게 하는 것이 올바른 대화인지는 확정 지을 수 없다. 순리대로 물이 흐르듯이 매끄럽게 친한 친구와 주고받는 것처럼 대화하는 것이 최선이다.

슈퍼바이저가 매장 안을 들어서서부터 나오기까지 최선의 대화 기법이 분명하게 있으므로 슈퍼바이저는 그것을 자신의 것으로 만들 줄 알아야 한다. 몇 번 체험을 통해 자신한테 익숙해지면 그다음부터는 자연스럽게 몸에 배게 되어 원활한 소통이 이루어지게 된다.

슈퍼바이저가 매장에 들어서자마자 감독자의 느낌을 들게 해서는 안 된다. 무언가를 적발하러 온 것 같은 기분이 들게 해서는 안 된다는 뜻이다. 가맹 본부와 상생한다는 것을 늘 강조해놓고 일방적으로 지적하고 통제하려 한다는 이미지를 심어주지 말아야 한다. 슈퍼바이저가 매장을 방문했을 시는 가맹점에 도움을 줄 것이라는 기대가 들게끔 분위기를 유도해가는 것이 중요하다.

상대를 설득하기 위해서는 오픈 마인드를 우선 갖게 하는 것이 필요하다. 그러기 위해서는 편안한 분위기 조성을 마련하는 것이 선결 과제다. 슈퍼바이저가 매장을 방문하자마자 슈퍼바이저 책무를 다한다는 생각이 앞서서 방문 목적의 본론으로 들어가거나 지적 사항을 끄집어내는 언행은 피하는 것이 좋다. 업무 외적인 것을 표현하여 주변 환기를 시키고 편안한 소통이 되도록 한 후에 슈퍼바이저 역할을 수행할 수 있어야 한다.

최고의 대화 기법은 슈퍼바이저가 가맹점의 말을 진정성 있게 들어주는 것이다. 경청할 줄 아는 자세를 슈퍼바이저가 지니는 것이 가장 필요하다. 쉬운 것 같지만 제일 어려운 부분이다. 가맹점 사업자는 온종일 매장 안에서 생활하기에 누군가와 대화하고 싶어 하는 마음이 많다. 이때 슈퍼바이저가 방문하면 그동안 하고 싶었던 말들을 온통 쏟아 붓게 되는데 이 말을 슈퍼바이저가 진정으로 들어줄 때 가맹점 사업자는 마음의 문을 열게 되어 있다.

남의 말을 중간에 끊지 않고 끝까지 들어준다는 것이 말처럼 쉽지 않다. 도인이 아니고서는 힘들다. 최대한 슈퍼바이저는 가맹점에서 하고 싶어 하는 말을 일단 다 듣겠다는 생각을 갖도록 해야 한다. 경청한 후 자신이 하고 싶은 말을 전할 수 있는 대화 기술을 평소에 연마하도록 하는 것이 중요하다. 하루아침에 이루어질 수는 없어서이다. 가맹점의 말을 들으며 중간에 맞장구 쳐주는 대화 기술을 지닐 필요도 있다. 상대가 자신의 말에 대해 응대를 해줄 때 잘 듣고 있다는 생각을 가지게 되기 때문이다. 어떻게 말하는 것이 최고인지는 지속적으로 자신만의 노하우를 터득하는 수밖에 없다. 슈퍼바이저는 항상 가맹점과 소통하는 직무

프랜차이즈 슈퍼바이저의 정석

이기에 효과적으로 대화하는 기술을 터득해야 한다.

◾ 효율적 상담 절차

① 날씨를 거론하고 안부를 묻고 특이한 행사가 있었을 시 표출시켜서 주위를 환기시킨다.

② 가맹점에 이전에 방문했을 때 건의한 내용들에 대해 완결된 사항을 전해주고 처리가 안 된 건은 사유를 말해준다.

③ 가맹점의 추가적인 건의 사항 및 애로 사항이 있는지 확인하고 즉석에서 답변해줄 것은 해주고 상사의 결정을 요하는 부분은 논의 후 전해주겠다고 약속해준다.

④ 매장 매출 추이를 전해주고 상승과 하락에 대한 원인을 분석하고, 매출이 하락했을 시 대책을 제시해준다.

⑤ 매장 근무자 인력 변동 사항을 확인하고 교육 상태를 점검한다. 빈번하게 인력이 교체될 때는 이유를 들어보고 효율적인 인력 운용에 대해 말해준다.

⑥ 상품별 판매 현황을 파악하고 어느 제품이 주를 이루고 있고 그 이유는 무엇인지 들어보고 타 가맹점의 사례도 들려준다.

⑦ 마케팅 및 홍보 관련 사항을 전해주고 이벤트 행사와 신메뉴 출시 정보도 제공해준다.

⑧ 매장 QCS 점검 결과에 대해 통보해주고 개선점에 대해 교육하고 지도해준다. 차후 재발하지 않도록 강조한다.

⑨ 개선해야 할 문제가 발생했을 때 개선 지시서 작성을 하게 하고 일정 기간 개선할 것을 진중하게 강조한다. 그때까지도 미개선

시 다음 단계의 조치 사항을 말해준다.

⑩ 매장 매출 하락 시 매장 여건에 부합한 매출 증대 요인을 전해주고 불필요한 운영상의 비용을 절감할 수 있는 비결을 알려준다.

⑪ 외식 시장의 돌아가는 상황을 공유시키고 사업가 마인드를 심어주어서 중장기 계획을 수립하여 매장을 운영할 수 있도록 제언해준다.

⑫ 매장 운영상의 애로 사항과 고충이 있을 경우 언제든지 연락해달라고 말하면서 서로의 친밀도를 갖자는 표현을 한다.

⑬ 정중히 수고와 감사의 표시를 하고 건강에 유의할 것을 당부하면서 다음을 기약하고 매장을 나온다.

6. 슈퍼바이저 매장 지도

슈퍼바이저가 매장을 방문하여 지도하는 방식에 명확한 정답이 있다고 단언하기 어렵다. 슈퍼바이저 나름대로 각자 성장해온 과정과 행동 양식에 의해서 가맹점을 대하고 업무를 수행하는 것이 일반적인 현상이다. 슈퍼바이저 본연의 업무 외의 것은 슈퍼바이저별로 사람마다 다소 개인차가 있을 수 있다. 하지만 슈퍼바이저의 직접적인 미션을 수행하는 데는 일정한 매장 지도 원칙이 존재한다. 매장을 방문하여 무엇부터 접근해서 지도하고 점검하며 개선해야 하는지를 확실하게 터득하지 않은 채로 매장을 방문하는 슈퍼바이저가 생각보다 많은 것이 사실이다. 매장 지도하는 것을 형식에 치우쳐 대수롭지 않게 여기고 매장 방문을 하는 슈퍼바이저는 없을 것이다. 어떤 준비를 하고 매장 안에 들어서서 무슨 말과 행동으로 가맹점 사업자 및 매장 근무자와 소통하면서 지도하고 감독해야 하는지를 슈퍼바이저는 완전하게 터득하고 가맹점을 방문하는 것을 철칙으로 삼아야 한다. 그것을 자신만의 것으로 만들어서 원칙에 어긋나지 않게 하고 매장 지도 원칙을 변경하거나 어기지 말고 실천하는 것을 일상 생활화해야 한다.

슈퍼바이저는 가맹점의 매출 증대를 위해서 가맹점 사업자와 매장 근무자가 매뉴얼을 지키면서 매장을 운영하도록 지도해야 한다. 가맹 본부와 가맹점이 추구하는 목적은 한 방향이지만 그것을 하나로 뭉치게 하기가 쉬운 것이 아니다. 이런 점을 극복하기 위해 슈퍼바이저가 존재하는 것이다. 그러기 위해서는 매장 방문 원칙을 반드시 지켜 가면서 가맹점 방문 활동을 해야 한다.

매장 지도 요령을 알고 실행하는 슈퍼바이저와 그렇지 못한 슈퍼바이저와의 업무 성과 갭은 크게 나타나게 되어있다. 슈퍼바이저는 이 부분을 무시하고 그냥 스쳐버리는 자세로 가맹점 관리를 해서는 안 된다. 가맹 본부와 가맹점으로 피해가 이어지기 때문이다. 슈퍼바이저는 효과적으로 매장을 지도하기 위한 원칙이 반드시 있다는 것을 명심하고 활동해야 한다.

다음은 슈퍼바이저가 준수해야 할 사항이다.

■ 매장 지도 10계명

① 매장 방문 계획을 수립하고 방문하여 지도한다.

② 매장 근무자에게 바른 태도와 표정을 짓고 용모를 단정히 한다.

③ 매장 방문 전 필요한 자료를 준비하고 지참한다.

④ 매장 방문 점검 및 지도하는 기준을 유지한다.

⑤ 방문 목적 외 필요한 사항이 있을 시 함께 확인한다.

⑥ 방문 목적의 중점 사항은 구체적이고 이해가 쉽게 설명한다.

⑦ 지도하고 평가한 내용은 반드시 기록해 놓고 개선 기한을 정한다.

⑧ 개선할 시정 사항은 반드시 확인하고 개선될 때까지 지도한다.

⑨ 현장 문제점 및 대책을 운영 팀장에게 보고한다.

⑩ 매장 평가와 보상은 동일한 조건과 시스템에 의하여 실시한다.

7. 슈퍼바이저 매출 분석

슈퍼바이저는 담당하고 있는 매장 중에서 매출이 부진한 매장의 운영 상황을 정확하게 파악해서 무엇 때문에 매출 상승이 안 되고 있는지 그 이유를 간파할 수 있는 능력을 지녀야 한다. 매출 하락 원인에 대한 대책을 강구할 수 있는 혜안도 있어야 한다. 브랜드와 시장 상황의 영향도 있겠지만 매장 운영상의 문제도 많으므로 매출 부진 요인을 분석하여 그것을 토대로 매출을 상승시킬 수 있도록 매장 운영 전반에 관한 지도와 매출 증진 전략을 수립해서 가맹점에 제시하고 지원 사격을 해줄 줄 알아야 한다. 프랜차이즈는 브랜드 경쟁력을 강화시켜 나가야 한다. 브랜드가 곧 가맹 본부라고 이해하는 것이 옳다.

프랜차이즈 시스템은 매출을 증대시킬 수 있는 여러 구성 인자로 구성된 결합체이다. 어느 한 곳에서 삐걱 소리가 나면 고객들은 서서히 등을 돌리게 된다. 가맹 본부에서 브랜드 경쟁력을 유지 발전시킬 수 있는 전략과 마케팅을 수립하느냐가 매출 증대의 관건이라고 할 수 있는데 아무리 우수한 전략도 현장에서 실행하지 않게 되면 무용지물이 되어버린다. 매장에서 강력하게 실행하도록 하게 만드는 역할을 수행하는 자가 슈퍼바이저이다.

(1) 매출 부진 원인(오픈 후 6개월 이전 매장)

① 점포 입지 선정 오류

② 가맹점 사업자 선정 기준 미흡

③ 신규 오픈 매장 지도 부족

④ 매장 운영 매뉴얼 미준수

⑤ 가맹점 사업자 자금 부족

⑥ 매장 경영 능력 부적격

⑦ 가맹 본부에 의존하는 마음이 많음

⑧ 사업가 마인드 인식 부족

(2) 매출 부진 원인(오픈한 지 6개월 경과 매장)

① 히트 상품 부재

② 변하는 시장 여건에 대한 대응력 미흡

③ 매장 관리 능력 부족

④ 실행력 및 추진력 부족

⑤ 매장 입지 조건 변화

⑥ 유사 브랜드 출점

⑦ 가맹점 사업자 경영 의욕 상실

⑧ 점포 노후화

⑨ 건강상 이유로 적극적인 매장 운영 부족

⑩ 매장 운영 점장에게 의존

⑪ 타 사업으로 관심 증폭

(3) 부진 극복 대책

① 가맹점 자주 방문 지도

② 서비스 및 매장 운영 교육 실시

③ 매장 상황에 적합한 판촉 행사 시행

④ 일시적 로열티 할인으로 사기 진작

⑤ 매장 종업원 불만 사항을 듣고 해소시킴

⑥ 가맹점 사업자 진솔한 의견 수렴

⑦ 서비스 품목 무상 지원

상기 사항 외에도 가맹점 매출이 부진하게 되는 원인은 많으나 가맹점 운영상의 문제가 가장 큰 비중을 차지하는 것이 현 프랜차이즈 실태이다.

슈퍼바이저는 담당하고 있는 가맹점의 매출 흐름을 한눈에 파악하고 있어야 한다. 수퍼바이저 개인차가 두드러지게 나타나는 분야가 부진 매장을 탈피시킬 수 있는 능력을 지니고 있느냐이다. 왜 저 매장 매출이 상승하지 못할까를 진단하고 대책을 마련해서 피드백해주고 부진의 늪에서 나오도록 지도할 줄 아는 슈퍼바이저가 되어야 한다.

가맹점 매출은 가맹 본부의 정책에 따라 영향을 받을 수밖에 없다.

가맹 본부 정책을 매장에서 이행할 때 매출 상승이 될 확률이 높게 나타난다. 슈퍼바이저는 매장 내에서 발생하고 있는 과정부터 결과까지 일련의 일들을 파악해서 문제점과 현안 과제를 진단하여 개선할 수 있는 역량을 지녀야 한다.

"부진한 점포장은 있어도 부진한 점포는 없다."라는 말이 있다. 부진한 점포의 책임자를 교체하니 짧은 시일 내에 우수 점포로 탈바꿈하는 사례가 많다. 그만큼 부진 원인이 외부보다는 내부에 산재하고 있음을 증명해주는 결과다. 사람 속성상 실패 원인을 자신보다 상대로부터 찾고 합리화하려는 경향이 있다. 이러한 생각을 지닌 매장의 문제점을 찾아 가맹점을 설득시켜 공감하게 하여 여러 면에서 긍정적인 변신을 가져오게 하는 역할을 담당하는 자가 슈퍼바이저이다.

가맹점 매출이 하락하는 요인으로 가맹 본부의 영향도 크다. 가맹점에 미치는 가맹 본부의 여러 항목을 열거하면 셀 수 없을 정도로 많다. 가맹점의 의무 못지않게 가맹 본부의 책무도 많다. 가맹 본부는 지속적인 메뉴를 개발해서 현장에 내놓아야 하고 브랜드 가치를 증대할 수 있는 마케팅을 적극적으로 펼치며 가맹 사업의 근간인 통일성을 유지할 수 있도록 정책을 펼쳐야 한다. 그러기 위해서는 변화하는 현장 상황에 대처해 나갈 수 있게 정책을 펼치도록 현장의 소리를 실시간으로 상사에게 보고하고 좋은 대안을 제시할 줄 알아야 한다. 이러한 역량을 지닌 슈퍼바이저가 가맹 본부에서 요구하고 바라는 슈퍼바이저상이다.

가맹점의 부진 탈출은 가맹점 혼자만의 일이 아니기에 슈퍼바이저와 공동으로 헤쳐나가야 한다. 슈퍼바이저는 가맹 본부가 곧 슈퍼바이저임을 인식하고 가맹점 수익 창출에 열과 성을 다해야 한다.

8. 슈퍼바이저 관리 자료

가맹 사업은 이해관계가 있는 상대방을 설득해 행동에 옮기게 하여 함께 상호 윈윈 하는 사업 시스템이기에 더욱더 가맹점과 관련한 근거를 확보해 놓아야 한다. 그렇게 하기 위해서는 슈퍼바이저는 가맹점 방문 시 있었던 일을 상세하게 기록으로 남겨야 한다. 재방 직전 방문한 내용에 대해 확인하고 방문 준비를 해야 하며 현장 방문 시는 시정 조치 사항이 개선되었는지 확인하는 자료로 활용할 줄 알아야 한다. 순간적으로 대응하며 말로만 가맹점을 관리하는 슈퍼바이저는 무능한 슈퍼바이저이고 가맹점과 신뢰를 쌓을 수 없다. 가맹점 방문 활동 업무에 대해 일정한 서식을 활용하여 차곡차곡 데이터베이스화할 줄 알아야 한다.

페이퍼에 약한 슈퍼바이저는 자신이 부단히 노력하여 문서 작성 실력을 배양해야 한다. 가맹점 실태를 분석하고 정립해서 자료에 의한 활동을 할 수 있도록 생활화해야 하기 때문에 슈퍼바이저의 문서 작성 능력은 필수적으로 갖추고 있어야 할 항목이다. 슈퍼바이저가 활동 관리에 대한 자료를 정리하고 문서화하는 것은 비단 자신의 매장을 효과적으로 관리하는 데에만 목적이 있는 것이 아니다. 만약에 있을 수 있는 보직 변경에서 인수인계를 할 때 차질 없이 할 수 있게 하기 위해서다.

보직 변경에 대한 인사가 단행될 시 후임자에게 매장의 일을 그대로 이어지게 하는데도 이유가 있는 것이다.

월말에는 한 달 동안 있었던 가맹점의 현상과 방문한 결과를 기록해서 결과를 정립하고 익월의 활동 계획을 매장마다 맞춤형으로 할 수 있도록 문서화 해놓아야 한다.

가맹점 관리 자료는 가맹 본부마다 다소 차이가 있을 수 있으나 대체적으로 기록하는 내용들은 대동소이하다. 유능한 슈퍼바이저는 가맹점 방문 내용에 대해 반드시 기록해서 정리하는 습관을 지니고 있다. 즉 다음 방문할 때 가맹점에서 있었던 일들을 머릿속에 상기하고 대화를 주도해 나간다는 것이다. 상대가 매장에 대한 제반 사항을 기억하고 되새길 때 긴장하며 주위를 환기하고 집중하게 되며 상호 친밀감도 갖게 된다. 이것은 의사소통에서 중요한 부분이며, 특히 상대를 설득하는 데는 효과가 크게 작용하므로 현장에서 주로 업무를 수행하는 슈퍼바이저는 이 점을 유의하면서 가맹점을 방문해야 한다.

가맹 본부 여건상이나 개인 사정상 부득이하게 담당 매장 지역을 이동하게 된다. 가맹 본부는 슈퍼바이저 인사를 단행할 때 가맹점 관리 자료를 평소 잘 정리해놓아 후임자가 한눈에 파악할 수 있도록 하고 가맹점 관리를 하는데 연속성을 유지하게끔 매장 실태를 자료화해 놓도록 시스템화해 놓아야 한다. 그렇게 하면 후임자 슈퍼바이저 또한 가맹점 실태 파악을 신속하게 할 수 있어서 역할을 수행하는 데 큰 도움이 되기에 필히 가맹점 관리 자료는 정리를 잘해서 누구나 볼 수 있도록 비치해

놓아야 한다.

　말보다는 근거 자료를 제시하면 남을 이해시키기가 훨씬 수월하다. 상대의 현상을 알고 대화를 하게 되면 대화의 주도권도 가져오게 되어 실행력을 강화할 수 있다. 가맹점을 방문할 때마다 있었던 일들을 자료로 정리하는 습관을 갖고 주어진 역할을 수행하는 슈퍼바이저가 될 수 있도록 마음 자세를 갖추는 것이 필요하다.

　슈퍼바이저가 가맹점 관리 자료를 매월 정리를 잘하고 있는지를 운영 팀장이 확인해야 한다. 현장 방문 위주로 활동하는 슈퍼바이저는 자칫 자료 정리에 소홀하기 쉽다. 누군가 점검해주어야 중요하게 여겨 매장 관리 자료 정리를 당연시 생각하고 실천해야 한다는 인식을 빠르게 갖게 될 수 있기에 운영 팀장은 특히 유념해야 한다.

　(1) 슈퍼바이저 관리 항목
　① 가맹점 방문 횟수
　② 평균 월 매출
　③ 매뉴얼 준수 여부
　④ 클레임 접수 및 처리 결과
　⑤ 사입 제품 사용 여부
　⑥ 인근 지역 유사 브랜드 현황
　⑦ 재계약 도래일
　⑧ 양도양수 의사 유무
　⑨ 가맹 본부 우호도
　⑩ 특이 사항

(2) 가맹점 현황표

점포명		점포 층		
점포 오픈일		점포 평수		
점주명		점포 운영 형태		
성별과 나이		점포 운영 기간		
상권 현황		경쟁점	가맹점	
임대 현황			독립 전문점	
투자 비용		주력 상 품군 (%)	○ ○ ○	
손익 분기점			○ ○ ○	
매출액			○ ○ ○	
객수 현황				
객단가 현황		특이 사항		
점포 구성 인원	홀 서빙			
	주방			
	Total			
가맹점 관련 사진				

전면 사진	내부 사진	외부 사진

(3) 가맹점 등급표

연번	점포명	입지	매출규모	매출성장율	충성도	합산점수	등급
1							
2							
3							
4							
5							
6							
7							
8							
9							
10							
11							
12							
13							
14							
15							
16							
17							
18							
19							
20							
21							
22							
23							

(4) 개선 권고장

경고	주의	내용증명 예고	비고	작성자명	가맹점 확인

매장명		운영자	
순회 시간			

매뉴얼 미준수 사항	시정 조치 사항

적발 사항에 대한 개선 조치 확인 사항

기타 사항

9. 슈퍼바이저 가맹점 수

슈퍼바이저에게 몇 개의 가맹점을 담당 매장으로 정해주는 것이 효율적인지는 가맹 본부의 아이템과 가맹점 수에 따라 할 수 있다. 300개 이상의 가맹점을 운영하고 있는 가맹 본부는 대체로 30개에서 40개 매장을 한 명의 슈퍼바이저가 담당하고 있는 것이 일반적이다. 슈퍼바이저를 보유할 수 있는 제반 여건과 제품이 주방에서 완제품으로 되기까지의 과정, 가맹점 수에 따라서 가맹 본부 상황에 맞게 적정한 매장 수를 정하는 것이 효율적이다. 필자의 경험에 비추어 보면 슈퍼바이저 한 사람당 30개 매장을 할당해 주었을 때 효율적이고 생산성이 좋았다. 하루 일과를 마치고 잠자리에 누워서 담당 가맹점을 머릿속에 그려보았을 때 30개까지는 생생하게 그려지고, 어느 매장이 현재 어떤 상황에 놓여 있는지가 생생하게 기억이 났던 경험이 있다. 30개는 이 가맹점은 불만 사항이 무엇이고 저 가맹점은 현재 고충이 무엇이며 전반적인 매장 현상이 생생하게 기억될 수 있는 매장 수이다. 가맹점 수가 30개 점이 초과되면 그때부터는 전체가 머릿속에 들어오기가 쉽지 않다. 사람의 기억에는 한계가 있어서 그 이상을 넘으면 집중력이 저하되어 효과가 반감된다. 물론 개인차가 있기에 단정 짓기는 어렵지만 대체로 보편적인 사실이다.

슈퍼바이저의 적정한 담당 가맹점 수를 몇 개가 적합하다고 규정한다는 것은 어불성설이다. 가맹점 수와 가맹 본부 여건과 아이템에 따라서 정하는 것이 효율적이다. 아이템마다 슈퍼바이저가 지도하고 관리할 수 있는 부분이 크게 차이를 보이고 있어서 슈퍼바이저당 몇 개를 맡길지는 가맹 본부 리더들이 판단해서 실행하는 것이 가장 효과적이다.

가맹 사업을 시작한 후 사업 초기에는 창업 경영자와 소수의 가맹 본부 인력이 가맹점을 관리하는 것이 대부분이다. 매장이 오픈되는 초창기부터 능력 있는 슈퍼바이저 에 의한 강력한 가맹점 관리를 할 때 경쟁력 있고 막강한 가맹 본부가 되어 가맹점을 확산하기가 쉬워진다.

슈퍼바이저가 한 개의 매장을 분석하여 심도 있게 관리하고 지도하려면 적정한 시간과 시일을 필요로 한다. 이 부분에서 과부하가 걸린다면 슈퍼바이저 자신이 비전을 갖지 못하고 힘들어해서 중도 탈락하게 되고 적당하게 가맹점을 관리하게 되기에 이 점을 유념하고 가맹 본부는 적정 매장 수를 할당해야 한다. 가맹 본부는 슈퍼바이저에 의해서 가맹 본부 정책을 실행시켜야 하기에 업무량에 시달려 사기저하를 시켜서 포기하게 만들지 않기 위해서는 합당한 매장 수를 맡겨야 한다.

가맹점을 방문해서 한 가맹점에서 슈퍼바이저가 지체하는 시간이 상황에 따라 다를 순 있지만 보통 30분에서 1시간 정도 소요되는 것이 일반적이다. 집중적으로 지도할 부분이 있을 경우와 가맹 본부 정책을 이해하지 못하고 실행을 안 하려는 경우는 가맹점에 대해서는 설득시키기 위해 보다 많은 시간을 할애해야 한다. 슈퍼바이저가 하루에 6개 가맹점을 방문하는 것이 일반적인 실상이나 몇 개 가맹점이 적정한지는 단정하기가 쉽지 않다. 아이템에 따라서 오픈 시간과 매장 영업을 마무리하는 시간이 다르기에 일일 방문 가맹점 수가 일률적으로 몇 개가 적정하다고 단정 짓기 어렵다. 가맹점 수, 아이템, 가맹 본부 여건 등에 비추어서 가장 적정한 담당 가맹점 수를 가맹 본부에서 정해놓는 것이 필요하다. 가끔씩 슈퍼바이저 1명당 50개 이상 가맹점을 맡기는 가맹 본부도 있는데, 브랜드 파워가 강하고 점포 평당 규모가 작으며 메뉴가 단순하면서 가맹점 수익 창출이 좋으면 무리 없이 소화해 낼 수 있는 가맹점 수이다.

슈퍼바이저의 적정한 담당 매장 수는 몇 개가 효과적인 매장 수라고 주장한다 해도 찬반양론이 강하게 표출될 수밖에 없다. 정답이 없다고 보는 것이 정확한 해답이다. 운영되고 있는 매장 수와 슈퍼바이저의 역량과 가맹 본부의 여건 및 아이템 등 모든 것을 종합해서 매장 수를 정해주는 것이 현명한 방법이다. 하지만 어떤 여건에서든지 대형 매장을 운영하는 브랜드를 제외하고는 평균적으로 슈퍼바이저당 30개 내외가 적당한 매장 수라고 보는 것이 옳은 판단이다.

10. 슈퍼바이저 지역 배정

슈퍼바이저의 활동 지역 선정 시 가맹점 입점 위치에 따른 이동 경로를 최대한 경제적이고 효율적으로 편성해야 한다. 슈퍼바이저가 하루에 최소 7개 내외의 매장을 방문할 수 있도록 지역을 고려해서 정해 주어야 한다. 특별시와 광역시 및 각 도별로 나누어서 슈퍼바이저별 지역을 조정하는 것이 일반적인 지역 배분 방법이다. 가맹 사업 초기에는 가맹 본부 여건에 따라 지역을 부여하는 것이 경제적이나 일정한 규모의 가맹점을 확보했을 시에는 효율적인 동선을 고려해 지역을 슈퍼바이저별로 할당해주는 것이 효과적이다.

지역 구분 시 중시해야 할 사항은 슈퍼바이저가 불필요한 시간을 거

프랜차이즈 슈퍼바이저의 정석

리에서 낭비하지 않도록 해야 한다는 점이다. 가맹점 간의 거리가 멀면 슈퍼바이저의 피로도가 증가하고 경비가 과다하게 지출된다. 더 중요한 것은 가맹점 고충 처리를 해결해 주기 위해 최단 시간에 방문할 수 있도록 해야 한다는 것이다. 이 부분이 슈퍼바이저 지역 할당 시 최우선으로 중시해야 할 대목이다.

가맹점 수 400개라고 가정했을 때 전국적으로 매장이 분포되어야만 가능해지는 숫자다. 지형 특성상 가맹점이 400개 이상 되려면 전국에 매장을 오픈시켜야만 가능해진다. 이때부터는 전국을 고루 배분하여 안정된 슈퍼바이저 지역 할당을 정립해 놓아야 한다. 향후 가맹점이 더 확산할 것을 대비해서 명확한 지역 설정을 정해야 하는 것이다.

대다수 가맹 본부가 채택하고 있는 슈퍼바이저 지역 구분 방식은 시도로 배분하는 방식이다. 가맹점 사업자와 친숙해지고 매장 상황을 파악하기 위해서는 슈퍼바이저의 잦은 매장 방문이 최고다. 슈퍼바이저가 가맹점을 자주 방문하여 소통하는 것이 해법이다. 슈퍼바이저가 담당하고 있는 매장들이 근거리에 다 포진되어 있어야 현장에서 상황이 발생했을 때 즉시 방문해서 처리해주기가 용이하다. 슈퍼바이저가 효율적인 시테크를 하도록 합리적으로 지역을 구분해주어 불필요한 시간을 거리에서 낭비하지 않도록 해야 한다. 전국적으로 매장이 분포되기 전에는 가맹 사업의 진척도, 즉 가맹점 수에 비례하여 이동 지역을 참조해서 슈퍼바이저 지역을 조정하는 것이 생산적이다.

가맹 본부가 서울이나 지방 어디에 있든지 거리가 먼 지역에 있는 가맹점을 가맹 본부에 상주하면서 먼 지역에 있는 가맹점의 슈퍼바이저가 매장 관리를 했을 때 실효성이 적어질 수밖에 없다. 급작스러운 매장 상황 발생 시 대처 능력이 떨어지고 왠지 가까이에 조력자가 없다는 마음이 앞서 소통을 아예 포기하는 일이 생기는 일도 많다. 가맹 본부와 먼 지역에 매장 확산이 많이 되었을 때는 가맹점과 신속하게 소통하고 시간 낭비를 없애기 위해 대도시에 사업부 형태로 조직을 만들어 사업부장 책임하에 슈퍼바이저를 운영하여 가맹점 관리를 하면 효과적이다.

매장은 시시각각으로 예기치 못한 일들이 발생할 소지가 많다. 이때 효율적으로 대응하기 위해 근거리에 항시 슈퍼바이저가 있어서 도움을 받을 수 있다는 생각을 가맹점에서 갖도록 해주는 것이 좋다. 비상시 119를 찾는 이유와 같다. 몸이 멀어지면 마음도 멀어진다는 것과 같은 이치이다. 슈퍼바이저가 매장과 멀리서 근무하면서 매장을 방문할 경우는 나와 멀리 있는 사람한테는 도움을 요청해도 바로 와서 도움을 주지 못한다는 마음이 앞설 수 있어서 가맹점과의 신속하고 원활한 소통이 어렵게 되어 가맹 본부의 정책과 매뉴얼을 준수하지 않는 사례가 생길 확률이 높다. 슈퍼바이저가 가맹점과 최대한 인근에서 상주하면서 매장을 관리할 수 있도록 가맹 본부에서 운영 관리 정책을 펼치는 것이 가맹점 관리에 효과적이다. 슈퍼바이저의 가맹점 방문이 방문을 위한 방문이 아니라 현장에서 실질적으로 일어나고 있는 일들에 대한 사항을 파악하고 지도할 수 있도록 활동 동선을 편리하고 경제적으로 정해주어 불필요한 시간을 거리에서 보내지 않도록 가맹 본부에서는 신경을 써야 한다.

(1) 400개 이상 가맹점

① 서울 – 구 단위

② 경기 – 경기 남부, 경기 북부 지역

③ 강원 – 강원도 전 지역

④ 충청 – 대전, 충청도 전 지역

⑤ 전라 – 전주, 전북 지역, 광주, 전남 지역

⑥ 경북 – 대구, 경북 지역

⑦ 경남 – 부산, 경남 지역

⑧ 제주 – 제주 지역

(2) 400개 미만 가맹점

① 서울, 강원, 제주

② 경기

③ 대청 충청

④ 광주 전라

⑤ 대구 경북

⑥ 부산 경남

11. 슈퍼바이저 방문 횟수

가맹 사업은 슈퍼바이저가 가맹 본부 정책을 가맹점에 전파해서 이해시키고 설득시켜 실행할 수 있게 할 때 성공 확률이 높다. 인간관계에서 친분이 두터워지고 서로 친숙해지려면 상호 자주 만나서 소통해야 하는 것은 분명한 사실이다. 슈퍼바이저가 가맹점 방문을 정기적으로 해야 하는 이유이다.

현장을 가서 직접 눈으로 보기 전에는 매장에서 발생하고 있는 일들을 믿기 어렵고 파악하기가 힘들다. 얼굴을 볼 수가 없으면 거짓된 내용을 얼마든지 슈퍼바이저에게 전할 수 있는 소지가 있다. 이를 방지하기 위해서 슈퍼바이저가 존재하는 것이며 매장을 자주 방문해야 하는 이유이다.

슈퍼바이저는 월 1회 의무적으로 가맹점 방문을 원칙적으로 해야 한다. 이것을 고수하는 가맹 본부는 발전하게 되고 그렇지 못한 가맹 본부는 반드시 어느 시점에 한계에 봉착할 수밖에 없는 것이 가맹 사업의 구조적인 한계이다.

슈퍼바이저는 가맹점을 방문해서 고충 처리를 잘해주고 매출 증대에 도움을 준다고 가정했을 경우에 한해 슈퍼바이저가 필요하다는 것을 가맹 본부와 슈퍼바이저는 필히 인식하고 있어야 한다. 슈퍼바이저가 책무를 완수하지 못하는 매장 방문은 역효과를 초래해서 오히려 가맹점이 가맹 본부에 대한 불만을 낳게 하는 단초를 제공하는 일이 발생할 수 있기 때문이다.

가맹점에서 슈퍼바이저의 방문을 반기지 않는 경우는 슈퍼바이저가 제대로 역할을 수행하지 못해서이다. 슈퍼바이저가 가맹점을 방문해서 실질적인 도움을 주지 못하면 슈퍼바이서로서의 존재의 의미가 약해지게 되어있다. 간혹 슈퍼바이저의 중요성과 필요성을 모르는 경영자가 있는데 이런 요인을 무시하지 못한다.

슈퍼바이저가 가맹점을 방문했을 때는 실질적으로 매장을 책임지고 운영하고 있는 사람과 직접 미팅을 하면서 지도하는 것을 원칙으로 삼아야 한다. 프랜차이즈는 가맹 희망자 사정상 가맹 계약을 매장을 운영하지 않는 다른 사람 명의로 하는 일이 많다. 가맹점 사업자가 실운영주라고 해도 어느 정도 기간이 지나면 매장 운영을 남한테 맡기는 일도 흔하다. 슈퍼바이저가 매장을 방문해서 누구와 소통하면서 가맹 본부의 제반 정책 사항을 전달하고 매장 운영과 관련하여 지적 사항을 누구한테 전해야 하는지 판단을 잘해야 한다. 이 점은 가맹점 방문 시 매우 중요한 부분이다. 가맹점 사업자와 가맹점 실운영주가 다른 경우가 많아서이다. 가맹 본부 정책을 전달해서 현장에서 실천하게 하기 위해서는 실제 권한이 있는 가맹점 사업자를 이해시켜야 효과적이다. 점장이나 직원에게 전달했을 시 개선 및 실행력이 약하고 직원이 혼자만 알고 전하지 않는 경우도 있을 수 있어서이다. 사람이기에 매장 지적 사항은 야단맞을까 봐 알리지 않거나 중요한 사항을 깜빡하고 잊어버려서 못 전할 때도 있기 때문이다.

가맹점 방문은 사전에 가맹점에 알리고 방문하기도 하며 불시에 방문할 때도 있어야 한다. 상황에 따라 조절하는 능력을 슈퍼바이저가 갖추어야 한다.

가맹 본부의 정책을 전달할 때는 사전에 가맹점에 알리고 방문하는 것이 효율적이다. 즉 중요 정책 사항은 가맹점 사업자에게 직접 알려야 실행력이 높아질 수 있어서이다. 실권을 지닌 가맹점 사업자가 매장에 없을 경우 미리 연락해서 매장으로 오게 하여 직접 얼굴을 보고 전달하는 것을 원칙으로 해야 한다. 방문 횟수도 중요하지만 누구하고 소통하고 오는지도 중요하다.

슈퍼바이저 제도를 강력하게 운영하지 않으면 프랜차이즈 산업의 근간인 전국 통일성을 이룰 수 없기에 가맹 사업 본연의 목적을 달성하기 어렵게 된다. 가맹점마다 제각기 상이하게 매장을 운영하는 순간부터 브랜드 가치는 하락하기 시작하게 되어있다. 전체를 통일성 있게 유지할 수 있도록 하는 것이 슈퍼바이저의 활동 목적이다. 맡은 가맹점 수에 따라 매장 방문 횟수가 다를 수는 있지만 몇 개의 가맹점이 있든지 가급적 월 1회는 담당 매장을 방문해서 얼굴을 맞대고 소통한다는 마음을 지녀야 한다.

분명한 사실은 가맹 본부는 가맹점 수에 상관없이 슈퍼바이저 제도를 강력하게 시스템화해서 가맹 사업 시작부터 가맹 본부의 정책과 매뉴얼을 현장에서 지켜가면서 매장을 운영할 수 있도록 운영해야 한다. 슈퍼바이저의 중요성을 모르고 대충 가맹 본부 임직원이 돌아가면서 가맹점 관리를 하는 경우가 있는데 잘못된 생각이다. 가맹 본부가 원하는 목표를 달성하기 위해 강력한 슈퍼바이저 제도를 확립하고 운영해 나가야 한다.

슈퍼바이저의 월 매장 방문 수는 정답이 없다지만 월 1회를 고수하면서 상황이 생겼을 시 수시로 방문하는 것을 대원칙으로 삼고 가맹점 운영 관리를 해나가는 가맹 본부가 되어야 한다. 이런 제도하에 슈퍼바이저가 육성되고 가맹점 만족도가 높아져서 메이저급 프랜차이즈 가맹 본부로 성장하게 되는 것이다. 강력한 슈퍼바이저에 의한 가맹점 관리를 지속하면 그 효과는 점점 커지게 되어있다. 입증된 사실이다.

슈퍼바이저가 가맹점을 방문할 때는 미리 방문 가맹점에 대한 현상을 파악해서 조치 사항과 대책을 마련하여 머릿속에 담아두고 방문하는 습성을 지니는 것을 생활화해야 한다. 방문 목적을 지니고 가맹점을 방문하는 습관을 갖도록 하는 것이 무엇보다도 중요하다. 부득이하게 방문이 힘든 상황에 봉착했을 시는 유선 통화로 우선 소통하고 향후 방문시 해결해 주겠다는 약속을 한 뒤 그 약속을 꼭 지켜야 한다.

가맹점 입장에서는 너무 자주 슈퍼바이저가 매장을 방문해도 부담스러워할 수 있다. 매장에 와서 매출 증대를 위한 지도는 안 해주고 지적만 하는 경우와 매장에 도움을 주는 흔적을 남기지 못하는 슈퍼바이저의 잦은 매장 방문은 오히려 좋지 않은 영향을 미칠 수도 있다는 것을 염두에 두어야 한다.

(1) 정기 방문

월 1회 방문을 원칙으로 정하고 방문하며 매뉴얼 준수 이행 여부를 집중 관리 지도한다. 정기 방문 시는 가맹점 사업자에게 사전에 매장 방문 일자를 통보해서 미팅하면서 이것저것 전반적인 상황에 대해 소통하고 방문하는 것이 효과적이다. 실제적으로 가맹점 사업자가 오픈 초기와는 다르게 매장에 상주하면서 온종일 운영하고 있는 경우가 많지 않아서 정책 사항을 전달하게 될 경우는 사전 방문을 통보하고 방문하는 것이 효율적이다. 한 달에 한 번 정도는 가맹점 사업자 얼굴을 보는 것을 원칙으로 삼는 것이 좋다. 정기 방문 시 QCS 점검은 필수적으로 실시해야 한다. 정기 방문 시 매장 운영의 근간인 맛, 위생 청결, 서비스 상태를 잘 준수하고 운영할 수 있도록 지도해주어 한다.

(2) 수시 방문

가맹점에 수시 방문은 운영상 문제가 있다고 판단되는 곳을 집중해서 방문하여 잘못된 점을 적발해서 지도하고 개선하려는 데 주된 목적이 있다. 사입 제품을 사용하고 있고 가맹 본부 정책을 미이행하며 운영 매뉴얼을 지키지 않는 가맹점이 주된 방문 대상 가맹점이다. 슈퍼바이저는 적발 사항이 있을 때 현장에서 제품 사진 및 현물과 미준수 요인에 대한 근거를 확보해야 하며 문제점에 대해 현장에서 개선할 사항은 즉시 개선하고 중요한 사항이라고 판단되면 상사에게 보고한 후 지침을 듣고 조치할 사항을 피드백해주어야 한다. 슈퍼바이저가 필수적으로 지켜야 할 사항들이다.

(3) 클레임 처리 방문

슈퍼바이저는 가맹점의 불만 사항에 대해 대책을 가지고 매장을 방문해야 한다. 유선으로 해결해도 되는 미미한 사항은 전화로 피드백을 해주면 되고 사안이 크다고 판단되면 매장을 방문해서 해결해주는 것이 좋다. 심도 있게 준비해서 가맹점 불만 사항과 고충 처리를 해주기 위해 방문하는 것이기에 합리적인 해결책을 가지고 방문하도록 해야 한다. 가맹점의 가맹 본부에 대한 가맹점의 충성도를 높이기 위해서 슈퍼바이저는 가맹점에 대한 제반 고충 처리를 신속하고 명확하게 해결해주어야 한다.

클레임이 접수되면 잊지 말아야 할 것이 클레임을 접수한 가맹점에 반드시 피드백을 해주어야 한다는 것이다. 현장에서 클레임 관련 불만사항을 슈퍼바이저를 통해 가맹 본부에 접수했는데 슈퍼바이저가 회신이 없거나 결과에 대해 늦게 연락을 주면 그 순간부터 믿음은 없어지기 시작한다. 클레임 처리에서 제일 중시되어야 할 사항은 빠른 피드백이다.

12. 슈퍼바이저 평가

현장 활동을 하는 근무자는 활동 결과에 대해서 그에 상응하는 평가를 통해 보상을 해주어야 사기 진작이 되어 전력을 다하게 되어있다. 슈퍼바이저에 대한 평가와 보상을 해주면 성과가 배가될 확률이 높다. 슈퍼바이저 직무는 슈퍼바이저 본인 능력에 따라 큰 차이를 보이는 것 같기도 하고 어찌 보면 별 차이가 안 난다는 느낌도 받을 수 있다.

프랜차이즈는 가맹점의 보이지 않는 입김과 만족감이 가맹점 확산에 매우 크게 작용하게 되어있는 구조적인 특성이 있다. 가맹점에서 직접적으로 가맹 본부 관계자에게 표현하지 않지만 지인이나 남에게 브랜드에 관련하여 긍정적 또는 부정적으로 파급시키는 양이 예상보다도 크다. 보이는 게 다가 아니라는 비유와 같은 의미라고 할 수 있다. 슈퍼바이저의 실력이 미치는 정도에 따라 가맹 본부에 대한 평가가 달라질수가 있다는 것이다. 슈퍼바이저의 역량에 따라 가맹점 우호도가 바뀔 수 있는 양날의 검과 같은 의미라고 보면 맞을 것이다. 동기 유발을 시킬 수 있는 객관적이고 합리적인 평가를 하여 보상을 해주어야 하는 이유다.

(1) 평가 항목
① 가맹점 방문량

    월간 활동 계획을 효율적으로 세우고 매장 방문을 하면서 특정 가맹점에 치우치지 않고 담당하고 있는 매장 전체를 방문했는지 평가

② 클레임 처리 결과

    담당하는 매장의 클레임 요청 건수 및 처리 결과에 대한 평가

③ 사입 제품 사용 여부

    물류 이탈하는 매장 수와 시정 조치 사항을 평가

④ 매뉴얼 준수 여부

    가맹 본부 레시피에 의한 제품 완성과 제반 규정 준수 평가

⑤ 매출 증대

    신장 매출 및 절대 매출 분석 평가

(2) KPI 평가

정해진 목표를 달성하기 위해서 중요하게 관리해야 할 성과 기준을 정립하여 객관적인 슈퍼바이저 평가를 하는 것이 효율적이다. 가맹 본부 여건에 부합하게 평가 항목과 평가 기간을 선택해서 현장 활동에 대한 객관적인 평가를 시행해서 사기를 진작하고 성과치를 최대한 끄집어

낼 수 있도록 추진하는 것이 목표 달성에 도움이 된다. 필자가 실제적으로 슈퍼바이저 평가에 의한 보상 제도를 시행해본 결과 슈퍼바이저의 마음 자세가 달라지고 역동적으로 운영팀이 변모되어 구성원이 도전 의식을 갖게 되어 예상보다 훨씬 좋은 결과를 도출해 내었던 경험이 있다. 슈퍼바이저 활동에 대한 평가와 보상 제도를 실시하는 경우가 그리 많은 편은 아니다. 그만큼 슈퍼바이저를 객관적으로 평가한다는 것이 현실적으로 수월치 않다고 볼 수 있다.

가맹점은 수시로 여러 문제가 발생하게 된다. 전략기획팀과 운영팀은 문제 해결 건수와 문제 발생 요인 등 객관성이 있는 평가 항목에 의해 공정한 평가를 실시할 수 있도록 평가 항목을 합리적이고 객관적으로 설정하여야 한다. 슈퍼바이저가 실질적으로 현장 활동을 통해 성과를 이루었을 때 그에 상응한 보상을 받을 수 있게 제도적으로 마련해두는 것이 KPI의 근본 취지이다. KPI 평가 제도는 현실적으로 실제 활용할 수 있는 내용으로 수립하지 않으면 무용지물이 되어 프랜차이즈 시스템에서 효과를 못 보게 되고 형식상으로 끝날 수 있는 확률이 매우 높다. 가맹점 수와 가맹 본부의 인력과 매출이 일정 수준 이상 확보되었을 때 활용해야 효과를 거둘 수 있는 평가 제도이다.

■ 핵심 평가 항목
① 매출 및 손익 관리
② 표준화 고객 관리
③ 부진가 맹점 활성화 관리

④ 등급별 가맹점 관리 시스템 구축

⑤ 매장 운영 역량 강화

⑥ 고객 만족도 향상

⑦ 품질 관리

⑧ 프로모션 진행

⑨ 우수 가맹점 지원

⑩ 규정 준수 미이행 가맹점 지도

⑪ 가맹점 재계약 관리

⑫ 슈퍼바이저 역량 강화 프로그램

⑬ 슈퍼바이저별 평가 관리 지표 세분화 및 정기 보고

⑭ 지역별, 평형별 가맹점 현황 분석

■ 평가 시기

① 분기 평가 – 3개월

② 반기 평가 – 6개월

③ 연간 평가 – 1년

■ KPI 예시

구분	업무	내용	중요도 A, B, C
영업	영업기획 관련	신규 상권 및 상가 개발 (신도시 및 신규 입점 타당 지역, 대단지 아파트 상권 및 상가 개발)	A
		월별, 분기별, 연간 신규 가맹 목표 설정 (계약 건수, 본사 개설 수익) 및 달성도 측정	A
		중점 가맹 진행 지역 설정에 따른 영업 전략 수립	A

프랜차이즈 슈퍼바이저의 정석

영업	영업기획 관련	신규 상권 및 상가 개발 (신도시 및 신규 입점 타당 지역, 대단지 아파트 상권 및 상가 개발)	A
		월별, 분기별, 연간 신규 가맹 목표 설정 (계약 건수, 본사 개설 수익) 및 달성도 측정	A
		중점 가맹 진행 지역 설정에 따른 영업 전략 수립	A
	가맹영업 관련	인바운드 영업과 아웃바운드 영업을 구분하여 실적 관리 (인바운드:상담/아웃바운드:일반영업)	B
		영업 담당자별 접수건 대비 계약 성사율 관리	A
		예비 창업주 창업설명회 상담 진행 시 상담 만족도 설 문 조사 실시 (유선 상담 진행 과정 포함)	B
		상권 조사 방문 시 결과 보고서 작성	A
	영업관리 관련	개설점별 수익에 대한 데이터 관리 (영업(인테리어 자료 취합)→경영)	A
		가맹 계약서 관리 (계약서 교육 및 정기 변경 신청 진행)	A
		정보공개서관리(정기 변경 신청 진행)	B
		가맹점 계약 만족도 조사 진행	B
		기존 가맹점주의 추가 출점 관련 데이터 관리	C
인테리어	인테리어 기획 관련	공사 수익 구조 개편(평수 대비 정액제, 정률제)	A
		인테리어 업체별 시공 단가 관리 (업체 견적 산출 후 최저 견적으로 통일 시행)	A
	인테리어 진행 관련	표준 공정표, 표준 공사비 관리 (평수별 a, b, c 타입 분류)	A
		표준 집기표, 초도 기자재 관리 (평수별 a, b, c 타입 분류)	A
		인테리어 업체별 공사 진행 현황 관리(월별/누적)	A
		하자 이행 증권 발행 현황 관리(월별/누적)	A
		시공점별 인테리어 개설 수익 관리	
		감리 공사 진행 개수 최소화(진행 시 별도 보고)	A
	업체관리	업체별 원가 관리	A
		업체별 원가 절감 관리(공사 원가 감소 방안)	A
		별도 공사 원가 관리 방안	B
		인테리어 업체별 하자 보수 발생 및 처리 관리 대장 운영	B

인테리어	개발관리	인테리어 보완, 개선, 개발 관리	B
		추가 수익 모델 개발	A
운영	매출 관련	가맹점 등급제 시행 (A, B, C: 매출, 이탈, 점주 성향별/지역별 구분)	A
		부진 가맹점 별도 관리 (매출, 이탈: 지역별 구분, 담당자별 목표 시행)	A
		지역별, 평형대별 전반적인 가맹점 현황 분석(매출, 식자재, 재계약, 주류, 매장 및 점주 정보 등/DB화)	A
		매출 부진 매장 기준 설정 및 부진 매장에 대한 세부 분석 보고(대안책 포함)	B
		지역별 거점(기준) 매장 설정 및 분석 (지역 편차 최소화, 지역별 현실적인 비교 기준)	A
		지역별(SV별) 가맹점 목표 매출 성장률 설정	A
	매장관리 관련	SV 평가 관리 지표 세분화 및 정기적 보고	A
		SV별 관리 매장 분석 보고 (매장별 매출 추이, 주류 및 식자재 이탈, 클레임 등)	A
		가맹점 재계약 관리(전략적 해지)	B
	슈퍼바이저 역량 강화 관련	전문 역량 강화 교육 프로그램 진행	A
직영점	매출 관리	월 목표 매출 관리/분기/연간	A
	원부자재 관리	매출 대비 월 원가율 관리/분기/연간	A
		원부자재 위생 관리	B
	인원 관리	매출 대비 월 인건비 관리/분기/연간	B
		노사 안정화, 근무 인원 관리	B
	재고 관리	월말 재고 관리/분기/연간	B
	보고의무	매장 일일 보고(체크리스트, QSC 관리, LSM 진행, 클 레임 처리 진행 결과 보고)	B
교육	예비 점주 교육 진행	신규 가맹점 대상 기초 교육 관리 (운영 메뉴얼, 홍보, 노무, 메뉴 교육, 인사 예절 등)	A
		사건 사고 사례 교육	A
		가맹점 교육 평가	A
	매뉴얼 관리	교육 매뉴얼 관리 지속적인 월별 업데이트 진행	B

교육	매뉴얼 관리	가맹점 교육 만족도 조사	B
		신규 직원 교육 육성 관리	A
구매 물류	메뉴 개발	원가율 및 물류 수익 분석	A
		메뉴 전략 및 협력 업체 관리	A
		신메뉴 개발 및 기존 메뉴 개선을 통한 매출 활성화	B
		기존 및 신규 매뉴얼 관리(개선, 보완)	B
	R&D 관련	소비자의 NEEDS 및 경쟁사 아이템 분석	B
		시즌별 트렌드 상품 기획 및 정기적 포트폴리오 제출 (분기별 5~10종)	B
		판매 메뉴에 대한 판매 분석(ABC 분석/지역별 기준/ 신메뉴는 추가로 별도 분석)	B
		기존 메뉴 품질 개선	B
	구매 관련	PB 전용 상품 관리 확대	A
		수급 불안정 또는 수급 불안정 예상 품목에 대한 대체 거래처 발굴(리스트 관리)	A
		거래처별, 품목별 클레임 대장 운영	B
		거래처별, 품목별 월 본사 수익 산출 관리	B
	물류 관련	거래 품목별 가용 재고(물류사 보유 재고), 상시 재고 (거래처 통해 유동 가능한 재고) 기준 설정	A
		물류사 배송 클레임 대장 운영	B
		품목별 판매 및 수익 분석 관리 (전년 동월 대비, 전월 대비)	A
전략 기획	사업전략 수립 관련	現 운영 사업에 대한 거시적 운영 전략 수립	A
		신규 사업에 대한 타당성 분석 및 진행 프로세스 수립	A
		전반적 실적에 대한 목표 달성률 및 개선 사항 분석 관리	A
		집행 예산에 대한 실적 분석 관리	A
		외부 환경 변화에 따른 사업 운영 전략 기획	A
		본사 수익 구조 확대를 위한 다각화 전략 수립	A
		회사 및 브랜드 사회 공헌 이미지 인식 구현	B
	내부 프로 세스 관련	부서별 업무프로세스 확립	B
		부서별 KPI(성과 지향적 목표 관리) 확립	A
		부서 간 업무(협력) 프로세스 확립	A
	마케팅 관련	매체별(SNS, 블로그, 카페, 언론, 홈페이지) 운영 실적 관리	B

전략기획	마케팅 관련	대행사별 집행 예산 및 효과 측정 관리	B
		매체별 소비자 NEEDS 측정 관리	B
		프로모션, 행사 기획 및 결과 보고서 운영(운영사례 DB화)	A
		LSM 진행에 대한 결과보고서 운영 (진행 매장 DB 운영팀 취합/운영사례 DB화)	B
		유사 업종별 브랜드 분석 및 동향 파악	B
	디자인 관련	브랜드 디자인 매뉴얼 수립	B
		디자인 제작에 대한 DB 관리 및 진행 금액 관리 (DB화)	B
		브랜드 아이덴티티를 강화할 수 있는 디자인 컨셉 개발	B
경영기획(회계)	예산관리	예산 조정 및 편성	A
		예산 실적 분석	A
	세무관리	감사(세무, 법인, 주주, 주총 등)	A
		세무 상담(경영 및 운영)	B
		매입, 매출(입력, 확정, 대조)	B
		가맹점 전표 증빙 처리 및 보관	B
	실적관리	주간, 월간, 분기, 연간 회계 업무 마감 및 보고	A
		세무 신고서 작성(원천세, VAT, 법인세 외)	A
	자산관리	인사 제도 규정 및 제도, 노무 관리 (급여, 퇴직금, 의료 및 산재, 국민연금, 건강 진단)	B
		자산 이동, 처분, 폐기 관리	B
		각종 임차료, 전기료, 관리비, 전화요금 등 부과 관리	B
		전사 차량 유휴비, 수리비, 교통비, 경비, 할부금 처리 관리	B

(4) 보상 제도

우수 슈퍼바이저에 대한 보상은 어떤 방식으로든지 추진해야 한다. 현금으로 성과급을 지급해도 좋고 특별 승진을 시켜주어도 되며 가족 해외여행을 보내주는 것도 좋은 보상책이 될 수 있다. 보상 시기는 반기 또는 연말에 지급해주는 것이 효과가 크다. 보상이 없는 평가는 역효과가 나는 경우가 다반사이다.

인간의 심리는 평가했을 때 보상이 수반되기를 당연히 기대하게 되어있다. 그런데 슈퍼바이저 평가에 의한 성과급을 지급하는 가맹 본부가 많지 않은 편이다. 도리어 슈퍼바이저를 평가하는 의미가 보상보다는 혼을 내거나 불이익을 주는 쪽에 무게를 두고 있는 가맹 본부가 많다고 할 수 있다. 꾸준하게 평가하고 보상을 해주면서 슈퍼바이저의 사기 진작을 시켜주는 가맹 본부가 되도록 해야 가맹점 확산이 수월하게 이루어진다는 것을 경영층은 새길 필요가 있다.

한 달에 한 번씩 급여를 받고 다니는 셀러리맨은 재직 중 남보다 많은 물질적인 보상을 받을 때 사기가 올라서 하는 업무에 대한 성과가 크게 나타나게 된다. 물질적인 보상 이외에도 인사 고과에 직접적으로 반영시켜서 동료에게도 도전 의식과 경각심을 불러오도록 할 필요가 있다. 보상 제도를 명문화시켜 평가 기간과 시행 시기 및 보상 방법을 공개하고 추진하는 것이 좋다. 동기를 유발시켜 도전 의욕을 불어넣어 주고 적극적으로 실천하게 하기 위해서는 성과의 대가로 보상보다 더 좋은 방법은 없다.

슈퍼바이저 직무는 매장 운영 형태에 맞추면서 수행해야 하고 주말에도 유선으로 업무를 해야 하기에 일정 시일이 지나면 매너리즘에 빠지거나 회의를 느낄 수 있다. 성과급 지급을 적극적으로 실시하는 것이 슈퍼바이저 정착과 가맹점 매뉴얼 준수에 도움이 된다는 것이 입증된 사실이므로 적극적으로 시행해야 한다.

13. 슈퍼바이저 체크리스트

슈퍼바이저는 부문별 관리 항목을 정립한 표준화된 체크리스트로 매장을 지도하고 관리해야 한다. 가맹점을 방문해서 말로만 지도하는 것은 상대가 받아들일 때 오랫동안 뇌리에 머무르지 않는다. 말을 듣는 순간은 개선 의지가 있으나 시일이 흐를수록 무뎌져서 지나쳐 버리는 일이 많다. 슈퍼바이저 역할을 무난하게 큰 어려움 없이 수행하는 대부분의 경우는 가맹점을 자신의 페이스로 끌고 오면서 매장 관리를 하고 있다는 것이다. 유능한 슈퍼바이저는 현장에서 즉흥적인 지도에 그치지 않고 지적 사항을 자료로 남기고 흔적을 남길 수 있는 무언가를 실천한다는 것이다. 재방문 때 지적 사항에 대해서 잊지 말고 필히 확인하는 습관을 가져야 한다. 매장을 방문하여 체크해야 할 사항이 아이템과 가맹 본부에 따라 다소 차이는 있지만 대부분은 유사하다.

매장을 방문하여 슈퍼바이저가 체크하는 목적은 고객의 니즈를 파악해서 만족시켜서 가맹 본부에서 정한 제품을 판매하는 데 있다. 그러기 위해서 매장의 문제점을 찾아내어 지도해서 개선해 나가는 능력를 슈퍼바이저는 지니고 있어야 한다. 매장을 수치로 평가하기 위한 것이 아니라 매장 운영을 잘하게 하는 데 매장을 체크하는 목적이 있다는 것을 슈퍼바이저는 인식하고 있어야 한다. 매장을 체크할 때는 시정해야 할 사항은 지적하고 잘하는 점은 칭찬해주는 습성을 가져야 한다. 체크를 하는 데 의의를 두지 말고 지적 사항이 있을 시 왜 그래야 했나를 가맹점 사업자와 매장 직원과 함께 슈퍼바이저는 고민해서 문제점을 찾아 해법을 도출해 낼 줄 알아야 한다. 슈퍼바이저는 반드시 체크 결과에 대해

프랜차이즈 슈퍼바이저의 정석

해당 가맹점에 확실하게 피드백해주어야 한다.

■ 체크리스트 주요 항목(A 타입)

① 메뉴 품질

① 표준 레시피 준수 여부

② 완성된 메뉴 상태

③ 식재료 선입 선출 및 유통기한

④ 적정 온도 유지 상태

⑤ 사입 제품 사용 여부

② 고객 응대

① 밝고 환한 인사

② 접객 용어 사용

③ 테이블 상황 점검

④ 직원 간의 밝은 소통

⑤ 청결한 유니폼 착용

③ 위생 청결

① 개인위생 준수

② 조리 기구 청결 상태

③ 식기 세척 상태

④ 화장실 청결 유지

⑤ 전면 유리창 및 매장 외부 청결

⑥ 기구 내부 소품 청결 상태

⑦ 바닥 청결 상태

■ 체크리스트 주요 항목(B 타입)

1 외부 상황

① 외부 간판 청결, 조명 상태

② 광고 배너 설치 여부

③ 매장 주변 청소 상태

④ 매장 출입구 청결 상태

⑤ 파사드 청결 상태

2 내부 상황

① 홀 바닥 청소 상태

② 테이블 청소 상태

③ 카운터 주변 정리 정돈 여부

④ 화장실 청소 상태

⑤ 화장실 악취 여부

⑥ 화장지 비취 및 휴지통 상태

3 매장 종업원

① 유니폼 착용 여부

② 주방 근무자 모자 착용 여부

③ 용모 단정한 태도 여부

④ 고객 응대

① 활기차게 고객을 맞이하는 인사 실행 여부

② 친절한 자리 안내 실시 여부

③ 웨이팅 고객 대처 방법 유무

④ 미성년자 의심 고객 대응 상태

⑤ 메뉴판 준비 여부

⑤ 주문 상황

① 메뉴판 등재 메뉴 판매 여부

② 친밀감 있는 메뉴 주문 여부

③ 고객 호출 시 응대 상태

④ 고객 주문 시 주문 내용 확인 여부

⑥ 서비스 상황

① 기본 안주 제공 상태

② 주방 기기 및 집기 청결 상태

③ 적정 시간 메뉴 제공 여부

④ 매장 실내 온도 적정 유지 상태

⑤ 종업원 인사 상태

⑥ 친절한 언행 상태

⑦ 고객이 매장 밖으로 나갔을 시 테이블 정리 여부

7 결제 상황

① 식사 메뉴 확인 여부

② 카드 및 영수증 공손하게 제공 여부

③ 매장 나갈 시 진정성 있는 인사 여부

■ QCS 체크리스트(예시)

체크일									
구분		평가항목	양호	불량	구분		평가항목	양호	불량
입구/현관	1	입구, 현관, 유리			몸가짐 및 안내	26	몸단장(두발, 손톱 등)		
	2	카운터 주변 정리정돈				27	유니폼의 청결도		
	3	비품(전표 등) 준비				28	명찰, 미소		
	4	계산기, 볼펜, 메모지				29	안내/인사, 접객 방법		
	5	간판, 현판 상태				30	대기 방법		
	6	잔돈 준비				31	테이블 안내		
화장실	7	비품, 소모품 준비				32	캐셔 인사, 자세		
	8	바닥, 벽, 천장 청결				33	현금, 카드의 수수 방법		
	9	조명 기기의 파손 여부			서비스	34	걷는 법 (속도, 신속)		
	10	좌변기, 소변기 청결				35	서비스 방법 /수순		
	11	장식물, 부착 용품 상태				36	오더 방법 /복창 확인		

화장실	12	문(도어) 작동 여부			서비스	37	접객 용어 사용		
	13	세면대 주변 청결				38	웃는 얼굴 (표정)		
	14	거울, 스텐레스 청소				39	셋팅 방법		
홀과 주변	15	바닥, 재떨이 청소 상태				40	서비스 지식		
	16	테이블 청결도				41	치우기 방법		
	17	테이블, 의자의 흔들림				42	모범성		
	18	공기 온도 적정 여부			주방	43	바닥 상태 (타일, 배수구, 찌꺼기)		
	19	조명의 청결, 파손				44	벽 상태(배기 후드,벽면)		
	20	벽의 디스플레이, POP 부착				45	천장 상태 (조명)		
	21	음향, 음질 등 스피커				46	선반과 청결		
	22	홀 전체의 정리정돈				47	조리 도구 청결		
	23	유리창 청결				48	식기의 적정 수량		
	24	방석 청결				49	냉장고 작동 상태/청결		
	25	냉난방기 상태 및 흡입구				50	싱크대 청결		

14. 슈퍼바이저 활동 사례

유능한 슈퍼바이저는 가맹점을 관리하는 방식이 남다르다. 최고의 슈퍼바이저는 담당하고 있는 가맹점의 현상을 냉철하게 분석하고 상황을 확실하게 숙지하고 있는 상태에서 매사 구체적이고 상세한 활동 계획을 수립하여 가맹점이 처한 환경과 여건에 적합하게 맞춤형 가맹점 관리를 해준다.

한 분야에서 최고의 상급 위치에 놓인다는 것이 그리 쉬운 것은 아니다. 가맹 사업에서 중추적인 핵심 역할을 담당하고 있는 슈퍼바이저가 소속된 집단에서 최고의 소리를 듣기 위해서는 프랜차이즈 지식과 지혜를 겸비하고 있어야 하고 자기관리와 통제를 철저히 해야 가능하다.

슈퍼바이저는 가맹점이 자신을 신뢰하고 좋아오게 하는 것이 중요하다. 믿고 따라오게 해야 한다. 그러기 위해서 슈퍼바이저가 갖추어야 할 부분이 많다. 우수 가맹점 옆에는 항상 유능한 최고의 슈퍼바이저가 함께 있다. 프랜차이즈 시스템에서 슈퍼바이저의 노고에 비해 슈퍼바이저의 성과가 외형적으로 눈에 띄게 나타나지 않는 아쉬운 부분이 있는 것은 사실이다. 이 점을 가맹 본부가 헤아려서 슈퍼바이저의 사기 진작을 위해 성과에 의한 보상 제도를 활성화할 필요가 있다. 가맹 사업의 번창과 직결되는 사항이다.

슈퍼바이저가 가맹점을 관리하는 궁극적인 목적은 가맹점의 매출 증대로 인해 수익을 창출시켜주기 위해서이다. 가맹점 수익이 가맹 본부의 수익이기에 그렇다. 슈퍼바이저가 다녀가기만 하면 가맹점에서 무언가를 얻는다는 생각을 갖게 하는 슈퍼바이저가 최고인데 그러기 위해서는 매장 관리를 잘 해주어야 한다. 타 매장의 매출 증대 사례를 자신이 담당하고 있는 매장의 여건에 맞게 적용할 수 있게 최적의 안을 도출하여 지도해줄 수 있어야 한다. 매출이 좋은 가맹점은 반드시 그럴만한 요인이 있다. 슈퍼바이저는 이를 간파하여 담당 매장에 전해서 실행하게 해야 한다. 실제로 고도의 실력을 구비한 슈퍼바이저만 할 수 있는 일이다. 그러나 의지는 있는데 실천을 못 하는 슈퍼바이저가 대다수이다.

최고의 슈퍼바이저는 원칙에 입각하여 가맹점을 관리한다는 것이 증명된 사실이며 자신만의 매장 관리 철칙과 원칙이 있고 사명감이 있다. 슈퍼바이저가 가맹점을 관리하는 데 정답이 있을 수는 없다. 슈퍼바이저는 가맹점의 매출을 증대시키기 위한 올바른 과정 관리는 존재한다는 것을 인지하고 있어야 한다.

▣ 성공적인 활동 예시

① A 슈퍼바이저

① 부지런하고 가맹점과 소통을 잘하며 소소한 일도 잘 챙겨준다.

② 매장 방문 시 주변 상권을 둘러보고 변화된 시장 상황을 가맹점 사업자와 의견을 교환한다.

③ 수시로 가맹점에 전화를 걸어 매장 운영 상황과 가맹 본부의 정책을 전달하고 이해시킨다.

④ 표준 매뉴얼 준수를 강조한다.

⑤ 전단 활동보다는 매장을 방문한 고객에게 무언가 서비스를 주도록 권장한다.

2 B 슈퍼바이저

① 매장 서비스 수준을 향상시켜 준다.

② 가맹점 방문 시 매장 종사자 전원을 개별 상담한다.

③ 자질이 부족한 직원 교체를 유도한다.

④ 메뉴 조리 과정을 촬영해서 교육한다.

⑤ 고객에게 인사하는 것을 강조하고 확인한다.

3 C 슈퍼바이저

① 인근 지역의 특성을 파악해서 매장에서 관심을 갖고 배려할 수 있
   도록 제시하고 지원해준다.

② 착한 매장임을 방문한 고객에게 인지시킬 수 있도록 무언가 창조
   적인 방안을 강구해준다.

③ 사회에 공헌하는 방법을 제안한다.

④ 가맹점 행사를 기획하고 지원해주며 동참해준다.

⑤ 오픈 및 마감 시간을 확인한다.

4 D 슈퍼바이저

① 친화력 있게 가맹점에 대해서 고객한테도 파급시키게 한다.

② 프랜차이즈 시스템에 대한 전문적인 지식을 갖추고 가맹점을 교
   육한다.

③ 매장 마감 시 다운 작업을 순회하면서 해준다.

④ 매장 청소를 매장 직원과 함께해준다.

⑤ 가맹점 사업자 생일을 챙겨주고 애경사에 필히 참석한다.

5 E 슈퍼바이저

① 매장 특이 사항을 즉시 소통할 수 있도록 여건을 조성시킨다.

② 월별로 경영 분석을 해준다.

③ 매장 방문 시 육체적으로 매장 일을 도와준다.

④ 클레임 발생 시 신속 정확하게 처리해준다.

⑤ 공사 구별을 명확하게 한다.

6 F 슈퍼바이저

① 인근 가맹점과 영업권 분쟁을 해소해 준다.

② 가맹 계약서에 의거 가맹점 관리를 한다.

③ 맡은 가맹점을 차별하지 않고 지도하며 관리한다.

④ 언제나 한결같은 마음 자세로 가맹점을 방문해서 응대한다.

⑤ 슈퍼바이저가 곧 가맹 본부라는 인식을 하고 활동한다.

7 G 슈퍼바이저

① 단체 주문 고객을 유치해서 해당 지역 가맹점에 배정해준다.

② 성공적인 판촉 사례를 전파해서 신규 고객을 유입시켜준다.

③ SNS를 활용하여 매장을 홍보해 준다.

④ 전단지를 가맹점과 함께 배포해 준다.

⑤ 매장 밖에서 시식 행사를 같이 해주고 가맹 본부에 건의하여 행사 물품 일부를 지원해준다.

8 H 슈퍼바이저

① 매장 청결에 정성을 쏟아 붓고 청소를 같이 해준다.

② 고객의 소리를 항시 들어서 매장에 전해준다.

③ 인터넷 검색을 통한 동종 아이템 동향을 알려준다.

④ 여성 화장실에 비데 설치를 권한다.

⑤ 유통기한이 임박한 물품이 매장에 유입되거나 하자가 있는 제품
  이 있을 시 깔끔하게 반품을 받아주는 지혜를 발휘한다.

9 I 슈퍼바이저

① 매장 운영과 관련하여 각종 데이터를 수집하고 분석한다.

② 양질의 제품을 완벽한 서비스를 통하여 고객에게 제공하도록 한다.

③ 신상품 판매의 중요성을 부각시킨다.

④ 이슈가 있는 고객에게 감사의 편지를 주어 감동하게 만든다.

⑤ 충성 고객한테 할인 쿠폰과 제품 서비스를 제공해준다.

10 J 슈퍼바이저

① 가맹점에서 걸려오는 전화를 받기 위해 항시 전화 대기한다.

② 가맹점 방문 시 가맹점과 큰소리가 났을 시 매장을 나오기 전에
  필히 화해하고 매장문을 나온다.

③ 가맹점 방문을 정기적으로 한다.

④ 가맹점을 원칙에 입각하여 관리하고 탄력적으로 대처한다.

⑤ 지적한 사항에 대하여 시정 조치가 이루어졌는지를 확인한다.

part 4

슈퍼바이저가 안착해야
가맹 사업이 안정화된다

1. 슈퍼바이저 직책

프랜차이즈 산업은 가맹 본부와 가맹점 사이가 톱니바퀴처럼 얽혀 있다. 이런 특수적인 관계를 순리적으로 매끈하게 풀어서 돌아가도록 하는 역할을 누군가는 해주어야 하는데 이러한 미션을 수행하는 것이 생각처럼 쉬운 일이 아니다.

슈퍼바이저는 가맹 본부의 제반 정책을 일선 현장에 최초로 전해주어야 한다. 슈퍼바이저는 또한 1차적으로 가맹점이 가맹 본부를 대신하여 소비자에게 제품과 서비스를 제공해 주어야 하는 프랜차이즈 원리와 특성을 잘 이해하고 있어야 한다. 가맹 본부와 가맹점 사이에서 일어날 수 있는 문제 발생 요소를 최대한 없애고 원활한 소통을 이어가게 교량적 역할을 해주며 서로의 끈을 이어주어 추구하는 목표를 함께 달성할 수 있도록 가맹점을 관리하는 자가 슈퍼바이저다.

일부 가맹 본부 경영자는 굳이 슈퍼바이저가 무슨 필요가 있고 비용을 들여가면서 정기적인 가맹점 방문을 왜 하는지 모르겠다며 슈퍼바이저 자체를 부정적으로 보는 시각을 드러내는 경우도 있다. 참으로 프랜차이즈 사업을 영위할 자격이 부족한 경영자이다. 가맹 사업을 적당히 하다가 끝내버리겠다는 생각이든지 아니면 프랜차이즈 시스템을 모르는 무지한 경영자라고 할 수 있다.

프랜차이즈 속성상 누군가 가맹 본부와 가맹점의 정보를 상호 연결해주는 자가 없으면 사실상 사업 자체가 무의미해질 수밖에 없다 이런 폐단을 막기 위해 슈퍼바이저가 필요하고 존재해야 하는 것이다. 슈퍼바이저의 자질이 미흡한 슈퍼바이저를 둔 경험이 있는 경영자는 슈퍼바이저의 필요성을 느끼는데 미온적일 수 있다. 그러나 경영자는 슈퍼바이저 업무를 수행하는 데 필요한 자질이 있다고 판단된 직원을 선별해서 채용하여 임무를 주어서 본연의 역할을 잘해나가는 것을 보고 정말 가맹 사업에서 슈퍼바이저의 존재가 크다는 것을 절실하게 느낄 필요가 있다. 가맹 사업을 성공시키기 위한 첫 단추가 슈퍼바이저에서 비롯된다고 단언할 수 있기 때문이다.

가맹 본부는 슈퍼바이저를 지속적으로 채용하고 육성시켜야 한다. 가맹점이 확산할수록 점점 더 많은 슈퍼바이저가 있어야 하는데, 사전에 슈퍼바이저를 교육해서 양성해 놓지 않을 경우 한 슈퍼바이저가 담당하는 매장 수가 많아지게 되어 현장 관리가 잘 안 돼서 브랜드 경쟁력이 하락할 수 있다. 한 명의 슈퍼바이저가 담당할 수 있는 매장 수는 감독 폭 한계의 원칙과 같은 원리로서 한계가 있으므로 예비 자원을 항상 대기시키는 지혜가 필요하다. 그렇지만 현 가맹 본부는 그렇지 못한 경우가 대다수이다.

중견급 이상 가맹 본부는 항시 슈퍼바이저 자원을 확보하고 있다. 언제든지 타부서에서 인사이동 시켜서 자리를 채울 수도 있다. 그만큼 평소 슈퍼바이저 자원 양성 교육을 위해 노력하고 있다는 것을 반증해주는 결과라고 볼 수 있는데 긍정적인 기대치를 가져오게 한다.

매장이 늘어날수록 물리적으로 가맹 본부 대표가 가맹점을 일일이 방문하면서 다닐 수는 없다. 조직의 업무 특성상 직급별로 단계를 거쳐서 업무를 추진해야 조직의 질서가 확립되어 효과적인 결과물이 나올 수 있다. 슈퍼바이저가 어떻게 가맹점을 지도하고 관리하느냐에 따라서 슈퍼바이저 존재 자체의 무게추가 달라지게 되어있다. 그렇게 되면 무용론과 필요성이 대두할 것이다. 슈퍼바이저는 이 점을 중시하고 직무를 이행해야 한다.

슈퍼바이저가 가맹 본부와 가맹점에서 일어나고 있는 일들에 대해 쌍방의 정보를 정확히 전달하고 역할을 다할 때 서로의 이해관계 대립을 최소화할 수 있다. 가맹 본부 경영자를 대신하여 임무를 수행하도록 권한을 이양해 준 후 가맹점 방문을 통한 지도 및 감독을 통해 가맹 본부의 정책 사항을 이행시키게 하는 슈퍼바이저의 존재는 절대적으로 필요하다. 슈퍼바이저의 가맹점 방문 활동 없이는 가맹 사업의 성공은 꿈도 꾸지 말아야 한다. 이것은 필자의 경험상 가맹 사업에서 진리라고 단언할 수 있다.

닫힌 공간에서 하루 종일 가맹 본부의 지침을 받아 일하는 가맹점 사업자 입장에서는 가맹 본부를 대신하여 매장을 방문해주는 슈퍼바이저를 기다리며 무언가 도움받고 정보를 얻기 희망하는 것이 당연하다. 가맹 본부는 이를 충족시켜 주어야 하는 의무를 지니고 있으며 프랜차이즈 시스템에서 가맹 본부가 해야 할 일이다. 이 역할을 슈퍼바이저가 해야 한다. 가맹 사업에서 슈퍼바이저가 차지하는 비중이 얼마나 큰지를 가히 짐작할 수 있을 것이다. 슈퍼바이저가 가맹 본부와 가맹점 간 믿음과 신뢰를 주고 안 주느냐의 키를 쥐고 있다고 해도 과언이 아니다. 이렇듯 프랜차이즈 시스템에서 이렇게 중요한 미션을 수행하는 슈퍼바이저는 성공적인 임무 수행을 위한 자질과 역량을 갖추기 위해 스스로 노력을 아끼지 않아야 한다. 가맹 사업에서 슈퍼바이저가 차지하고 있는 위치는 가히 상상하기 힘들 정도라고 보면 된다.

2. 슈퍼바이저 비책

슈퍼바이저는 가맹점을 자신의 페이스로 끌고 오면서 관리하든지 아니면 "형님, 누님" 하면서 가맹점에 아예 다가가는 방법으로 관리하는 것이 효과적이고 정책을 관철하는 데 유리하다. 어중간하게 관리하는 방법은 좋지 못하다. 이도 저도 아니게 가맹점을 관리하면 죽도 밥도 아닌 것처럼 되어서 슈퍼바이저의 최고 임무인 실행력 강화에 어려움이 따를 수밖에 없다. 심한 표현일지 모르나 가맹점을 자

프랜차이즈 슈퍼바이저의 정석

신의 박스 안에 들어오게 하여 매장을 관리하는 것이 최적의 가맹점 관리라 할 수 있다. 여기서 말하는 박스는 모든 것을 원칙에 입각하여 처리하는 것을 의미한다.

가맹 본부의 제반 정책을 현장에서 이행하지 않는 가맹점이 많은 곳의 슈퍼바이저의 공통점은 가맹점을 자신의 페이스로 끌고 오지 못한다는 것이다. 도리어 가맹점에 끌려가는 경우가 많은 편이다.

가맹점을 자신이 추구하는 방향으로 오게 하려면 프랜차이즈 관련한 해박한 지식과 지혜가 있어야 가능하다. 여기서 지식이란 가맹점의 모든 정책을 완벽히 이해하고 숙지하며 경영자의 경영 철학과 경영 이념을 간파하고 있는 실력을 의미한다.

슈퍼바이저는 운영 매뉴얼을 완전히 숙지하고 있어야 하며 경영자가 추구하고 있는 비전과 경영 목표 및 전략과 정책을 꿰뚫고 있어서 매장 방문 시 가맹점 사업자에게 알아듣기 쉽게 설명하고 설득시킬 줄 알아야 한다. 또한 슈퍼바이저의 일 처리가 확실하고 믿음이 간다는 인식을 가맹점 사업자에게 심어줄 수 있도록 평소에 신뢰를 쌓아두어야 하는데, 가맹점에서 요청한 사항에 대해서 신속하게 가부를 피드백해주어야만 가맹점 사업자가 신뢰한다는 사실을 확실하게 인지하고 있어야 한다. 내가 원하고 희망하고 있는 것들에 대해서 상대로부터 도움을 받아 해결되었을 때 상대와 소통이 잘된다고 믿기 때문이다. 가맹점은 더욱 그러하다. 가맹점에서 요구하는 것에 대해 슈퍼바이저가 잘 들어주고 원하는 방향으로 조치를 해주었을 때 가맹 본부와 소통이 잘된다고 믿게 되어 있으므로 이 점을 슈퍼바이저는 중시하면서 가맹점 관리를 해야 한다.

요청하는 것이 가맹점마다 다르고 처한 환경이 모두 상이하므로 담당 슈퍼바이저는 가맹점에 부합하게 가맹점 특성을 파악하고 지도하며 관리해야 한다. 아울러 가맹점 사업자 성향에 따라 지도하고 관리할 줄 알아야 한다. 프랜차이즈는 가맹점 사업자의 성격에 따라서 같은 사안을 가지고도 사고의 차이로 인해 황당한 일이 발생하는 경우가 많다. 그러한 점이 부정적인 불씨가 되어 문제를 야기시키는 일이 있다. 슈퍼바이저는 그렇기 때문에 일관성 있게 원칙을 세우고 규정에 입각하여 가맹점을 관리한다는 의식을 갖고 탄력적으로 가맹점을 관리하는 요령도 알고 있을 필요가 있다.

가맹점 사업자의 매장 운영 방식과 조화를 이룰 수 있어서 적합한 소통 방식을 활용하면서 슈퍼바이저 스스로가 지치지 않게 내공과 실력을 연마하는 것도 업무 이상 갖추어야 할 중요 사항이다. 가맹점 관리는 슈퍼바이저한테 믿음과 신뢰가 쌓이게 되면 수월하게 된다.

가맹점의 여러 가지 요청 사항과 불만으로 인해 스트레스가 심해져서 본인의 적성에 안 맞는다고 중도 포기하는 슈퍼바이저도 있다. 슈퍼바이저마다 가맹점을 응대하고 지도하는 방식이 다를 수밖에 없다. 그러나 프랜차이즈 가맹 사업은 과정은 달라도 결과는 동일하게 가맹점을 관리해야 한다. 슈퍼바이저가 현장에서 해야 할 중요 미션이다. 어떻게 하든지 운영상 통일성을 유지할 수 있도록 가맹점을 관리해야 한다.

프랜차이즈 산업에 종사하고 있는 가맹 본부 임직원은 가맹 계약서를 완전히 숙지해야 한다. 수험생이 시험을 보기 위해 공부하는 것과 같이 계약서 내용을 내 것으로 만들어 놓을 줄 알아야 한다. 슈퍼바이저는 타부서 직원들보다도 가맹 계약서 조항 하나하나를 암기하고 현장 활동을 해야 한다. 가맹점은 계약서에 의해서 관리하고 지도하며 감독하는 것이 가장 효과적이다.

가맹점 입장에서는 처음에 왜 이리 딱딱하게 가맹 본부에서 행동하는가 할 수도 있지만 시일이 지날수록 오히려 가맹 본부를 믿고 슈퍼바이저를 신뢰하게 된다. 인간관계에서도 처음 사람을 대할 때 왠지 찔러도 피 한 방울 안 날 것 같다고 하는 사람이 있으나 시간이 지날수록 저 사람 참 확실하고 실수가 없는 사람이라고 생각하는 것과 같은 맥락이라고 보면 쉽게 이해가 갈 것이다.

매장이 많아질수록 슈퍼바이저는 더욱 가맹 계약서에 의해 가맹점 관리를 한다는 방침을 확립하고 실천하는 것을 원칙으로 해야 한다. 가맹점 특성상 각자가 살아온 인생이 다르므로 정으로 관리하는 것보다는 규정에 의한 관리를 하는 것이 여러모로 소모가 덜하고 전체를 일관성 있게 지도하고 관리 감독하는 데 효과적이다. 공통적으로 메이저급 프랜차이즈 가맹 본부에 속한 슈퍼바이저는 대부분 가맹점 관리를 가맹 계약서에 입각해서 하고 있다고 보면 된다.

가맹 계약서 내용을 완벽하게 이해하면서 슈퍼바이저 역할을 수행하는 경우가 생각보다 많지 않다. 가맹 계약서 내용을 모르고서도 슈퍼바이저 역할이 가능하다는 것이 프랜차이즈 시스템에서 아이러니라고 할 수 있다. 이럴 경우 문제는 가맹 본부에 대한 가맹점의 충성도를 기대할 수 없다는 것이 문제다.

가맹 계약서 내용 중에는 가맹점 간 상권 이격 거리, 가맹점에서 매뉴얼을 준수하고 가맹 본부 정책을 이행해야만 하는 이유, 가맹 계약 해지 사유에 관한 내용, 가맹점이 가맹 본부 규정대로 매장을 운영해야 하는 항목 등이 나오는데, 그러한 사실들을 특히 유념하고 가맹점을 방문하는 것을 슈퍼바이저는 잊어서는 안 된다. 가맹 계약서는 가맹점 운영 관리와 직결되는 내용 위주로 수록되었기에 전체적인 조항을 슈퍼바이저는 이해하고 있어야 한다. 그러나 가맹 계약서를 완전히 내 것으로 만들고 매장을 방문하는 것이 생각처럼 쉽지는 않다. 법 조항 같은 내용 위주로 가맹 계약서가 되어 있어서 읽어가면서도 그 내용을 이해하기가 쉽지 않기 때문이다. 슈퍼바이저는 가맹 계약서를 암기하려고 하지 말고 문장 하나하나를 가맹점과 연상하면서 이해하고 숙지해야 한다.

슈퍼바이저는 일선 현장에서 가맹점 매출 극대화를 위한 구체적이고 실제적인 일을 실천할 수 있어야 한다. 슈퍼바이저의 직무가 전문적인 지식수준이 필요하다고 해도 과한 말이 아니다. 자신의 능력에 따라 가맹 본부의 목표 달성과 가맹점 매출 증대로 직결되기 때문이다. 슈퍼바이저가 업무를 수행하기 위한 기본적인 기술을 지니고 있느냐 여부에 따라 가맹 사업의 번창 속도가 확연하게 차이를 보이게 되는 것이 프랜차이즈 시스템이다.

◼ 슈퍼바이저 실전 기술
① 현장에서 적용이 가능한 핵심 점검과 분석하는 기술
② 상대방과의 대화에서 가교 역할을 해줄 수 있는 기술

③ 문제 발생 초기에 해결할 수 있는 기술

④ 상담 내용을 분석하고 보고하고 협의해서 대책을 강구하는 기술

⑤ 경영 수치와 영업 수치를 파악해 전문성을 갖추는 기술

⑥ 가맹 본부 경영 기법과 가맹점의 불만 사항을 조율하는 기술

⑦ 매출 증대로 수익을 발생시키는 기술

3. 슈퍼바이저 육성

슈퍼바이저 역할을 잘 수행하게 하려면 가맹 본부에서는 슈퍼바이저 자원을 발굴하고 가르쳐서 본연의 목적을 달성시키기 위해 능력을 배양시켜야 한다. 슈퍼바이저 육성은 프랜차이즈 시스템에서 반드시 필요한 현안 과제이다. 슈퍼바이저로서 갖추고 있어야할 선천적인 자질도 있어야겠지만 가맹 본부의 지속적인 관심과 꾸준한 교육이 뒷받침되어야 현장에서 능력을 발휘할 수 있다. 유능한 슈퍼바이저를 얼마나 확보하느냐가 가맹 본부와 가맹점의 간극을 좁히며 브랜드 가치를 상승시키는 데 영향을 미친다고 볼 수 있다. 그러기 위해서는 가맹 본부의 제반 부서 업무 프로세스가 정립되어 있어야 하며 정책이 바르게 전개될 때 슈퍼바이저 또한 현장에서 능력을 발휘할 수 있다. 가맹 본부의 경쟁력이 곧 슈퍼바이저의 경쟁력과 같은 이치이다. 말뿐이 아니라 가맹점과 실제로 상생할 수 있는 정책을 전개하는 가맹 본부가 될 때 슈퍼바이저의 실력이 배양될 수 있다. 그러나 이 말은 언뜻 이해되지 않는 표현일 수도 있다.

가맹 본부의 경영 방침과 적극적인 마케팅 및 중장기 전략에 의해 가맹점 수익이 증대되는 것이 프랜차이즈 원리이다. 슈퍼바이저가 가맹점을 방문하여 지도하고 매출을 증대시키기 위해서는 기본적인 브랜드 경쟁력이 뒷받침되어야 한다. 그렇지 못하면 매장에서 슈퍼바이저가 정상적인 역할을 수행하기가 어렵다. 가맹점의 불만과 하소연만 듣고 오게 되는 일이 많아서 슈퍼바이저로서의 실력 배양이 될 수 있는 환경 조성이 안 되기 때문이다. 슈퍼바이저 육성은 가맹 본부 경쟁력과도 밀접한 관계가 있음을 방증해주는 대목이라 할 수 있다.

　가맹 사업을 추진하면서 슈퍼바이저를 어떻게 선발하고 선발된 슈퍼바이저를 어떤 방법으로 육성시켜 최고의 슈퍼바이저로 만드는가는 모든 가맹 본부의 당면 과제라고 할 수 있다. 실제 가맹 본부에 세부적으로 슈퍼바이저 양성 과정이라는 교육 과정을 수립해서 실시하고 있는 곳이 그리 많지 않다. 아니 거의 없다고 해도 틀리지 않는 표현이라 할 수 있다. 체계적인 슈퍼바이저 교육을 받지 않은 상태에서 매장 활동을 하다가 문제가 발생하면 선배 슈퍼바이저한테 즉흥적으로 물어보면서 업무를 수행하고 있는 것이 현실이다.

　슈퍼바이저가 가맹 본부의 정책만 전달하고 오픈 지원 활동을 해주는 것으로 임무를 완수했다고 생각하는 경우도 있다. 그러나 슈퍼바이저가 주어진 역할을 잘 수행하지 못하면 작은 불씨가 큰 불덩어리가 되어 브랜드 가치가 하락하는 일이 생길 수 있다. 메이저급 가맹 본부 진입이 불가능하고 힘들 수밖에 없다.

슈퍼바이저가 육성되기 위한 첫 번째 조건은, 경영자가 가맹 사업에서 슈퍼바이저의 역할이 매우 중요하다는 사실을 인식하고 있느냐이다. 슈퍼바이저가 가맹점 확산에 직접적으로 큰 영향을 미치고 있음을 경영자가 인식하는 것이 무엇보다도 성공적인 가맹 사업을 위해 우선적으로 요구된다고 할 수 있다. 슈퍼바이저에 의한 가맹점 관리가 잘 돼서 가맹점 사업자의 가맹 본부 우호도가 좋아져야 브랜드 가치가 증대될 수 있다. 유능한 슈퍼바이저를 육성시키는 가맹 본부의 노력이 절실하게 요구되는 이유다.

최고의 슈퍼바이저를 육성하기 위해서는 프랜차이즈 시스템과 경영자 마인드 및 선배 슈퍼바이저와 동료 구성원이 삼위일체가 되어야 한다. 시중에 슈퍼바이저 육성을 위한 교육이 성행하고 있으나 선배 및 동료에게 학습하는 것이 슈퍼바이저 역량 강화에 더 도움된다는 것을 경험하였으니 참조하기를 바란다.

■ 육성 절차

① 매장에서 직원이 하는 업무를 이론적으로 교육을 통해서 무장시킨다.

향후 가맹점을 방문해서 매장 종사자들을 교육할 수 있을 정도로 반복해서 시켜야 한다.

② 매장 직원이라는 생각을 갖고 매장에서 직접 종사하게 하여 매장 안에서의 일들을 숙련시킨다. 눈감고도 할 수 있을 정도로 숙달시키는 것이 중요하다. 숙련되지 않았다면 계속해서 숙달될 때까지 현장 일을 하게 해서 검증한 후 슈퍼바이저 업무를 주어야 한다.

③ 매장 관리자가 해야 할 제반 사항에 대해 교육을 통해 이해시켜야 한다. 남을 관리하려면 자신이 알아야 하기에 매장 관리자가 무슨 일을 하는지를 정확하게 인식하도록 교육하여야 한다.

④ 매장 관리자로서 직접 근무를 시킨다. 매장에서 관리자라는 인식을 하고 홀 및 주방 등 매장 내에서 일어나는 문제들을 파악해서 개선할 수 있는 혜안을 갖도록 하며 직원 관리와 교육을 할 수 있는 능력을 배양하도록 한다.

⑤ 슈퍼바이저의 역할과 자질 등 전반적으로 갖추고 있어야 할 정신 재무장을 시켜주는 교육을 실시한다. 슈퍼바이저의 본질적인 임무를 인지시키는 것이 필요하다. 교육이 안 되면 가맹점을 방문해서 무슨 일을 해야 하는지를 모르고 활동하는 사례가 많아서이다.

⑥ 기존의 슈퍼바이저와 동행 업무를 하도록 한다. 선배 슈퍼바이저와 같은 차량을 이용하면서 차 안에서 오고 가면서 슈퍼바이저와 관련된 일과 매장에서 일어나는 사례 등에 대해 서로 대화하는 시간이 신임 슈퍼바이저에게는 매우 유익한 시간이 된다. 매장을 방문해서는 선배 슈퍼바이저가 첫 대면부터 매장 문을 나오기까지의 과정을 옆에서 보면서 눈치로 알게 되어 도움이 많이 된다.

⑦ 담당 구역의 가맹점을 할당해주어 슈퍼바이저 업무를 시킨다. 현장에 투입한 후에도 꾸준히 운영 팀장은 가맹점 관리 요령에 대한 교육과 지도를 해주어서 빠른 시일 내에 정착할 수 있도록 해주어야 한다.

4. 슈퍼바이저 정착

프랜차이즈 산업에서 주춧돌과 같은 위치에 있는 슈퍼바이저가, 가맹 본부의 정책 사항을 현장에서 얼마만큼 잘 전달하고 가맹점 사업자에게 긍정 마인드를 심어주어 가맹 본부와 가맹점이 일심동체가 되도록 하느냐에 가맹점 확산의 성공 여부가 달려 있다고 해도 지나친 말이 아니다. 이렇게 중차대한 임무와 역할을 담당하는 슈퍼바이저를 정착시켜서 타 회사로 이직하지 않고 오랜 기간 성실하게 능력을 발휘하도록 하는 것은 가맹 본부의 숙제이다. 외식업의 속성상 한곳에서 슈퍼바이저 임무를 수행하여 정착한다는 것이 말처럼 쉽지 않다. 프랜차이즈 산업은 외식 업종이 80% 이상을 점유하고 있는데 외식업은 타 업종 프랜차이즈에 비해서 슈퍼바이저의 미션이 세분화되고 다양하게 이루어져 있어서 가맹점 관리를 하는데 갖추어야 하는 자질도 많이 요구되며 직무가 적성에 안 맞으면 안착하기가 어려운 장애 요인도 내포되어 있는 실정이다.

가맹 본부는 프랜차이즈 사업의 핵심 요인인 슈퍼바이저를 육성시켜서 안정되게 가맹점 관리를 하며 자신의 역할을 잘 수행하도록 하기 위해 자갈길을 아스팔트길로 바꾸어주는 환경을 조성해줄 필요가 있다. 가맹점을 방문해서 소신을 가지고 일할 수 있도록 여건을 마련해주고 비전을 제시해 주어야 한다. 가맹 본부의 비전과 개인의 미래가 보이는 청사진이 있어야 슈퍼바이저가 정착할 확률이 높기 때문이다. 요즘 젊은 세대는 평생직장의 개념이 없으므로 더욱 슈퍼바이저에 대한 배려와 관심이 요구되고 있다.

슈퍼바이저 일은 직종 자체가 일반적인 직업과 달리 근무 시간이 일정하지가 않기에 생활 리듬을 바꾸어버릴 수 있다. 그렇기 때문에 그에 상응하는 근무 조건을 배려해주어야 한다. 수많은 외식 프랜차이즈 난립으로 인해 갈 곳이 많고 특별한 전문 기술이 없어도 된다는 점이 타회사의 문을 두드리게 하는 이유 중 하나이다. 보다 나은 물질적인 대우를 통해 경력 직원을 스카우트하는 사례도 없지 않은데 슈퍼바이저 직급으로 수평 이동하는 경우는 드물다. 근무지의 업무 분위기와 상사 및 처우 등이 마음에 안 들어 다른 곳으로 이직을 결심하는 경우가 있다. 대개 외부에서 이직 요인을 찾는 경우가 대부분인데 자신에게서 더 큰 요인을 발견하고 시정하려는 마음을 갖는 것이 길게 보아 좋다. 프랜차이즈 업무 영역이 흡사하기 때문에 잘못을 고치지 않는다면 비슷한 경험을 또 하게 되기 때문이다. 단 브랜드 파워가 없어서 가맹 본부의 비전이 보이지 않을 때는 예외이다.

경영자가 내뱉는 말로만의 처우 개선은 당사자의 피부에 직접 와 닿지 않아서 안착하는데 장애 요인이 될 수 있다는 점도 기억해야 할 부분이다. 경영자의 약속 미이행도 이직의 큰 원인 중 하나다. 슈퍼바이저한테 가맹점과의 약속은 꼭 지켜야 한다고 강조해놓고 정녕 상사가 슈퍼바이저한테 한 말을 지키지 않는 것은 있을 수 없는 일이다. 믿음이 무너져서 애사심이 없어지게 되기 십상이다. 경영자가 말한 것은 책임지고 실행한다는 가맹 본부임을 슈퍼바이저에게 심어주는 것 또한 슈퍼바이저를 정착시키는 데 도움이 된다는 점을 가맹 본부는 상기해야 한다. 외식 프랜차이즈 산업에서 슈퍼바이저가 주어진 역할을 오랫동안 한곳에서 수행하기가 물리적으로 힘든 여럿의 원인이 존재하고 있다. 맡은 일에 대한 매너리즘에 쉽게 빠질 수 있는 부분이 늘 도사리고 있기 때문이다.

여러 요인에 의해 슈퍼바이저가 퇴사와 이직을 결정할 수 있으나 상대적으로 물질적인 것이 주된 원인으로 크게 작용하는 것만은 아니다. 실제 통계를 보면 직속 상사 때문에 못 버티고 이직을 결심하는 사례가 크다. 직급이 높은 직장 상사는 이 점을 유념하고 직원 관리를 해야 한다. 또한 업무가 정상적으로 타 직종처럼 정시에 퇴근하는 것이 아니라 밤늦게까지 가맹점을 방문하고 활동해야 하기에 자신만의 시간이 없어서 탈락하는 경우도 많은데, 추가 수당이나 대체 휴무를 사용토록 제도적으로 규정해 놓아 상사 및 회사의 눈치를 안 보고 쉴 수 있도록 해주어야 한다. 이 점도 조기 탈락의 주된 요인으로 드러나고 있으므로 가맹 본부는 유의해야 한다.

여러 가지로 정착이 힘든 요인을 알아보았으나 슈퍼바이저를 한 회사에 정착시켜서 업무에 연속성을 갖고 능력을 발휘하게 하기 위해서는 기업 문화가 미치는 영향도 크다. 적절한 시일이 지나면 순환 근무를 하도록 인사이동을 시켜주고 승진 기회를 부여해주며 성과급 지급과 사기 진작을 위한 각종 복리 후생 제도를 가맹 본부가 갖추고 있어야 슈퍼바이저를 정착시키는 데 유리하다.

외식 프랜차이즈 속성상 경력자보다는 신인을 채용해서 내 사람으로 만들어 함께 비전을 공유하며 목표를 달성하도록 하는 것이 슈퍼바이저로 정착시키는 데 성공 확률이 높은 편이다. 특별한 전문 지식을 요하지 않는 일이기에 그렇다. 경력 사원은 처우에 따라서 좌지우지되는 경우가 많다.

한 가지 확실한 사실은 돈 때문에 오는 자원은 언젠가 돈 때문에 다시 갈 확률이 높다는 것이다. 슈퍼바이저를 정착시켜서 가맹점의 가맹 본부에 대한 우호도를 좋게 하여 가맹점을 확산시키기 위해서는 슈퍼바이저도 어느 정도 근무 기간 경과 시 순환 근무를 해주어야 하고 승진 제도와 성과급제를 활성화 시켜주는 것이 효율적이다. 이 부분은 제도적으로 규정해 놓고 시행하는 것이 좋다. 슈퍼바이저가 안정적으로 안착하는 데 큰 영향을 미치고 있어서이다.

여럿의 요인이 슈퍼바이저를 정착시키는 데 필요하나 무엇보다 자신의 미래에 비전을 갖게끔 환경을 만들어주어야 한다. 뚜렷한 앞날의 비전과 희망이 없다고 판단되면 늘 한쪽 발을 뺀 상태에서 활동하게 된다는 점을 경영자는 인식하고 있어야 한다. 슈퍼바이저가 정착하기 위해서는 가맹 본부와 슈퍼바이저가 미래를 위해 함께한다는 것을 마음속 깊이 심어주도록 제반 환경을 조성하는 것이 급선무이다.

5. 슈퍼바이저 비전

슈퍼바이저의 미래의 비전이 프랜차이즈 가맹 본부의 성장 동력이다. 가맹 사업에서 슈퍼바이저의 중요성은 날로 증대되어 가고 있다. 슈퍼바이저를 육성시켜서 가맹점의 매출 증대를 위한 활동을 하여 가맹 사업의 번창으로 이어지게 하기 위해서는 슈퍼바이저의 역량 강화를 위한 교육이 지속적으로 실시되어야 한다. 슈퍼바이저가 직무에 대한 자신감이 있어야 역할을 다할 수 있기 때문이다. 업무에 대한 성과가 오르고 그에 따른 보상이 수반되어야 주어진 임무를 성실하게 이행하게 된다.

슈퍼바이저 교육은 이론에서 벗어나 매장에서 실질적으로 행해지는 사례를 가지고 현장감이 넘치는 교육을 실시해야 한다. 아무리 좋은 처우를 해주어도 자신이 가맹점에서 스트레스를 받고 오는 경우가 많으면 정착하기가 힘들어질 수밖에 없다. 일을 풀어가는 방식을 모르면 힘들어지게 되고 엉뚱한 생각을 하는 일이 많아지게 된다. 이를 해결하는 비책은 슈퍼바이저에 대한 직무 교육이다. 슈퍼바이저를 안착시키는 최고의 대안이고 해법이다. 슈퍼바이저를 정착시키기 위해서 교육이 최선책이다.

프랜차이즈 가맹 본부는 대체적으로 하나의 직무를 장기적으로 이행하게 하는 경향이 있다. 특히 외근 활동을 하는 라인 조직은 더욱 그런 편이다. 가맹점을 상대하는 업무 속성상 가능하면 소통을 원활하게 하기 위해 친밀감을 쌓아둔 슈퍼바이저를 한곳에 머무르게 하거나 슈퍼바이저 직무를 계속하여 시키는 경우가 많다. 그럴 때는 승진의 기회와 성과급으로 보상을 해주어 사기를 진작시켜 주어야 한다. 슈퍼바이저가 정착을 못 하고 도중에 탈락하는 이유는 본인의 탓도 있지만 가맹 본부에서 비전을 주지 못해서 발생하는 경우도 생각보다 많다. 누차 강조했지만 최고의 슈퍼바이저가 많을수록 가맹점 확산이 수월해지게 되어있다. 비전은 조직 구성원 자신이 만들어 간다고 하는 말도 있으나 프랜차이즈는 경영자의 경영 정책과 경영 이념에 영향을 많이 받게 되어있다.

앞날에 대해 누구도 장담하기 어려운 것이 사실이다. 대부분 경영자는 실현 불가능한 뜬구름식의 비전을 내걸고 계속하여 구성원의 뇌리에 주입시킨다. 그러나 실상 당사자는 비전에 대해 별 의미를 두지 않고 있다. 즉 기업의 비전보다는 개인의 비전에 대해 구체적이고 확실하게 공표해주는 것이 슈퍼바이저를 정착시키게 하는 핵심적인 요인이다. 슈퍼바이저가 가맹 사업의 번창을 위해 미치는 비중이 크기에 앞날에 대한 실제적인 희망의 메시지를 전달해서 사기를 진작시켜 주도록 해야 한다. 비전 제시는 기업의 비전보다는 개인의 비전을 제시해 주는 것이 효과적이다. 슈퍼바이저가 탈락하는 이유는 상사가 한 말에 대한 책임을 지지 않는 공수표도 한몫한다. 어느 조직에서나 신뢰와 믿음이 선행되어야 성과를 낼 수 있다는 것은 부인할 수 없는 사실이다.

▣ 최고의 비전
① 조직원이 머릿속에 항시 기억할 수 있을 것
② 짧은 시일에 달성할 수 있을 것
③ 미래에 발생할 수 있을 것
④ 결과에 대한 객관적인 평가를 할 수 있을 것
⑤ 목표 달성 가능하고 지침이 될 만한 이슈가 있을 것
⑥ 목적이 같은 사람들이 서로 공유해서 공감 가게 할 수 있을 것
⑦ 모두가 성취를 맛볼 수 있을 것
⑧ 자긍심을 느낄 수 있을 정도의 획기적일 것

⑨ 성과에 대한 보상이 피부에 와 닿을 수 있을 것

6. 슈퍼바이저 공동체 의식

같은 환경 속에서 동질의 업무를 수행하다 보면 자신도 모르게 집단의 일원으로 스며들게 되어 내 정신보다는 타인의 정신으로 주어진 일을 하게 되는 경우가 많다. 외근 활동을 하는 직무에서 나타나는 현상이다. 일정 기간이 지나면 그 조직에서 안정되게 유지하면서 활동하고 있다는 것을 알게 되어있다. 이것이 공동체이다. 슈퍼바이저 일은 혼자서 해결하기 수월하지 않은 특성이 있다. 동료애가 필요한 직종이다. 가맹 본부는 이 점을 새기고 슈퍼바이저가 공동체 구성원으로 자리매김하여 안착하도록 분위기와 여건을 마련해주어야 한다.

슈퍼바이저는 타 업무와는 달리 일에 대한 목적을 달성하기 위한 정해진 정답이 존재하지 않는다. 슈퍼바이저는 각자의 프랜차이즈 지식과 지혜를 발휘해서 가맹점에서 요구하는 사항에 대처하고, 가맹점 지도 및 관리를 자신의 행동 스타일에 따라 하는 경향이 짙다고 할 수 있다. 프랜차이즈는 가맹점 사업자 성향에 따라서 같은 사안이라도 받아들이는 정도가 다르다. 가맹점 사업자의 인생관 및 가치관에 따라 달라지게 되어있다. 아이템과 브랜드의 특성도 영향을 주는 것이 사실이다. 지역마다 생각하는 것이 의외로 다른 경우도 있다. 슈퍼바이저의 맞춤형 관리가 요구되는 점이 여기에 있는 것이다.

가맹점과 항시 동반 성장해야 하는 슈퍼바이저는 매장에서 우발적인 일들이 자주 발생하게 되어서 난감한 일이 닥치는 경우가 많다. 이때 가까이서 도와줄 수 있는 사람은 같은 직무를 수행하고 있는 동료 및 선배 슈퍼바이저이다. 같은 일을 하고 있어서 공동체 의식이 강하게 발로된다고 할 수 있다. 동료애가 남다르게 맺어져 어려운 일에 봉착하면 먼저 자문을 구하는 것이 동료 슈퍼바이저다. 긍정적이고 역량이 뛰어난 동료 및 선배 슈퍼바이저와 함께 일하는 슈퍼바이저는 직장생활을 하면서 큰 복을 만났다고 할 수 있다. 매너리즘에 빠지거나 가맹점과 곤란한 일이 생겼을 때 푸념도 들어주면서 해법도 찾아주기 때문이다. 슈퍼바이저의 정착에 동료 및 선배 슈퍼바이저가 차지하는 비중은 크다.

운영 팀장의 역할은 다른 차원에서 슈퍼바이저를 안착시켜주는 역할을 한다. 상하 간에 지도해주고 조언해주기에 동료와는 다른 차원에서 도움을 받게 된다. 슈퍼바이저는 팀장과 동료에 의해 프랜차이즈 지식을 쌓고 활동하기에 공동체 의식을 갖도록 해야 한다. 슈퍼바이저를 안착시키기 위해서는 경영자가 나보다 우리라는 직장관을 갖도록 환경을 조성해주고 슈퍼바이저의 중요성을 인식하고 그에 합당한 처우와 미션을 부여해주는 것이 중요하다. 슈퍼바이저의 이직이 많은 가맹 본부는 가맹 사업의 발전 가능성이 상대적으로 미약할 수밖에 없다. 기업은 설립한 지 10년 이상이 되었는데 조직 구성원의 평균 근무 연수가 1년 정도밖에 안 되는 곳을 상기해보면 이해가 될 것이다. 기업이 구성원을 유능한 인재로 육성시켜서 육성된 자원이 후배를 다시 육성시키도록 시스템화해 놓아야 백년 기업이 될 수 있다.

가맹 본부의 경쟁력을 강화하기 위해서는 슈퍼바이저를 육성시켜서 역량을 배양시켜야 한다. 슈퍼바이저가 홀로 최고가 된다는 것이 말처럼 쉽지 않다. 조직 구성원과 함께해야 목적을 달성하기 쉽다. 가맹 본부에서 공동체 의식을 갖도록 환경을 조성시켜주는 것이 필요하다. 이 것이 슈퍼바이저의 안착을 위한 해법이 된다는 것을 상기하고 관심을 갖도록 해야 한다.

필자가 경험한 바로는 운영 시스템이 확립된 가맹 본부에서 프랜차이즈에 입문하여 체계적으로 슈퍼바이저의 모든 것을 조직 구성원 모두에게서 습득할 수 있었던 것이 큰 도움이 되었다. 특히 창업주 경영자한테도 프랜차이즈 지식에 대해 많은 것을 터득하였다. 가맹 본부는 이 부분을 참조할 필요가 있다.

7. 슈퍼바이저를 지휘하는 운영 팀장

슈퍼바이저를 관리하는 팀장을 운영 팀장이라고 부른다. 유능한 슈퍼바이저로 육성시키는 데 운영 팀장의 역할이 크게 작용한다. 최고의 운영 팀장 아래 최고의 슈퍼바이저가 탄생할 가능성이 많다. 가맹 본부의 정책을 가맹점에서 확실하게 실행할 수 있게 만들기 위해서는 운영 팀장의 역량이 있어야 한다.

운영 팀장은 슈퍼바이저 직무를 직책이 있는 상황에서 수행한다고 보면 된다. 슈퍼바이저가 가맹점을 방문해서 가맹점과 원활한 소통을 하면서 고충 처리를 잘해주고 매출 증대를 이루게 하며 가맹 본부 정책을 잘 전파하여 가맹점에서 실행하고 있는지를 슈퍼바이저를 통해 확인하고 지도해주는 일을 한다. 운영 팀장도 가맹점을 방문하여 슈퍼바이저가 놓치거나 완결하지 못한 부분을 해결해 주는 일을 수행한다. 운영 팀장의 역할에 따라 그 팀에 속한 슈퍼바이저 활동 방향이 정해지게 되고 성과가 창출된다. 가맹점 수가 많아서 다수의 운영팀을 관리하다 보면 운영 팀장의 능력에 따라서 팀 간 실적 차이가 많게 나타나고 슈퍼바이저의 육성 진척도가 확연하게 다르다는 것을 느낄 수 있다. 프랜차이즈 시스템에서 운영 팀장의 역할은 가공할만한 화력을 지니고 있다고 말할 수 있다.

슈퍼바이저를 지휘하는 운영 팀장은 한편으로는 슈퍼바이저의 비전이 될 수 있다. 승진에 대한 목표 의식을 불러오게 할 수 있다. 프랜차이즈 운영 팀장은 대체로 슈퍼바이저 역할을 잘해서 능력을 인정받아 발탁된 경우가 대부분이다. 유능한 슈퍼바이저 경험을 겪었기에 슈퍼바이저의 롤모델이 될 수 있는 위치라고 보아야 한다. 개중에 그렇지 못한 경우도 있을 수 있으나 그런 일은 극소수 상황이다. 운영 팀장마다 매장을 관리하는 방식은 달라도 가맹점을 지도하고 개선하는 능력을 갖추고 있다.

운영 팀장은 팀 회의를 주관하면서 팀에 속한 가맹점 전체의 매장 운영 동향을 파악하고 있어야 한다. 슈퍼바이저가 해결해주지 못해서 불만이 해소되지 않은 가맹점과 고질적으로 가맹 본부의 정책을 미이행하는 가맹점 위주로 현장 방문을 하여서 해결해주어야 한다. 슈퍼바이저를 대할 때와 운영 팀장을 대하는 가맹점 사업자의 태도는 엄연하게 다르다. 운영 팀장에게는 마음속 깊은 말을 더 하게 되어있다. 가맹 본부 입장을 전하면 슈퍼바이저가 전할 때보다 더 이해하고 긍정적으로 수긍하게 되어있다. 직책으로 인해 받아들이는 것이 슈퍼바이저와 다르게 나타날 수 있어서이다. 자리와 위치가 있기 때문이다. 운영 팀장의 역할이 중요한 이유이다.

매장에서 매뉴얼 미준수 사항이 발생했을 때 최종적인 결론은 운영 팀장이 내려야 한다. 단 반드시 해당 매장을 방문하여 눈으로 직접 확인하고 결정해야 한다. 슈퍼바이저의 말만 듣고 사후 처리를 하면 향후에 문제 소지가 다분히 발생할 여지가 있을 수 있으니 유념해야 한다. 이 점은 필수 사항이다. 그래서 운영 팀장도 일선 현장 위주로 근무해야 한다. 스탭이 아닌 라인 부서의 팀장임을 중시할 필요가 있다. 슈퍼바이저한테 구두로 가맹점 상황에 대해 보고받는 경우와 실제 해당 매장을 가보았을 때의 상황은 많이 다르기 때문이다. 가맹점 분석과 가맹점 사업자의 요청 사항에 대해 해석하는 기준이 달라서 나타나는 현상이다. 슈퍼바이저가 바라보고 느끼는 것과 운영 팀장이 같은 사안에 대해서 판단하고 해석하는 것이 다를 수 있다는 말이다.

가치 기준에 따라 작은 것도 크게 생각하는 경우가 있다. 운영 팀장의 경험과 노하우에서 나오는 설득력과 해결 능력은 무시할 수 없으므로 슈퍼바이저는 가맹점의 문제점을 혼자서 판단하고 결론 내지 말고 운영 팀장한테 보고하고 논의해서 지침을 받고 처리해야 한다. 운영 팀장에게 최대한 도움을 받으면서 가맹점 관리를 하는 것이 지혜롭고 현명한 가맹점 관리 방식이다.

운영 팀장이 가맹 본부 사무실에만 있어서는 안 된다. 슈퍼바이저와 같이 동고동락하는 자세로 현장 활동을 강화해야 한다. 슈퍼바이저가 가맹점을 방문하고 있을 시 팀장이 가맹점을 순회하고 있다면 긴장하게 되고 더욱 집중해서 가맹점 관리를 하게 된다. 또한 가맹점의 가맹 본부 호응도가 좋아지게 되어있다. 운영 팀장이 매장을 순회 방문하면 어떻게든지 금방 슈퍼바이저들이 소식을 접하게 되어 있다.

운영 팀장이 가맹점을 방문하다 보면 현장 문제점이 툭툭 튀어나오게 되어있다. 가맹점에서 슈퍼바이저하고 운영 팀장을 바라보는 시각이 다르고 무게감이 있기에 팀장한테 무언가 고충을 털어놓으면 해결해줄 것 같은 생각이 들기 때문에 이것저것 털어놓는 경향이 있어서이다. 그로 인해 현안 문제가 의외로 많이 나오게 되는 것이다. 이때 운영 팀장은 매장 방문을 마치고 나와서 가맹점 사업자의 말이 맞는지 확인하려고 담당 슈퍼바이저에게 전화를 걸어서 자초지종을 알아보게 되어있다. 운영 팀장으로부터 전화를 받은 해당 슈퍼바이저는 타 슈퍼바이저에게 전화를 걸어 팀장이 이러한 일로 전화가 왔다고 반드시 전하게 되어 있어서 순식간에 동료 슈퍼바이저들에게 전파되기 때문이다. 긴장을 유발하는 것이다. 운영 팀장의 현장 활동이 슈퍼바이저 활동에 미치는 영향이 매우 크다는 것은 이미 입증된 사실이다. 실행해본 가맹 본부의 운영 팀장과 슈퍼바이저만 수긍할 수 있을 것이다.

운영 팀장의 역량에 따라서 슈퍼바이저가 정착하느냐 못하느냐가 달려있다고 해도 과언이 아니다. 특히 가맹 사업에서 운영 팀장이 차지하는 비중은 매우 크다. 능력이 있고 자질이 뛰어난 운영 팀장을 보유한 가맹 본부는 메이저급으로 진입하는 데 유리한 입장에 놓이게 된다는 것이 검증된 사실이다.

가맹점 수가 많아지면 운영팀을 몇 개의 팀으로 나누어서 가맹점을 관리해야 한다. 한 개의 운영팀과 여럿의 운영팀이 존재할 때 슈퍼바이저의 실행력은 생각보다도 훨씬 좋아진다. 서로 팀 간 경쟁을 하기 때문이다. 팀끼리 서로 일에 대한 자존심 싸움이 시작되어 상대적으로 성과가 크게 나타나게 되는 것이다. 팀 간의 경쟁심을 유발하도록 실적에 대한 시책을 전개하면 성과가 극대화되는 효과를 보이게 된다. 단일팀보다 복수 팀의 장점이다.

400개 이상의 매장 수가 확보되면 팀을 세분화하는 것이 좋다. 어차피 계속해서 담당 팀 내의 지역에 신규 오픈이 되기에 미리 팀을 세분화하여 운영하는 것이 생산성을 높이는 데 효과적이다. 슈퍼바이저 업무를 오랫동안 하다 보면 자신도 모르게 자칫 매너리즘과 무료함에 빠지기 쉽다. 유능한 슈퍼바이저를 신설되는 팀에 운영 팀장으로 자체 발탁하는 것이 업무 효율성 면에서 좋다. 승진 기회 부여와 비전을 제시해 주는 플러스 요인으로도 작용할 수 있다. 외식 프랜차이즈는 외부에서 경력 사원을 채용하는 것보다 내부에서 능력이 좋은 자원을 발탁하여 승진시키는 것이 정착률과 생산성 면에서 월등하게 유리하다. 검증된 사실이다.

필자의 경험에 비추어 볼 때 슈퍼바이저에 버금가게 운영 팀장의 역할과 역량은 가맹 사업을 함에 있어서 매우 중요하다. 가맹점에서 일어나고 있는 제반 사항을 거의 운영 팀장 선에서 마무리하기 때문이다. 슈퍼바이저가 처리하지 못해 가맹점에 불만의 소지가 남아 있을 때 운영 팀장이 나서서 해결해 주어야 한다. 그러니 운영 팀장의 능력과 역량은 가맹 본부 정책 수행과 직결될 수밖에 없다. 슈퍼바이저가 프랜차이즈의 핵심 자원이라면 운영 팀장은 프랜차이즈의 성공 열쇠이다. 운영 팀장은 운영 본부장이 되기 위한 전 단계이다. 슈퍼바이저는 운영 팀장을 보고 비전을 갖고, 운영 팀장은 본부장이 되기 위해 주어진 일에 열정을 쏟을 수 있게끔 여건과 환경을 경영자가 조성해주는 것이 중요하다. 슈퍼바이저보다 한 단계 업그레이드된 현장의 해결사가 운영 팀장이다.

■ 운영 팀장 역할

① 가맹 본부 정책 이행 사항 여부를 확인한다.

② 슈퍼바이저 소통 능력을 체크한다.

③ 매장 운영 현안 과제를 파악한다.

④ 유사 브랜드 동향을 파악한다.

⑤ 부진 가맹점 사유를 파악한다.

⑥ 매뉴얼 준수 여부를 확인한다.

⑦ 사기 저하 가맹점을 독려한다.

⑧ 가맹점 불만을 처리해준다.

⑨ 가맹 본부의 비전을 제시해준다.

⑩ 프랜차이즈 시스템을 공유시킨다.

■ 운영 팀장 행동 수칙

① 가맹점 방문 시 슈퍼바이저의 자질을 낮추는 언행을 하지 말 것

② 팀장이라는 직책을 이용해서 강압적이고 저속한 표현을 하지 말 것

③ 책임지지 못할 약속을 현장에서 하지 말 것

④ 가맹점 고충을 묵살하지 말 것

⑤ 슈퍼바이저 활동 사항을 직접적으로 파악하지 말 것

⑥ 감정을 통제하지 못해 언성을 높이는 일을 하지 말 것

⑦ 브랜드를 과대 포장하지 말 것

⑧ 강제적으로 가맹 본부의 실행안을 관철하려고 하지 말 것

⑨ 우호도가 좋지 않은 가맹점 위주로 현장 활동을 할 것

⑩ 가맹점 방문 내용에 대해서 해당 슈퍼바이저에게 질책보다는 지
도한다는 생각을 우선적으로 갖고 교육할 것

part 5

슈퍼바이저가 프랜차이즈 특성을 알아야
가맹점과 소통이 쉽다

1. 프랜차이즈 원리

슈퍼바이저는 프랜차이즈 원리와 특성을 이해하고 직무를 수행해야 한다. 가맹 본부 정책을 전달해서 설득시켜 실행시키기 위해서는 프랜차이즈 개념과 시스템을 숙지하고 있어야 한다. 가맹점 사업자는 프랜차이즈 혜택은 누리면서 매장은 자율적으로 운영하고 싶은 마음이 한편에 있다. 각자 다른 경영관을 지닌 가맹점 사업자를 한 방향으로 가게 하기 위해서는 슈퍼바이저가 프랜차이즈 원리를 알고 있어야 가능하다. 프랜차이즈는 다른 사람의 상표와 상호 및 차별화된 서비스 표시와 경영 방식을 자신의 사업에 활용하기 위해 소유권자에게 수수료와 대가를 지급하고 사용하는 것을 상호 간에 맺는 계약을 의미

한다. 가맹 본부로부터 소유권과 노하우를 사용할 수 있도록 허락받은 가맹점 사업자가 매장 운영에 관해서 가맹 본부의 방침대로 실행하는 것을 뜻한다.

프랜차이즈는 프랑스 언어에서 비롯된 말이다. 가톨릭교회에서 국가의 세금을 징수할 때 일부는 징수하는 자가 갖고 나머지는 교황에게 지급하는 형태에서 비롯되어 지금까지 전해지고 있다. 가맹 본부를 'Franhisor'라고 말하며 가맹점 사업자를 'Franchisee'라고 표현한다. 프랜차이즈 관계가 형성되려면 영업표지 사용 관계, 가맹 본부의 정책을 가맹점에서 실행하는 관계, 상호 독립적인 관계, 금전적인 관계가 맺어져야 가능하다.

프랜차이즈는 가맹점에서 가맹 본부의 브랜드와 간판을 사용해야 하며 제품의 품질 기준을 따라야 하고 운영 방식을 준수하면서 매장을 운영해야 한다. 또한 가맹 본부에 가맹금을 지급하여야 한다. 가맹 본부는 가맹점에 대해 매장의 판매 활성화를 위한 영업 지원을 해주어야 하고 종사자한테 교육을 해주며 매뉴얼 준수 여부에 대한 감독과 통제를 해야 하는 일시적인 관계가 아니고 연속적인 거래 관계이다. 고객을 일선 현장에서 최초로 맞이하여 가맹 본부의 제품과 서비스를 제공해야 하는 가맹점은 가맹 본부의 정책을 이행하면서 운영 매뉴얼을 준수하여야 한다. 가맹점이 가맹 본부의 매뉴얼을 준수하느냐에 따라 브랜드 통일성이 유지되어 결국은 가맹점의 가치를 상승시키게 되며 가맹점 수익과도 직결되게 된다. 이와 같이 가맹 본부와 가맹점은 개별적으로 움직이는 별도의 사업자이나 진정한 의미는 동반 사업자와 같은 맥락이라고 볼 수 있다. 어느 하나가 의무를 다하지 못하면 둘 다 피해를 보게 되는 특수한 관계라고 보는 것이 올바른 해석이다.

가맹 본부와 가맹점은 부모와 자식과의 관계이고 사업 동반자라고 할 수 있다. 누가 부모이고 자식이 아니라 서로 부모와 자식의 입장으로 놓일 수 있는 불가분의 관계이다. 공동으로 생존하고 공동으로 수익을 창출하는 사이로 톱니바퀴같이 서로 엮여 있는 사이라고 할 수 있다. 프랜차이즈 시스템은 가맹 본부와 가맹점 각자의 권한과 역할이 명확하게 분담된 밀접한 관계이다.

프랜차이즈 시스템이란 정보 공개서와 가맹 계약서에 의해 가맹 본부와 가맹점 사업자 사이에 계약을 체결하고 상호 공동의 이익을 목표로 실천하고, 대가로 발생하는 이익을 분배하는 공존공영의 관계라고 할 수 있다. 과일나무의 뿌리는 가맹 본부이고 열매는 가맹점이다. 가맹 본부는 과일나무에 과일을 주렁주렁 열리게 해야 할 의무가 있고 가맹점은 잘 익은 과일을 따서 고객에게 제공해야 할 의무가 있다. 이것이 프랜차이즈가 갖는 속성이고 근본적인 원리이다.

가맹 본부는 지속적으로 시대의 변화에 맞게 현장의 흐름을 알고 그에 상응하는 신메뉴와 마케팅을 해주어야 하고 가맹점은 가맹 본부의 정책을 현장에서 실행시켜 고객을 만족시킬 수 있는 매장 운영을 해야 한다. 어느 한 곳이라도 의무를 이행하지 않으면 브랜드 가치가 하락하여 상호 원원하는 게임이 되지 않는 것과 같은 맥락이다.

가맹 본부는 가맹점 매뉴얼을 수립해서 가맹점 사업자가 통일성 있게 매장을 운영하도록 교육해주고 초심을 잃지 않도록 지도하고 감독하면서 가맹점 관리를 해야 한다. 가맹 본부에서 강력한 슈퍼바이저 제도를 운영해야 하는 이유가 여기에 있다. 가맹 본부는 또한 제품 개발과 마케팅 전략을 수립해서 가맹점 매출 증대에 기여해야 하고 가맹점에 원활한 물류를 배송해주어야 한다. 이것이 프랜차이즈 시스템에서 가맹 본부가 지켜야 할 기본적인 책무이다.

　　프랜차이즈를 여러 각도에서 여러 분야의 특성에 부합하게 해석하고 있으나 공통점은 가맹 본부와 가맹점은 톱니바퀴처럼 얽힌 가족 관계이고, 부모와 자식 관계처럼 분리해서 생각할 수 없는 혈연관계다.

　　외식 시장이 지니고 있는 고유의 특성으로 인해 현재 프랜차이즈 가맹 본부가 6천 개를 상회하고 있는 실정이다. 그만큼 프랜차이즈 가맹 사업이 매력이 있고 도전해볼 만한 사업이라는 것이 증명되고 있다고 할 수 있다. 반면 브랜드 폐업률이 20%를 넘는 실정이므로 무수히 많은 가맹 본부가 탄생하면서 없어진다고 할 수 있다. 실제 5년 이상 기업다운 면모를 유지하면서 생존하는 가맹 본부가 그리 많지 않은 것이 프랜차이즈의 현주소이다. 누구나 쉽게 프랜차이즈 사업에 도전할 수 있지만 성공 확률이 높지 않다는 것을 방증하는 대목이다. 여기서 슈퍼바이저의 역할이 보이지 않게 영향력을 발휘하고 있는 것이 프랜차이즈가 가진 특성이라 할 수 있다. 슈퍼바이저는 프랜차이즈 시스템과 프랜차이즈 원리를 명확하게 이해한 후 가맹점을 지도하고 관리할 수 있어야 한다.

가맹 본부와 가맹점 사업자는 서로 독립적인 사업자 관계이고 지속적인 거래 관계를 유지하는 특수 관계라고 할 수 있다. 가맹 본부는 가맹점 사업자에게 자신의 상표와 브랜드를 사용하게 허용해주고 정해진 품질 기준과 영업 방식에 의해 상품과 서비스를 판매하도록 하면서 매장 운영에 관한 지원을 해주고 교육해주며 점검 및 감독을 하고 개선해주는 역할을 한다. 이에 대한 대가로 가맹점은 가맹 본부에 가맹금을 지급한다. 이것이 가맹 사업의 기본적인 시스템이다.

가맹 본부와 가맹점 사업자 사이에는 근본적으로 정보력에서 차이를 보일 수밖에 없는 구조이다. 예비 창업자가 가맹 본부에 대한 기초적인 정보 없이 가맹 본부를 선택하여 매장을 운영하면서 가맹 본부에 대한 불만 사례가 발생하는 경우가 속출하는 경우가 종종 있다.

가맹 본부와 가맹점 사업자 사이에는 프랜차이즈 시스템상의 특성으로 인해 가맹 본부에 힘이 쏠릴 수밖에 없는 형태이다. 이로 인해서 가맹점에서 매장을 운영하면서 보이지 않게 가맹 본부와 힘겨루기 경쟁을 하는 일이 있지만, 가맹점이 처한 환경과 여건상 가맹 본부의 정책에 따라서 매장을 운영할 수밖에 없게 되어있다. 이것이 프랜차이즈가 지니는 특성이다. 가맹점 사업자가 매장을 운영하면서 무수히 많은 사유로 가맹 본부와 마찰을 보이게 되는데 이를 원만하게 해결하여 상호 비전과 목적을 달성할 수 있도록 하기 위해 슈퍼바이저가 존재하는 것이라고 볼 수 있다. 슈퍼바이저가 해야 할 역할이다. 가맹 사업과 프랜차이즈 사업은 같은 의미이다.

■ 가맹 사업 단계별 의무 사항

가맹 사업을 펼치기 위해서 가맹 본부는 시점별로 해야 할 의무 사항이 있다. 이를 무시하고 추진하게 되면 향후 금전적인 손해를 볼 수 있으므로 유념하고 실행에 옮겨야 한다. 특별히 예비 창업자에게 제공해야 하는 가맹 본부의 서류는 놓치지 말고 제공해야 탈이 없게 되므로 담당 직원에 대한 철저한 교육이 필요하다. 슈퍼바이저는 자신의 직무가아니더라도 알고 있어야 직무를 이행하는 데 도움이 된다는 것을 인지해야 한다.

① 정보공개서 등록 시점

가맹 본부는 가맹 본부의 일반 현황, 가맹 사업 현황, 가맹점 사업자가 부담해야 할 사항 등 가맹 희망자의 창업 결정에 필요한 정보를 담은 문서를 공정거래위원회 또는 시도지사에게 등록해야 한다. 가맹 사업을 추진하기 전에 최초로 시행해야 할 일이다.

② 가맹점 모집 시점

가맹 본부는 가맹 희망자에게 정보공개서 및 인근 가맹점 현황 문서를 제공한 날부터 14일이 경과된 후에 가맹 희망자로부터 가맹금을 받을 수 있다. 가맹 본부가 가맹 희망자에게 장래 예상 수익 상황에 관한 정보를 제공하거나 가맹점 사업자에게 과거 수익 상황 및 장래 예상 수익 상황에 관한 정보를 제공하는 경우에는 반드시 서면으로 제공해야 한다. 가맹 계약 체결 직전 사업 연도 말 기준으로 가맹점 수가 100개 이상인 가맹 본부는 가맹 희망자와 가맹 계약을 체결할 때 가맹 희망자에게 예상 매출액의 범위 및 그 산출 근거가 담긴 예상 매출액 산정서를 제공해야 한다. 또한 가맹 본부는 가맹 희망자에게 허위 및 과장된 정보 행위 유형 또는 기만적 정보 제공 행위 유형에 해당하는 정보를 제공해서는 안 된다.

③ 가맹 계약 체결 시점

가맹 본부는 가맹 희망자에게 가맹 계약서를 제공하고 14일이 지나야만 가맹 계약을 체결할 수 있다. 가맹 본부는 가맹금 예치 제도를 도입하여 활용하거나 가맹점 사업자 피해 보상 보험 계약을 이용해야 한다. 가맹 본부가 가맹 희망자나 가맹점 사업자로부터 가맹금 반환 요구를 받게 되면 가맹 본부는 가맹금 반환을 요구받은 날부터 1개월 이내에 가맹 희망자나 가맹점 사업자에게 가맹금의 일부 또는 전부를 반환하여야 한다.

④ 가맹점 운영 시점

가맹 본부는 가맹점 사업자에게 불공정 행위를 해서는 안 되며 부당한 점포 환경 개선을 강요해서는 안 된다. 또한 부당하게 영업시간을 구속해서도 안 된다. 가맹 본부는 가맹점 사업자한테 부당한 영업 지역 침해를 해서도 안 되며 가맹 본부는 가맹점 사업자의 분쟁 조정 신청을 이유로 가맹점 사업자에게 불이익을 주어서도 안 된다. 가맹 본부는 가맹점 사업자에게 광고 집행 내역을 통보해야 하고, 가맹 본부는 가맹점 사업자가 권익 보호 및 경제적 지위 향상을 위해 가맹점 사업자 단체를 구성할 수 있도록 해야 하며 제재를 가해서는 안 된다. 가맹점 사업자가 가맹 계약 기간 만료 180일부터 90일 사이 가맹 본부에 가맹 계약의 갱신을 요구하는 경우 가맹 본부는 정당한 사유 없이 가맹 계약의 갱신을 거절하지 못한다.

⑤ 가맹 계약 종료 시점
가맹 본부는 일정한 해지 사유가 없는 한 가맹점 사업자와의 가맹 계약을 즉시 해지하여서는 안 된다. 가맹 본부가 가맹점 사업자의 계약 위반 사유로 가맹 계약을 해지하려는 경우 2개월 이상의 유예 기간을 가맹점 사업자에게 주면서 계약 위반 사실을 구체적으로 밝히고 이를 시정하지 않으면 계약을 해지한다는 사실을 서면으로 2회 이상 통지해야 한다. 가맹 계약 해지 시 가맹 본부는 가맹점 사업자에게 계약 해지 사유와 당사자의 귀책사유 정도 및 잔여 계약 기간 등에 비추어 부당하게 과중한 위약금을 부과해서는 안 된다.

2. 프랜차이즈 시스템 이해

프랜차이즈 시스템은 가맹 본부와 가맹점 사업자가 서로 믿음과 신뢰를 토대로 공동으로 투자하여 상호 권리와 의무를 준수하고 각자의 역할을 이행하여 동반 성장할 수 있게 하는 형태의 사업 방식이다. 가맹 본부와 가맹점 사업자와는 상호 신의를 바탕으로 함께 투자하여 분업의 협력 계약을 맺고 가맹 본부와 가맹점 사이의 명확한 기능 분화와 상호 협력을 통해 동일 자본의 경영 효과를 발휘하는 시스템으로 공존공영의 관계라고 할 수 있다. 그러므로 가맹 본부와 가맹점은 불가분의 관계이다. 가맹 본부에서 특별하게 지정해 놓은 상품과 서비스를 가맹 본부와 가맹 계약을 맺은 가맹점에서, 가맹 본부의 상품에 대하여 가맹 본부에서 정해놓은 지역에서 고객을 대상으로 판매 행위를 할 수 있게 하는 방식을 프랜차이즈 시스템이라고 한다.

성공적인 사업을 위해서 가맹 본부가 아이템과 노하우 및 사업 시스템과 지적 재산권, 브랜드 사용권을 가맹점 사업자에게 제공해주고 가맹점 사업자는 그에 대한 대가를 가맹 본부에 지불하는 체계다. 가맹 본부가 제품 및 서비스를 어떤 방식으로 고객에게 제공해야 한다는 원칙을 세워놓고 특정한 지역에서만 특정된 지역, 특정한 사람에게 판매 행위를 할 수 있는 권한을 부여해서 고객의 발걸음을 매장 안으로 옮기게 하여 매출과 수익을 창출하도록 하는 것이다. 이처럼 정책을 주관하는 자와 현장에서 실행하는 자기 상호 협조하고 신뢰를 바탕으로 함께 성공적인 사업가가 될 수 있도록 만들어 놓고, 그 대가로 로열티를 징수하는 방식을 프랜차이즈 시스템이라고 한다.

프랜차이즈 시스템의 특성은 가맹 본부와 가맹점 사업자가 서로 믿음을 갖는다는 것을 전제 조건으로 한다는 점이다. 가맹 본부와 가맹점 사업자가 자신들이 할 역할을 세부적으로 정립해놓고 함께한다는 계약 관계를 맺은 후 공동으로 수익을 내는 데 있다. 여기서 주목해야 할 점은 쌍방이 합의하에 계약 내용을 작성해서 계약을 체결하는 형태가 아니라 가맹 본부에서 일방적으로 가맹 사업에 대한 내용을 정립한 후 희망하는 가맹점 사업자를 모집하는 것이므로 가맹점 사업자 입장에서는 수동적인 계약 관계이다. 선택한 브랜드를 운영하기 위해서 수동적으로 계약 관계를 맺는 형태의 특성을 갖는다. 즉 가맹점 사업자가 매장을 운영하면서 준수해야 할 기본적인 의무 사항들을 인정하고 작성하는 시스템이다.

프랜차이즈 시스템은 가맹점 사업자가 가맹 본부로부터 상표와 상호를 사용할 수 있는 권리를 획득하고, 노하우와 운영 지도를 제공 받는 대가로 가맹 본부에서 규정하고 있는 비용을 가맹 본부에 지급하고, 가맹점 사업자가 본인의 자금을 투자해서 가맹 본부로부터 지식과 운영 노하우를 전수받는 특성을 갖고 있다.

프랜차이즈는 가맹 본부와 가맹점 역할이 가맹 계약서에 구체적으로 세분화하여 표기되어 있다. 서로 다른 사업자이지만 가맹 계약을 맺은 이후는 동일성을 유지할 수밖에 없는 관계로 형성되게 되어있다. 가맹 본부는 가맹점의 영향으로 인해서 단시일에 브랜드를 알리는 효과를 거둘 수 있고, 가맹점은 검증된 브랜드를 선택해서 매출에 대한 불안 요인을 최소화시키며 매장을 운영할 수 있는 이점을 지닌다.

가맹 본부는 프랜차이즈 시스템을 잘 이해하고 효율적인 시스템을 구축해 놓아야 성공적인 가맹 사업을 펼칠 수 있다. 슈퍼바이저는 가맹점이 가맹 본부 시스템을 제대로 숙지하고 현장에서 실행할 수 있도록 교육하고 지도하는 임무를 슈퍼바이저가 수행해야 한다. 프랜차이즈 가맹 본부가 지금도 무수히 생겨나고는 있는 추세지만 그 많은 가맹 본부 중 프랜차이즈 시스템을 확립하고 가맹 사업을 전개하는 경우가 많지 않은 것이 현실이다. 전부는 아니지만 가맹 사업을 하는 창업주 경영자가 최소한의 필요 부서도 구축하지 않고 물류 공급만 해주는 경우가 있는데 일정한 가맹점 확산 후 반드시 한계에 봉착하게 되어있으므로 유념해야 한다. 프랜차이즈 시스템을 구축하지 않고는 메이저급 가맹 본부가 될 수 없음은 자명한 사실이다.

프랜차이즈 시스템은 가맹 본부와 가맹점 사업자가 공동으로 투자하여 사업을 추진하는 공존공영의 관계이며 공동 운명체이다.

프랜차이즈 산업은 외식업 프랜차이즈와 도소매업 프랜차이즈 및 서비스업 프랜차이즈로 나누어진다. 프랜차이즈 산업의 대세를 이루고 있는 것은 외식 프랜차이즈이다. 국내 프랜차이즈 산업의 외적 성장을 이루게 한 주된 요인은 대중화를 이루고 있는 외식업의 영향이 크다. 외식업은 프랜차이즈 형태로 전환하기가 타 업종에 비해 수월하다. 먹고 마시는 것은 사람이 늘 행해야만 하기에 가맹 사업으로 전환하는 것이 타 업종보다 용이하다. 도소매 업종은 유통 과정의 특수성으로 프랜차이즈화하기가 수월한 편은 아니다. 쉽지 않지만 서비스 업종은 속성상 타 업종보다 상대적으로 프랜차이즈화하기가 수월하다. 또한 외식업은 다양성과 대중성을 지니고 있어서 가맹 사업을 펼치는 데 수월한 이점이 있다.

아울러 프랜차이즈는 시스템 사업이라고 단정 지을 수 있다. 분야별로 명확한 업무 설정을 해놓는 것이 필요하다.

■ 프랜차이즈 시스템 구성 요소
① 분야별 관리
① 고객 관리 프로그램

② 신규 창업자 관리 프로그램

③ 가맹 계약 프로세스 프로그램

④ 슈퍼바이저 관리 프로그램

⑤ 클레임 발생 및 처리 프로그램

⑥ 직영점 관리 프로그램

② 의사소통

① 그룹웨어 활용

② 가맹점 소통 프로그램

③ 협력 업체 소통 프로그램

④ 물류 업체 소통 프로그램

⑤ 점포 개발 업체 소통 프로그램

③ 회계 및 지원

① 경리 및 회계 프로그램

② 발주 프로그램

③ POS 프로그램

3. 프랜차이즈 성공 요소

슈퍼바이저는 가맹 사업을 성공적으로 추진하기 위해서 어떤 성공 요인이 있는지를 이해하고 있어야 한다. 가맹점 사업자는 프랜차이즈와 관련된 여러 이야기를 자신의 입장에서 유리한 쪽으로 해석하면서 슈퍼바이저에게 전하는 것이 기본이다. 이때 슈퍼바이저가 맞장구를 쳐가면서 대화할 수 있어야 하는데, 프랜차이즈 지식이 없으면 상대방의 주장대로 일방적으로 흘러갈 수 있다.

프랜차이즈가 성공하기 위해서는 다음과 같은 핵심적인 요소를 갖추고 있어야 한다.

첫 번째, 대중에게 익숙한 아이템이어야 한다. 가맹점을 신속하게 확장할 수 있는 확장성을 우선적으로 지닌 아이템이 좋다. 예비 창업자가 초기 투자비를 최소화할 수 있어야 하고 점포를 구하는데 지리적으로나 물질적으로 어려움이 적은 아이템이 가맹 사업을 성공시키는 데 수월하다. 유동인구가 많은 지역에 넓은 평수로 입점시키면 매출을 크게 기대할 수 있으나 이는 가맹점을 확장하는 데 제반 제약이 따라오게 되어 전국적으로 다수의 매장을 보유하는 데 한계에 봉착할 수 있다. 아무리 훌륭한 아이템이라도 점포 확산이 어려우면 프랜차이즈 가맹 본부로서 제 역할을 못 하게 되고 가맹 사업을 하는 의미가 없다. 가맹을 희망하는 자가 가장 어려움을 겪는 것이 창업에 필요한 창업비이기 때문이다. 창업하고 싶어도 아이템 성향상 점포에 들어가는 비용이 많으면 포기할 수밖에 없기에 가맹 본부는 이 점을 유념하여야 한다. 물론 자금력이 좋은 예비 창업자를 대상으로 하는 브랜드는 예외이다.

역세권과 유동인구가 많은 지역에서 성공할 수 있는 아이템은 아파트 단지 인근에서 오픈해도 투자 수익률이 나올이 확률이 높다. 가맹 사업 초기에는 자금력이 있는 예비 창업자는 유동인구가 많은 지역을 선호하는 것이 일반적이다. 반대로 창업 자금이 부족할 시는 점포 구하기가 용이한 동네 상권을 찾을 수밖에 없다. 이 둘을 다 충족시키기 위한 아이템은 고객에게 이미 알려져 있는 대중적인 아이템이다. 전국적으로 가맹점 수를 많이 확보하려면 동네 상권을 오픈시키지 않고는 불가능하기 때문이다.

가맹 사업 초기에는 대부분 유동인구가 많은 지역부터 매장이 오픈하게 되는데 가맹점 수가 자리를 잡으면 그다음은 어쩔 수 없이 동네 상권으로 창업자가 눈을 돌리게 되기에 장기적인 관점에서 볼 때 동네 상권에서도 고객 만족을 통한 매출 증대로 이어질 수 있는 아이템이 효자 아이템이라 할 수 있다.

매장이 크면 클수록 관리가 어렵고 계절적인 영향을 받게 되어 수익면에서도 성수기와 비수기 오차가 심하게 나타나는 경향이 있다. 가맹점 확산에도 로케이션으로 인한 오픈 속도에 영향을 받을 수밖에 없게 되어 있기에 가맹점 수를 중시하는 프랜차이즈 산업에서 가맹 사업을 전개할 때 특히 이 점을 유의하고 아이템을 선정해야 한다.

가급적 30평 이내에서 고객 회전율이 좋고 아파트 상권에서도 경쟁력이 있는 아이템이 대중적으로 선호도가 높은 아이템이라 할 수 있다. 재삼 강조하지만 고객한테 익숙해져 있는 아이템에 획기적인 것을 도입하여 고객이 처음 접한다는 기분이 들 수 있도록 인테리어를 비롯하여 메뉴 구성 등 전반적인 것을 새롭게 만드는 것이 고객으로부터 반향을 불러오게 하는 데 도움이 많이 된다.

획기적인 방식을 택한다고 해서 시중에서 활발히 성업 중이지 않는

희귀한 아이템을 최초로 프랜차이즈화하겠다는 마음으로 도입해 희망에 부풀어 직영점을 오픈시켰을 때 의외로 기대치에 못 미치는 경우가 다반사이다. 그만큼 고객의 눈에 익지 않은 것은 마음속에 자리 잡기 어렵다는 것을 입증해주는 것이다. 낯선 것은 마음을 사로잡을 만한 맛과 가성비가 있어야 하고 오랜 시간이 지나야 하기에 생각처럼 쉽지 않다. 대중적인 아이템이 프랜차이즈에서 성행하고 있는 이유이다.

둘째, 가맹 본부는 생산적이고 효율성을 갖추고 있는 행동 계획을 갖춘 전략을 갖추고 있어야 한다. 조직원이 수긍하고 이해하면서 목표를 달성하여 비전을 함께할 수 있겠다는 확신을 주는 전략을 수립하는 것이 필요하다. 전략이 아무리 뛰어나더라도 실행하는 사람은 구성원이기 때문이다. 가맹 본부는 조직이 처한 환경에 적합하게 현실적인 전략을 수립하고 사전에 슈퍼바이저 교육을 철저히 하여 마음속에 각인시켜서 매장 현장에서 실행하도록 지도하는 역량을 갖추도록 해야 한다. 어떤 전략이든지 경영자의 의중이 반영될 수밖에 없으므로 최고 의사 결정권자의 실력과 능력이 있을 때 우수한 전략이 나오게 된다. 아이템이 뛰어나다고 해도 성과 창출이 가능한 행동 지침이 없으면 무용지물이 되기 십상이기 때문이다. 일사불란하게 가맹 본부와 가맹점이 하나가 되어 실천해서 성과를 낼 수 있는 뛰어난 전략이 요구되는 것이 프랜차이즈 산업에서 절실하다.

아이템을 정한 후 구체적이고 상세한 지침서를 설정하고 확립해서 조직원이 공유하여 현장에서 이행했을 때 실효를 거둘 수 있는 전략을 수립하는 것이 필수적이다. 전략적 사고를 지닌다는 말은 정해진 목표를 달성하기 위해 구성원이 처해있는 환경에서 분산된 전체를 한군데로 힘을 모아 실천하여 소기의 성과를 낼 수 있는 지략을 갖는 것을 말한다. 경제 원칙에 입각하여 최소 비용으로 최대 효과를 거둘 수 있도록 사업의 성공을 위해 전략을 세우고 확립시키는 일이야말로 선행되어야 한다. 주어진 여건과 대내외적으로 처한 여건에 부합하는 현실적인 전략이 우선시 되어야 함을 간과해서는 안 된다. 탁상공론식의 전략에서 벗어나 현장에서 실천해도 성과를 낼 수 있는 현실적인 안을 수립하는 것이 무엇보다도 중요하다. 보고자가 보고하기 위한 전략안은 실제적으로 별로 도움이 안 되며 말 그대로 그냥 기획안에 불과하게 된다. 전략을 수립하는 사람은 자신이 그 안을 그대로 현장에서 실행할 수 있을 정도로 구체적이고 상세하게 현실적으로 작성하는 것을 잊지 말아야 한다. 이 부분을 기획하는 사람이 얼마나 염두에 두고 전략을 수립하느냐가 성공을 거둘 수 있느냐의 바로미터가 된다고 할 수 있다.

세 번째로는 가맹 사업을 성공시키기 위해서는 현장을 움직이는 실행력이 있어야 한다. 실행력이 부족한 가맹 본부는 가맹 사업을 성공시킬 수 없다. 이 표현은 프랜차이즈 가맹 사업의 진리이다.

여기서 가맹점을 움직이게 하는 실행력은 결국 슈퍼바이저의 몫이다. 슈퍼바이저가 실행력을 지니고 있느냐는 가맹 사업을 성공시키는데 직접적인 영향을 미친다. 슈퍼바이저의 역량이 있느냐 없느냐가 프랜차이즈 가맹 사업에서 중요한 요인으로 대두되는 이유이다. 가맹점에서 일어나는 제반 일들을 처음부터 끝까지 해결해야 하는 미션을 수행하는 슈퍼바이저 역할이 날로 중요해지고 있음을 입증해주는 대목이다. 가맹점에서 발생하고 있는 일들은 슈퍼바이저로부터 시작되어 슈퍼바이저에 의해 마무리된다.

남을 움직이게 하는 힘은 실력과 역량을 갖추고 있을 때 가능하다. 슈퍼바이저는 업무 능력과 자질을 갖추고 있을 때 가맹점을 설득시키고 이해시켜서 원하는 목적을 달성할 수 있다.

가맹 본부의 정책들을 실천하게 하는 일은 슈퍼바이저에 의해 가맹점에서 발로되어 일련의 과정부터 결과까지 만들어낸다. 그러므로 슈퍼바이저의 현장 실행력과 실천력이 차지하는 비중이 지대함을 예상할 수 있는 대목이다. 언제까지라는 기간이 없이 막연한 때에 실행하는 것이 아니라 제한된 시기까지 실천하게 하는 능력이 실질적인 실행력을 갖는 능력이다. 슈퍼바이저의 역량과 자질이 있을 때 가능한 일이기에 슈퍼바이저가 가맹 사업에서 얼마나 중요한 위치에 놓여 있는지를 방증해주는 대목이다. 슈퍼바이저가 부단히 공부해서 역량을 키워야 하는 이유이다.

슈퍼바이저 임무를 잘 수행하면 타 직종의 어느 분야에 종사해도 인정받으며 업무를 수행할 수 있다. 그만큼 남을 이해시키고 설득해서 실천하게 하는 일이 쉽지 않기 때문이다. 슈퍼바이저가 프랜차이즈 시스템을 잘 이해하고 가맹 본부의 정책들에 대해 해박한 지식이 있어야 남을 설득해 실행시킬 수 있다. 스스로 추진하는 능력과 실행시키는 능력은 어찌 보면 일맥상통한 면이 많다. 무슨 일이든지 추진력이 있어야만 실행에 옮기게 할 수 있다. 슈퍼바이저는 추진력과 실행력은 가맹점 방문 활동에서 최고의 무기임을 알아야 한다.

　가맹 사업을 전개하면서 강력한 실행력을 갖춘 슈퍼바이저가 얼마나 많이 있느냐가 메이저 프랜차이즈 가맹 본부로 진입하는 데 초석이 된다. 슈퍼바이저 자질을 향상시키기 위해서 가맹 본부는 꾸준하게 지속적으로 교육해야 한다. 가맹 본부의 정책을 현장에서 일사불란하게 움직이도록 할 수 있는 실행력은 가맹 사업에서 절대적으로 필요하며 요구되고 있다. 실행력은 가맹점에서 매뉴얼 준수를 하게 하는 지름길과 직결되기에 가맹 본부와 슈퍼바이저는 업무에서 최우선으로 여기고 있어야 한다.

　실행력은 슈퍼바이저별로 개인차가 있어서 평소 교육을 통해 능력을 향상시켜 주어야 한다. 우수한 경력을 지닌 슈퍼바이저는 대다수가 자신이 근무하는 곳에서 안착하고 있어서 채용하기가 쉽지 않다. 슈퍼바이저 육성에 가맹 본부가 심혈을 기울여야 하는 이유가 여기에 있다. 반복해서 자주 교육하면 시일의 차이가 다소 있을 수는 있으나 대부분 슈퍼바이저가 일정한 기일이 경과되면 일정 수준까지 도달하는 것을 경험했다. 교육의 중요성이고 효과이다. 가맹 사업은 실행력을 최우선으로 해야 하는데 그 역할을 슈퍼바이저가 해야 한다.

4. 프랜차이즈 시스템 종류

(1) 단독 프랜차이즈

일반적으로 프랜차이즈 시스템은 단독 프랜차이즈 시스템을 의미한다. 가맹 본부에서 하나의 가맹점과 영업 상권을 지정해준 지역에서 가맹 기간 동안 가맹 본부가 가지고 있는 영업권 전체를 이양해주는 형태의 프랜차이즈 시스템이다. 현재 대부분의 가맹 본부가 실시하고 있는 가맹점 확산 방법이다. 가맹점에 일정한 지역을 독점적으로 영업할 수 있게 해주는 방식이다. 가맹 사업이 가맹 본부의 의도대로 추진할 수 있는 시스템이라 작금의 가맹 사업은 단독 프랜차이즈 시스템 방식이 대세를 이루고 있다.

가맹점은 가맹점일 수밖에 없다는 말이 있다. 가맹점에서 가맹 본부로부터 권한을 위임받아 또 하나의 가맹 본부 역할을 수행한다는 것이 결코 쉬운 일이 아니고 실효성도 없기에 단독 프랜차이즈 시스템이 성행하고 있다고 할 수 있다. 단독 프랜차이즈 시스템이 우리나라 프랜차이즈의 대다수를 차지한다고 해도 틀린 말이 아니다. 우리가 흔히 말하는 프랜차이즈 시스템을 뜻한다고 보면 된다. 어쩌면 프랜차이즈 산업 특질상 가장 현실적이고 이상적인 시스템이다. 가맹 본부에서 전반적인 정책과 운영 매뉴얼을 확정하고 한 개의 가맹점에 상권을 부여하고 영업 권한을 주어 가맹 본부의 규정에 입각하여 고객에게 상품과 서비스를 제공하게 하여 서로 수익을 내어 배분하는 시스템이다.

(2) 지역 확장 프랜차이즈

지역 확장 프랜차이즈란 특정 지역 내에서 특정 가맹점이 여러 개의 가맹점을 입점시킬 수 있는 권리를 부여하는 시스템이다. 지역 확장 프랜차이즈 시스템에서는 가맹 본부와 가맹점 사업자 사이에서 지역 확장 계약을 체결하고 가맹점 사업자가 확장 수수료를 가맹 본부에 지급한 후 일정 지역에 대한 매장 오픈 권한을 갖게 하는 시스템이다. 이 경우 가맹점 사업자가 계약서 약정대로 지역 확장을 시키지 못하면 계약을 취소하고 권한을 부여하지 않게 된다. 특정 가맹점 사업자에게 그 지역의 영업권을 주어 단시일 내에 가맹점을 확산시키는 데 유리한 방식인데 프랜차이즈 산업에서 보편화하여 있지 않은 시스템이다. 간혹 가맹점 사업자 중에는 본인이 지역 사회에서 유지이며 인적 네트워크가 좋아서 발이 넓다고 자평하고 가맹 본부에 영업권을 요구하는 사례가 있는데 가맹 본부에서 받아들이지 않고 있어서 현실적으로 활용하기가 용이한 프랜차이즈 시스템이 아니다.

지역에서 발이 넓고 대인관계가 좋은 가맹점 사업자가 있을 경우 가맹 본부에 일정 지역에서 본인이 매장을 오픈하겠다고 요청하는 사례가 있다. 가맹 본부에서 이 방식을 수락하여 시행하는 일도 있으나 효과가 별로 없다. 그럴 경우 가맹점을 확산하겠다는 가맹점 사업자와 가맹 본부가 시일이 지날수록 안 좋은 관계를 유지하게 되는 일이 대부분이다. 가맹점 사업자와 가맹 본부는 구조적으로 사업의 목표성이 다르기에 어쩔 수 없이 분쟁의 소지가 발생할 수밖에 없기 때문이다. 현대의 프랜차이즈 산업에서 바람직한 프랜차이즈 시스템이 아니라고 할 수 있다.

(3) 지역 구분 프랜차이즈

지역 분할 프랜차이즈란 지역 본부 제도 개념의 프랜차이즈 시스템 방식이다. 일정한 지역 내에서 일정 기간 동안 특정인에게 가맹 본부의 권리를 부여하고 권리를 부여받은 자가 해당 지역에서 작은 가맹 본부의 역할을 수행하는 방식이다. 가맹 본부에서 사업 정책 전반을 교육받고 그대로 주어진 지역 내에서 영업 행위를 하는 제도로서 가맹 사업을 시작한 후 인력이나 시스템이 제대로 구축이 안 된 시점에서 전국적인 가맹점 확산을 위해 사용하는 것으로 프랜차이즈 시스템으로서 일부 가맹 본부에서 활용하고 있는 제도이다. 가맹 본부와 지사 또는 지역 본부는 상호 계약 관계를 구체적으로 서로 이해관계의 충돌이 발생하지 않도록 약정하고 실시하는 것이 제일 중요하다. 이 부분을 간과하고 추진하면 언젠가 상호 분쟁의 소지가 있어서 안 좋게 마무리되는 사례가 프랜차이즈 가맹 사업에서 흔하게 발생한다. 실제로도 너무나 많이 목격했다. 가맹 본부는 특별히 계약서 내용을 면밀히 검토하고 안전장치를 마련하고 실행해야 한다.

가맹 본부의 시스템 구축이 미흡한 경우, 전국 대도시에 상주하고 있으면서 영향력이 있다고 판단되는 사람을 물색하여 그 사람에게 지역의 가맹 본부 권한을 부여해주어 매장을 확산시키는 제도인데, 지사장 및 지역 본부장을 잘만 만나게 되면 가성비 좋게 생산성을 올릴 수 있는 프랜차이즈 시스템이다. 한 가지 흠이라면 끝까지 좋은 관계를 유지하기가 생각처럼 쉽지 않다는 것이다. 가맹 사업이 잘되든지 하락세든지 그에 따른 가맹 본부의 수수료 조정 관계로 상호 이해타산이 발생하여 원만한 관계가 오래 지속될 수 없다. 시일이 경과할수록 변화된 환경에 따른 수수료 변동이 제일 큰 분쟁의 씨앗이 된다.

지사 제도를 성공시키기 위해서는 우선 지사를 희망하는 사람이 영업력이 있어야 하고 그 지역에서 어느 정도 인맥을 쌓고 있어야 가능하다. 가맹 본부를 대신해서 영업 활동을 하기에 영업인으로서 기본적인 자질을 함양하고 있어야 한다. 본인이 지인을 통해서 가맹점을 오픈할 수도 있지만 가맹 본부로부터 해당 지사 내에 매장 오픈을 희망하는 경우 예비 창업자를 이관받아 영업을 진행해야 하기에 상담 진행을 미흡하게 할 경우 계약 자체가 성사되기 어려워질 수 있다. 지사 및 지역 본부 제도 도입은 창업주 경영자의 가맹 사업의 경영 정책에 따라 결정되는 경우가 많은데 신중을 기해야 할 필요가 있다.

5. 프랜차이즈 교육

프랜차이즈 업계에 발을 담그고 있다면 누구나가 교육의 중요성을 알고 있다. 가맹 사업은 교육에서 시작해서 교육으로 끝난다고 보아도 무방하다. 가맹 본부의 매뉴얼을 가맹점에서 준수하고 매장을 운영하게 하기 위해서 교육은 반복적으로 꾸준하게 실시해야 한다.

교육은 임직원 교육과 가맹점 교육으로 구분되어 실시해야 한다. 특히 슈퍼바이저로서의 역할을 수행하기 위한 프랜차이즈 시스템과 가맹 본부 정책 숙지에 관한 교육은 반복적으로 할 필요가 있다. 슈퍼바이저는 가맹점 사업자를 교육하고 지도해야 할 임무를 지니고 있기 때문에 역량을 강화할 수 있는 교육을 집중적으로 실시해야 한다. 예비 창업자가 가맹 계약을 체결하고 매장을 오픈하기 전에 교육팀 주관으로 매장 운영을 위한 기초 교육은 받지만 일부분에 지나지 않기에 슈퍼바이저의 지속적인 가맹점 교육은 절실하다. 슈퍼바이저는 교육의 중요성을 인식하고 자신이 가맹점 관리에 필요한 내용과 상대방을 지도할 수 있는 능력을 배양해서 가맹점 방문 시 운영 매뉴얼을 지키고 매장을 운영하도록 교육 및 감독할 줄 알아야 한다.

(1) 기초 교육

기초 교육은 예비 창업자가 가맹 본부와 가맹 계약을 맺은 후에 점포를 확정하고 공사가 마무리되기 직전에 가맹 본부 교육장에 입소하여 프랜차이즈 시스템을 이해하고 가맹점으로서 해야 할 일에 대해 교육을 받는 과정이다. 슈퍼바이저에 의한 교육이 아니고 가맹 본부 교육팀 주관으로 실시하는 교육이다. 교육팀의 교육 능력이 요구되는 교육 과정이다.

① 프랜차이즈 시스템 이해

신규 창업자가 매장을 운영하기 전에 프랜차이즈란 무언인지에 대해서 이해하고 숙지할 수 있도록 교육해야 한다. 프랜차이즈 시스템을 이해하지 못한 상태에서 매장을 운영하게 되면 브랜드 가치가 하락하게 되고 원만하게 가맹 본부와 가맹점 사이가 유지될 수 없다. 가맹점 사업자가 프랜차이즈 가맹점으로서 누릴 수 있는 혜택만 보고 독단적으로 매장을 운영해서는 안 된다는 생각을 교육을 통해서 강

하게 심어줄 필요가 있다. 즉 프랜차이즈 원리와 특성을 잘 이해시키
도록 해야 한다. 프랜차이즈의 기본적인 특질인 통일성도 특히 강조
해야 한다.

② 브랜드 경쟁력 전파

브랜드만이 가지는 특장점을 상세하게 가맹점 사업자에게 전해주어
매장을 운영하면서 그 특징을 살려 매장을 운영할 수 있도록 해야 한
다. 브랜드 스토리와 고객에게 내세울 수 있는 메뉴 경쟁력 등 브랜
드 가치 증대와 브랜드 파워를 알려주어야 한다. 가맹점 하나하나가
곧 브랜드 홍보 전사이기 때문이다. 브랜드 콘셉트를 비롯해 내세울
수 있는 차별화된 강점을 가맹점 사업자가 이해하도록 교육을 실시
해야 한다. 가맹점 사업자가 브랜드 특장점을 이해하면서 매장을 운
영하는 것이 매출 증대를 위해 도움이 되므로 기초 교육 이후에도 슈
퍼바이저가 지속적으로 매장을 방문할 때마다 매장 방문 시 브랜드
경쟁력에 대해서 주입하는 것이 필요하다. 상세하게 자신이 선택한
브랜드에 대한 강점을 정확하게 알지 못하고 매장을 운영하고 있는
사례가 많기 때문이다.

③ 사업가 마인드 부여

프랜차이즈 산업은 궁극적으로 가맹 본부와 가맹점이 동반하여 수익
을 내는 시스템이기에 동반 사업자와 같은 위치에 있다고 볼 수 있
다. 가맹점 사업자도 사업자 신분을 가진다. 개인이 혼자 모든 것을
결정하고 매장을 운영할 때는 장사 개념으로 접근했다고 하면 프랜

차이즈 가맹점을 하는 순간부터 가맹점 사업자로 보아야 한다. 장사 마인드에서 사업가 마인드로 변모되도록 가맹 본부가 교육해야 하는 이유다.

장사와 사업은 엄연히 다르다. 장사는 나 혼자만의 영역에서 모든 것을 스스로 결정하고 판매 행위를 할 수 있지만 사업은 구성원이 함께 주어진 일을 공유하면서 각자의 역할을 해야 한다. 가맹점은 매장 내에서 종업원을 채용해서 가맹 본부의 방침대로 매장을 운영하기에 결국은 사업을 하는 것이다. 가맹점 사업자의 생각 자체를 변신시켜야만 사업가로서 정착하게 되어서 가맹 본부의 경영 정책과 방침을 전수받아 그대로 현장에서 적용시킬 수 있는 것이다. 교육을 통해서만 가능한 일이다. 슈퍼바이저는 가맹점 방문 시 장사가 아닌 사업가라는 마음을 갖도록 지도해야 한다.

④ 운영 매뉴얼 준수

프랜차이즈 산업의 근간은 통일성에 있다. 전 가맹점이 통일성을 유지하려면 가맹 본부에서 정립해놓은 운영 매뉴얼을 준수해야 한다. 운영 매뉴얼을 지키게 하기 위해서 왜 매뉴얼 준수가 중요한지를 이해시키고 매뉴얼 준수를 하지 않았을 때 불이익까지도 정확히 숙지시키는 교육을 실시해야 한다. 시일이 지날수록 초심을 잃게 되어 있어서 철저하게 매뉴얼을 준수하면서 운영하도록 지도하고 관리해야 한다. 운영 매뉴얼을 안 지키는 것은 타 가맹점 사업자에게 손해를 끼치게 된다는 것을 주지시킬 필요가 있다. 프랜차이즈 특성상 공동운명체 성격을 가지기에 자신의 매장에서 고객에게 서비스하는 모든 것이 타 가맹점까지 영향을 미친다는 점을 염두에 두고 매장을 운영할 수 있도록 교육해야 한다. 매뉴얼 준수 지도는 슈퍼바이저 역할을 수행하고 있는 동안은 끊임없이 해야 할 숙명 같은 일이므로 매장 방문 시마다 항시 점검하고 지도하며 개선하는 습관을 지녀야 한다.

⑤ 메뉴 실습

브랜드가 지니는 성질에 따라 요리 및 조리 메뉴로 구분하는데 어떤 경우를 불문하고 레시피를 준수하도록 관리해야 한다. 왜 레시피를 준수해야 하는지를 명확하게 인식시키는 교육을 해야 한다. 매뉴얼 대로 제품을 완성해 고객에게 제공해야 한다는 점을 강력히 부각시키면서 교육하는 것이 중요하다. 메뉴가 가맹점마다 동일한 맛이 날 때 가맹 사업의 성공 확률이 매우 높을 수밖에 없다. 같은 맛이 나오게 하기 위해서는 오픈 전 교육을 체계적으로 해야 하고 오픈 후에도 슈퍼바이저에 의한 가맹점 지도와 감독을 강화해야 한다. 메뉴 교육은 반복해서 교육생이 숙달할 때까지 실시해야 효과를 볼 수 있다. 교육생마다 개인차가 있기에 별도 교육을 실시하더라도 메뉴 조리 방법을 마스터할 수 있게끔 교육 과정을 수립하는 것이 필요하다.

⑥ POS 교육

POS를 조작하는 방법은 기술을 요하는 부분이 아니고 기능에 가까워서 일정한 시일이 경과되면 익숙해져서 누구나가 손쉽게 다룰 수 있다. 아이템에 따라 다소 교육생의 세대가 차이를 보일 수 있지만 인터넷과 스마트폰의 활성화로 중장년층도 POS를 다루는 기술이 좋아져서 간단한 실습 교육을 받으면 누구나 능수능란하게 다룰 수 있다. POS 교육은 해당 업체 관계자가 직접 현물을 교육장에 비치하고 현장 교육을 실시하는 것이 효과적이다. POS로 활용할 수 있는 제반 작동 기능을 이해시키는 교육이 필요하다.

POS를 활용하는 방법은 다양하다. 한 번 협력 업체와 계약을 진행하면 POS 특성상 타 업체로 변경이 쉽지 않아서 그대로 장기간 지속되는 경우가 많다는 점을 염두에 두고, 교육 체계를 갖추고 있고 프로그램 개발이 가능한 업체를 선정할 필요가 있다.

⑦ 판매 촉진

매장의 특성에 맞는 판촉 교육은 매장 매출 증대를 위해 필요하다. 매출 신장을 위해서 판촉을 해야 할 필요성을 알면서도 방법을 몰라서 못하는 가맹점이 예상외로 많다. 오픈 전 교육 시 마케팅 부서에서 교육을 통해 해소시켜 주어야 한다.

판촉 활동은 전문적인 지식을 필요로 하는 부분이 있다. 가맹 본부는 축적되어 있는 성공적인 판촉 방법을 가맹점에서 여건에 맞게 선택하여 실시할 수 있도록 교육해주어야 한다. 맞춤형 판촉 방식인 로컬 판촉이 매출 증대에 실효를 거둘 확률이 높다.

요즘은 매장 오픈 행사를 예전처럼 활발하게 하는 편이 아니다. 매장 문을 처음 열면 가맹점 사업자의 지인과 친척이 개업을 축하해 주기 위해 방문하는 일이 많다. 이때 일반 고객이 방문할 시 아무래도 지인에게 신경을 쓰다 보면 고객 서비스에 소홀해질 수밖에 없다. 이것은 오픈 행사를 안 하는 이유가 될 수도 있다. 단골 고객층을 확보하기 위한 판촉이 되도록 슈퍼바이저가 역할을 해야 한다.

⑧ 교육생 후기

창업자가 매장을 오픈하기 위해 가맹 본부에 입소하여 메뉴 실습 교육을 마치면 대부분 교육 과정이 끝나고 보통 수료식을 거행하게 된다. 경영자가 수료식을 하는 경우도 있고 수료식 자체를 생략하는 가맹 본부도 있다. 교육 과정을 마치기 전에 반드시 교육 담당자가 진행해야 할 일이 교육생 설문 조사이다. 설문 내용을 참조하면 그 속에서 많은 것을 얻게 된다.

다음과 같은 내용으로 의견을 수렴하여 교육의 효율성을 높일 수 있어야 한다.

㈀ 주방 및 홀에 대한 기구, 설비 기자재 사용법 교육 만족도

㈁ 매장 운영 매뉴얼 교육 만족도

㈂ 포스 교육 만족도

㈃ 주방 위생 교육, 조리 교육, 메뉴 테스트 시행 만족도

㈄ 미성년자 출입 관련 행정 처분 사항 교육 만족도

㈅ 보건증 및 근로계약서 교육 만족도

㈆ 손익 분석 교육 만족도

㈇ 물류 발주 교육 만족도

㈈ 세무 및 노무 교육 만족도

㈉ 가맹 계약서 교육 만족도

(2) 오픈 후 교육

매장을 운영 중인 가맹점 대상으로 가맹 본부에서 주관하여 실시하는 교육 과정이다. 운영팀에서 주관하여 실시하는 것이 일반적이다. 가맹점 운영 기간이나 운영 실태에 따라서 교육 대상자를 선별한다. 여기서 교육 대상 가맹점을 참석시키는 것이 중요하다.

가맹점 교육은 슈퍼바이저 개인 역량에 따라서 참석률이 정해지는 것이 일반적이다. 슈퍼바이저의 평소 가맹점 관리 능력에 따라 교육 참석 가맹점 수가 결정되는데, 슈퍼바이저 역량을 평가할 수 있는 부분이다. 대체적으로 가맹점과 소통을 잘하고 있는 슈퍼바이저가 담당하는 가맹점은 가맹 본부에서 주관하는 교육 및 행사에 참석을 많이 한다.

① 보수 교육

매장을 오픈하고 일정 기간이 경과하면 나태해지게 되는 것이 사람의 심리이다. 이를 방지하기 위해 가맹 본부는 정기적으로 가맹점을 대상으로 보수 교육을 시행해야 한다. 오픈 초기의 마음을 잃지 말고 매장을 운영할 수 있도록 경각심을 불러 넣어주어 매출을 증대시켜 유지하도록 해주는 의미도 크다. 가맹점 운영 기간에 맞게 교육 대상자를 선별해서 실시하는 것이 효과적이다. 매장 오픈 후 1년 차 및 3년 차 등 홀수 개념으로 시행하면 효율적이다. 가맹 사업을 펼치면서 꼭 실시해야 하는 교육이다.

대다수 가맹 본부가 보수 교육을 하지 않고 그냥 지나쳐 버리는 경우가 많은데 브랜드 경쟁력에서 뒤처지게 될 수 있다. 필자의 경험에 비추어 볼 때 브랜드 가치를 증대시키는 최선은 가맹점 교육을 얼마나 충실히 실시하느냐에 있다고 단언할 수 있다. 가맹점에서 가맹 본부에서 주관하는 교육은 필히 참석해야 한다고 가맹 계약서에 표기해 놓는 것이 효과적이다. 이런저런 이유로 불참하는 가맹점을 미연에 방지하기 위해서다.

② 매뉴얼 미준수 교육

가맹 본부에서 규정한 각종 매뉴얼을 준수하지 않은 가맹점을 대상으로 실시하는 교육이다. 대상 가맹점을 소집하면 일반적으로 여러 핑계를 이유로 교육 입소를 하지 않으려고 하는 것이 일반적인 현상이다. 자존심이 상해 불참하는 사례가 많다. 소집 교육은 참석률이 저조해서 정상적인 교육을 하기가 용이하지 않다. 가맹점 사업자가 매뉴얼 준수를 안 하고 매장을 운영하면 본부 소집 교육을 한다는 것을 평상시 슈퍼바이저가 강조하면서 가맹점 관리를 할 수 있어야 한다. 어떻게 해서든지 가맹점에서 매뉴얼을 잘 지키게 하는 것이 보수 교육의 주목적이다. 평소 매뉴얼 준수를 이행하도록 하여 가급적 소집 교육을 받는 가맹점이 없어야 하고 교육 과정 자체를 없애도록 가맹점 관리를 슈퍼바이저가 할 필요가 있다. 별도의 교육을 가맹 본부에서 실시하지 않을 시에는 슈퍼바이저가 매장을 관리하면서 절차에 의해 매뉴얼 미준수에 대한 행정적인 조처를 해야 한다. 어느 방식을 선택하든지 매뉴얼 준수를 이행하지 않는 가맹점에 대한 제재는 분명하게 해주어야 다른 가맹점에도 파급되어 통일성을 유지하는데 파급력을 가져오게 할 수가 있다.

③ 신메뉴 교육

대다수의 가맹 본부는 1년에 한 번 내지 두 번 정도 신메뉴를 출시하는 것을 원칙으로 하고 있다. 가맹점을 대상으로 하는 신메뉴 교육은 다양한 방식으로 진행할 수 있다. 메뉴 개발팀에서 주로 실시하는데 슈퍼바이저를 일차로 교육시켜서 슈퍼바이저가 가맹점을 교육하게 하는 경우도 있다. 가맹 본부에 집합시켜 실시하는 교육과 지역 매장 중 평수가 큰 매장에서 모아서 시키는 교육 등이 있는데 여건에 맞게 편리한 방식을 선택하면 된다. 가맹 본부에서 실시하는 교육 중 가맹점 참석률이 제일 좋고 관심이 제일 많은 교육이다. 자신들의 매출과 직접적으로 연관이 있기 때문이다.

신메뉴 교육 시 중시해야 할 부분은 실제 매장을 책임지고 운영하는 매장 운영자가 교육을 받아야 한다는 것이다. 매장 직원이 교육을 받으면 연속성이 결여될 수 있어서 그렇다. 교육 대상자 통보 시 사전에 이 점을 유념해야 교육의 효과가 배가될 수 있다. 신메뉴 교육은 이론과 실습을 병행하면서 실시하는 것이 기본인데 개인별로 메뉴 실습을 직접 해보게 하는 것이 도움이 많이 된다. 메뉴 조리 방법을 촬영하여 동영상으로 가맹점 사업자에게 송출하여 신메뉴 교육을 실시하고 있는 가맹 본부도 있다. 간편한 조리를 요하는 메뉴에 적용시키기는 효과적인 교육 방법이다.

6. 프랜차이즈 매출 구조

슈퍼바이저는 프랜차이즈 시스템에서 어떤 요인이 가맹 본부와 가맹점에서 매출이 발생하고 수익이 창출되는지를 이해하고 있어야 한다. 가맹점에서 매출이 저조하다고 하소연할 때 원인을 분석해서 대처해 갈 수 있는 방안을 모색하여 가맹점의 고충을 해소해줄 수 있어야 하기 때문이다.

프랜차이즈는 가맹 본부와 가맹점이 독단적으로 매출을 올릴 수 없는 특수한 구조로 형성되어 있다. 구성 인자가 상호 연쇄적으로 반응해야만 하나의 완전한 형체를 이루는 것이 프랜차이즈 특성이다. 가맹점을 단순하게 방문하는 데 목적을 두지 말고 프랜차이즈 형태와 흐름 및 메커니즘을 알고 가맹점을 지도하는 슈퍼바이저가 되어야 한다.

(1) 가맹 본부 매출 구조

프랜차이즈 시스템에서 가맹 본부의 매출은 운영하고 있는 총 가맹점 수와 매장당 상품 매출에 의해 정해진다. 가맹점 수와 매장 매출은 외형적으로 눈에 보이는 구성 요소라 할 수 있다. 직접적으로 매출 상승에 연관성이 보이지는 않지만 가맹 본부의 매출 증대와 직결되는 중요한 요인이 있는데, 바로 슈퍼바이저의 역할이라 할 수 있다.

가맹점 운영 수는 현재 운영하고 있는 가맹점 수에서 신규 오픈 가맹점을 더해서 폐점된 가맹점을 차감한 수로 산정하면 된다. 기존 가맹점을 많이 유지하려면 가맹 본부의 프랜차이즈 시스템이 정립되어 생산적으로 작동되어서 가맹점의 가맹 본부에 대한 만족도와 우호도가 좋아야 가능하다. 여기서 슈퍼바이저의 역할이 요구된다고 할 수 있다. 가맹 본부와 가맹점 사이에서 가맹 본부의 운영 방침과 가맹점이 원하는 부분을 잘 소통시켜 각자의 위치에서 권리와 의무를 다할 수 있도록 슈퍼바이저가 역할을 해야 한다.

신규 매장 수는 예비 창업자의 창업 문의에 따른 영업 담당의 영업력에 의한 계약 체결률로 정해진다. 창업 광고를 통한 예비 창업자 발굴과 영업 인력의 역량도 신규 매장 증가에 중시되는 부분이다. 브랜드 경쟁력이 하락하고 매장 수익의 저조가 지속되면 불가피하게 매장 문을 닫을 수밖에 없다. 슈퍼바이저는 담당하고 있는 매장의 매출 부진 원인을 잘 파악하여 개선책을 마련하여 가맹점에서 실천하도록 지도하고 지원해 줄 수 있어야 한다.

매장당 상품 매출은 가맹점 총매출에서 상품 원가율을 곱하여 나온 수에 상품 공급율을 곱한 금액으로 산정한다. 가맹 본부 매출에는 상품 매출 이외에 공사 매출을 비롯하여 가맹금 등이 포함된다. 상품 매출은 주력 메뉴가 경쟁력이 있어서 고객의 폭발적인 호응이 있을 때 증가할 수 있다. 가맹 본부가 합리적인 원가율과 가격을 책정해놓고 대량의 원부재료를 공급하게 될 수밖에 없는 구조로 만들어 놓는 것이 가맹 본부의 매출 증대를 이루는 데 최적의 시나리오다.

가맹점이 확산하고 매장당 매출이 증가하면 당연히 상품 매출이 올라가게 된다. 슈퍼바이저가 가맹점 관리를 잘하여서 현장에서 가맹 본부의 매뉴얼을 준수하면서 매장을 운영하도록 하는 것이 결국은 매출 증대의 핵심적 요인이다. 가맹점 만족도가 좋아야 예비 창업자가 매장을 방문했을 시 긍정의 메시지를 전하여서 가맹점 확산이 수월하게 된다. 가맹 본부의 매출 증대는 슈퍼바이저의 보이지 않는 손에 의해 좌지우지된다고 할 수 있을 정도로 가맹 사업에서 미치는 비중이 크다.

(2) 가맹점 매출 구조

가맹 본부 매출 증가와 마찬가지로 가맹점 매출 증대에도 슈퍼바이저가 책무 완수를 하는가에 따라서 영향을 미친다고 할 수 있다. 슈퍼바이저가 가맹 본부 매출보다 가맹점 매출 증대에 더 큰 비중을 차지하는 느낌을 받을 수도 있으나 가맹점 매출이 곧 가맹 본부 매출과 다름없기에 같은 맥락이라고 보아야 한다.

가맹점의 매출은 객단가에 고객 수를 곱한 수이다. 매장의 객단가 상승은 여러 요인이 있을 수 있으나 브랜드 경쟁력과 매장 종사자가 고객이 감동하는 서비스를 제공할 때 맞물려서 나타나는 경우가 많다. 매장 내 매출이 증가할 경우는 반드시 주력 메뉴가 있어서 고객한테 반향을 불러오고 있는 경우가 많다.

히트 메뉴의 탄생은 객단가 상승에 지대하게 영향을 초래한다. 남과 차별화된 메뉴 구성으로 가성비를 높일 수 있도록 메뉴판을 만드는 것도 객단가 상승에 유리하게 작용할 수 있다. 특히 고객이 선호하는 메뉴 위주로 세트 메뉴를 구성하여 판매하는 것도 좋은 방법이다.

고객 수를 증대하기 위해서는 신규 고객의 증가가 필수적이다. 점포의 입지와 상권도 고객 수 증대에 영향이 있으며 매장 판촉도 연관이 있다.

매장을 방문한 경험이 없는 잠재 고객이 어떤 연유로 인해 매장을 최초로 방문하면 신규 고객이 되고 맛과 서비스가 마음에 들어서 자주 방문하게 되면 단골이 되는 것이다. 단골 고객이 주변의 지인과 함께 매장을 방문하면 충성 고객이 된다. 단골과 충성 고객의 확보가 고객 수 증대로 이어지는 것이다.

기존 고객을 유지하기 위해서는 제품의 맛과 위생 청결 및 서비스가 핵심적으로 영향을 미치게 되어있다. 고객의 증가도 슈퍼바이저의 가맹점 관리에서 비롯되기에 평상시 매장 관리에 만전을 기해야 한다. 충성 고객을 확보하기 위해서는 품질과 서비스도 중요하지만 가격 경쟁력도 한몫한다. 고객은 누구나 가격 대비 효율성을 먼저 따지게 되어있다. 현실적으로 맛이 있어도 가격이 비싸다고 인식되면 자주 찾을 수 없기 때문이다. 부담 없는 가격으로 맛이 좋은 제품을 고객한테 제공하고 다가가는 서비스를 해야 가맹점 매출이 상승하게 되어있다. 외식업이 갖는 고유의 성질이다.

7. 프랜차이즈 마케팅

마케팅이란 비용을 투자하여 실제적인 수익을 창출시키려는 일련의 판매 행위를 뜻한다. 가맹점에서 실시하고 있는 대표적인 마케팅 방식으로 판매 촉진 방법, 즉 프로모션이 있다. 잠재된 고객에게 제품에 대한 구매 의욕을 느끼게 하기 위해서 물질적으로 도움을 준다는 정보를 제공하는 기법을 말한다.

고객의 니즈를 발견하고 충족시켜주는 활동을 판매라고 말할 수 있다. 매출을 올리기 위해서는 객단가를 높이고 회전율을 많게 해야 한다.

프랜차이즈 산업은 마케팅을 가맹 본부만 하는 것이 아니라 가맹점에서도 직접 실시해야 한다. 프랜차이즈 시스템은 어느 지역 어느 가맹점에서나 통일된 맛과 서비스를 제공할 의무를 갖는 방식이다. 매장별로 상권과 소비 특성이 상이하기에 가맹점에 적합한 차별화된 마케팅을 펼치도록 슈퍼바이저는 성공적인 프로모션 전략을 수립하고 실천하는 능력을 갖추는 것이 필요하다. 슈퍼바이저가 가맹점을 관리하면서 실력을 갖추고 있어야 하는 이유이다.

슈퍼바이저는 마케팅은 마케팅 부서에서 시행하는 것이라는 생각을 버려야 한다. 가맹 본부 차원의 마케팅은 전문 부서인 마케팅팀에서 계획을 수립하고 실행할 수 있는 세부안을 만들어서 현장에서 실천하는 것이 일반적인 방식이지만 가맹점은 지역적 특성과 특화된 특성이 있어서 매장 자체적으로 시행하는 마케팅 활동이 효과적이다. 마케팅은 브랜드를 알리고 브랜드 가치를 증대하는 것도 주된 목적이 될 수 있으나 가맹점 매출과 브랜드 가치를 현상 유지시키는 데도 근본적인 목적이 있다. 시일이 지날수록 새로운 브랜드가 출현해서 시장 트렌드를 바꾸는 경향이 있으므로 고객들에게 잊히는 브랜드로 남지 않기 위해 지속적인 마케팅 활동을 전개해 나가야 한다.

가맹 본부에서 실시하는 마케팅과 가맹점 자체적으로 실시하는 마케팅 방법이 다른 경우가 많다. 슈퍼바이저는 해당 가맹점이 처한 환경과 여건에 맞게 매출 증대를 위한 획기적인 방안을 제시하고 조언해주며 함께 실천해 주는 자세가 필요하다. 그러기 위해서는 어떻게 하면 매장에 적합한 마케팅 활동이 될지 고민하고 연구해야 한다. 그러니 슈퍼바

프랜차이즈 슈퍼바이저의 정석

이저는 멀티플레이어가 되어야 한다. 마케팅은 나하고는 무관한 일이라는 생각을 버리는 것이 우선이다.

가맹점은 가맹 본부에서 주관하는 전사적인 마케팅보다 해당 점포에서 자체적으로 실시하는 점포 마케팅이 효과가 큰 편이다. 매장을 한 번도 찾지 않은 고객을 대상으로 신규 고객이 될 수 있도록 스스로 실시하는 마케팅을 활성화할 필요가 있다. 잠재 고객을 자신의 매장으로 유입할 수 있는 전략과 매장 안으로 발을 디딘 고객에게 아이템과 서비스 경쟁력을 확실하게 심어주는 것이 점포 마케팅의 주된 핵심 사항이다. 가맹점 사업자는 본인의 상권을 파악해서 주요 고객층 확보를 위한 프로모션을 추진하는 것이 효과적인데 이를 시행하도록 옆에서 지도해주고 협조해 주는 일을 슈퍼바이저가 할 수 있어야 한다. 매장 방문을 해본적이 없는 고객을 대상으로 브랜드를 전파할 수 있는 판촉 활동을 하는 것이 필요하다.

점포 마케팅은 매장 앞에서 실시하는 것이 효율적이다. 시각적으로 길을 지나는 고객에게 브랜드를 각인시키기 위해서다. 청각과 후각을 자극하도록 하며 부담 없는 점포 분위기를 조성시켜 놓는 것도 필요하다. 객단가를 높일 수 있는 전략을 수립하고 세트 메뉴 구성을 하며 메뉴 이미지를 부각하도록 해야 한다. 매장 내에 POP를 부착하는 것도 고객에게 아이템을 알리는 좋은 방법이다. 전단지를 활용해서 매장을 알리고 방문 고객에게 쿠폰을 제공한다든지 다양한 방식의 점포 마케팅을 전개하는 것이 바람직한데 이때 슈퍼바이저가 도움을 줄 수 있어야 한다. 매출 증대를 위해 프로모션을 하기를 희망하는 가맹점에 성공적인 판촉 사례를 전파해주는 것이 슈퍼바이저의 몫이며 역할이다. 유능한 슈퍼바이저는 점포 마케팅을 주도해서 실시하고 있다.

(1) 오프라인 판촉

예전에 비해 가맹 본부에서 가맹점을 대상으로 실시하는 오프라인 판촉은 확연하게 축소되어가고 있다. 가맹 본부에서 실시하는 전국 판촉은 가맹 본부와 가맹점이 공동으로 비용을 분담하여 실시하는 것이 대부분이다. 가맹점 수가 많을수록 판촉물의 수량 부족과 제품의 질 저하 등을 이유로 가맹점의 불만을 초래하는 일이 발생하는 경우가 흔하게 나타나는데, 가맹 사업을 펼치면서 가맹점에 마케팅 비용을 부담시키면서 시행한다는 것이 쉬운 일이 결코 아니다.

▣ 판촉 방식
① 전국 판촉

가맹 본부에서 주관해서 전국 가맹점을 대상으로 일정한 기간을 설정해서 가맹 본부와 가맹점이 함께 비용을 부담해서 실시하는 판촉 방법이다. 여기서 주의할 대목은 사전에 가맹점에 비용을 부담시킬 경우는 동의를 구하고 실시해야 한다. 가맹 본부의 일방적인 판촉 시행은 분쟁의 씨앗을 남기게 된다.

슈퍼바이저의 능력에 따라서 동의 가맹점 수가 결정된다. 평소 슈퍼바이저의 가맹점 관리가 왜 중요한지를 일깨워 주는 사항이다.

전국 판촉은 보통 한 달에서 두 달 동안 실시하는 것이 일반적이다.

매장이 많은 가맹 본부는 물건으로 시책을 전개하는 것이 보통이며, 국내에서 다량의 물량 조달이 어려워 외국에서 구입해 오는 것이 일상인데, 불량품이 많아서 고객 클레임이 빈번하게 일어나 판촉을 하고도 가맹점으로부터 볼멘소리를 듣게 되어 곤욕을 치르는 일이 많다. 일 년에 한 번 정도 메이저급 가맹 본부에서 실시하는 마케팅 방법이다.

② 지역 판촉

광역시별로 또는 지역별로 지역의 특성이 존재하기에 특정 지역으로 한정해서 그 지역에 속하는 가맹점을 대상으로 판촉 행사를 시행하는 방법이다. 가맹 본부에서 지역 가맹점을 대상으로 판촉 활동을 실시하는 경우는 많지 않다. 프랜차이즈 하면 일반적으로 머리에 떠올리는 것이 어디를 가나 똑같다는 인식이 고객에게 있다. 특정한 지역에서 그 지역의 가맹점만 마케팅을 실시하게 되면 타지역에 생활 근거를 둔 고객이 우연히 마케팅을 실시하는 지역의 매장을 방문했다가 혜택을 보았을 경우 자신의 생활 기반이 있는 지역의 가맹점에서는 그런 혜택이 주어지지 않는다면 해당 지역 가맹점에 불만을 가지게 되고, 고객은 물론 주변 지역 가맹점도 불만을 갖게 된다. 언제 어디서나 똑같다는 이미지를 고객한테 주어야 하는 프랜차이즈 시스템과 상반되는 일이기에 가맹 본부에서 장려하지 않는 마케팅 방식이다.

③ 점포 판촉

가맹점에서 스스로 자신의 매장만을 대상으로 판촉 활동을 하는 방법이다. 슈퍼바이저의 절대적인 도움과 지원이 있어야 소정의 성과를 낼 수 있는 판촉 방법이다. 슈퍼바이저는 담당 가맹점에서 자체 판촉 계획을 하고 있을 시 구체적인 판촉 방법을 가맹점 사업자와 논의한 후 결정된 사항을 상사에 건의해서 관철시켜 실행시킬 수 있도록 있는 역할을 할 수 있어야 한다.

합리적이고 현실적인 가맹점 지원책을 제안할 수 있는 능력을 구비하는 것도 슈퍼바이저 책무이다. 점포 판촉은 프랜차이즈 가맹 사업을 하면서 장려하고 있는 활성화되어 있는 마케팅 방식이다. 실제로 매출 증대 기여도가 높게 나타나고 있는 판촉 방식이다. 가맹 본부에서 일정한 지원을 하게끔 슈퍼바이저가 중간에서 역할을 하여 합리적이고 논리적인 판촉을 할 수 있도록 지혜를 모아야 성과를 이룰 수 있는 판촉 방법이다. 가맹점 매출 활성화를 위해 적극적으로 추진할 필요성이 있는 점포 마케팅 방식이다.

(2) 온라인 마케팅

작금의 외식 프랜차이즈 업계는 온라인 마케팅이 대세를 이룬다. 지면을 활용한 브랜드를 알리고 신규 창업자를 물색하는 창업 광고는 기대치보다 효과를 못 보고 있는 실상이다. 스마트폰의 대중화 및 활성화 영향이 크다. 오프라인에서 인터넷 마케팅으로 변모해가는 시대에 슈퍼바이저는 SNS 마케팅에도 깊은 관심을 보이고 있어야 한다. 가맹점 방문 시 가맹점 사업자와 마케팅과 관련하여 소통하려면 마케팅 지식이 있어야 가맹점을 도와줄 수 있다. 가맹점 매출 증대를 위해 존재하는 슈퍼바이저는 갖추고 있어야 할 필수 지식이다.

마케팅은 가맹점 확산을 위한 가맹 희망자 모집을 위해서 실시하는 경우와 고객을 대상으로 가맹점 매출 증대를 위해 실시하는 브랜드 광고로 나누어 실시하는 방식이 있다. 현실은 브랜드 광고를 통해 두 마리 토끼를 다 잡는 방식으로 마케팅을 하는 추세이다. 시대의 변화로 인한 인터넷과 스마트폰이 생활 속에서 정착되어 오프라인 마케팅에서 온라인 마케팅으로 옮겨가고 있는 것이 현실이다.

■ SNS 채널 방식
① 네이버 블로그
② 트위터
③ 페이스북
④ 유튜브

(3) 고객 심리

고객, 즉 소비자는 왕이라는 말이 있다. 현대의 외식 시장에서 이 표현이 현실적으로 맞지 않는다고 주장하는 사람도 있다. 그냥 고객을 떠받들기만 해서는 매출과 직결되지 않는다는 의미이다. 과잉 친절을 고객에게 했을 시 고객 입장에서 볼 때 오히려 불쾌하고 불편해할 수 있다. 슈퍼바이저는 지나친 친절을 불필요하게 베풀었을 때 상대의 입장을 헤아려 보는 지혜를 갖도록 매장 직원과 가맹점 사업자에게 고객 관리 기법에 대해 이야기해 주고 교육과 대화를 통해 공감된 부분을 끄집어낼 수 있어야 한다. 최고의 고객 관리를 하는 데에는 정답이 없기에 슈퍼바이저와 가맹점이 대화를 통해 공유하고 공감하도록 하는 것이 필요하다.

현대인은 누군가가 지나치게 다가오는 것을 꺼리고 싫어할 수 있다. 시대가 변해서 그렇다고 할 수 있다. 나만의 공간을 갖고 싶어 하는 경향이 짙은 이유도 있다. 나홀로족과 개인주의가 팽배해지고 있는 경향도 무시하지 못한다. 매장에서 기본적인 운영 매뉴얼 준수와 서비스 제공에 만전을 기하는 것이 고객을 만족시키는 지름길이다. 초심을 잃지 않고 가맹 본부의 운영 프로세스에 의거 매장 운영을 하도록 슈퍼바이저에 의한 매장 관리가 되어야 한다. 슈퍼바이저는 고객 심리를 파악하고 있어야 하며 매장 종사자에게 교육할 수 있어야 한다.

■ 고객의 마음
① 매장 방문 시 환영받고 싶다
② 매장 종사자한테 관심의 대상이 되고 싶다
③ 매장 고객 중 중요한 사람이 되고 싶다
④ 편안한 장소이길 바란다
⑤ 자신을 기억해주길 바란다

(4) 고객 이탈 요인

고객이 재방을 하지 않고 발을 끊게 되는 경우는 직원들의 불친절이 가장 크다고 할 수 있다. 여기는 안 되겠다 하고 마음을 정하는 순간 그 고객은 아무런 불평도 하지 않고 다음부터 방문하지 않는다. 불친절한 매장을 방문했을 시 고객은 소리소문없이 떠난다. 차라리 현장에서 불평을 토로하는 고객은 재방할 확률이 있다. 순간적으로 불만을 토로했기 때문에 조금은 후련한 마음이 들어서이다. 아무리 음식이 맛있어도 매장에서 일하는 직원들이 불친절하다면 고객 입장에서는 용납되지 않는다는 것과 같은 의미로 해석하는 것이 옳다. 슈퍼바이저가 가맹점을 방문해서 유심히 관찰하고 지도해야 할 부분이다.

■ 고객 이탈 요인
① 직원의 불친절한 서비스 불만 60%
② 제품의 품질 저하 20%
③ 지인이 부정적으로 부각 10%
④ 타 지역으로 이사 10%

part 6

슈퍼바이저는 가맹 사업의 취지를 알고 가맹점 관리를 해야 한다

슈퍼바이저는 가맹 본부에 대한 해석을 정확하게 하고 있어야 가맹점을 관리하면서 본연의 역할을 완수할 수 있다. 그래야 가맹점이 왜 매뉴얼을 준수하면서 가맹 본부의 방침대로 매장을 운영해야 하는지를 이해시킬 수 있기 때문이다. 가맹 본부는 일반 조직의 본사와는 다른 특성을 지니는 면이 많은 편이다. 전체를 하나로 통일되게 조직을 움직이기 위해서는 합리적이면서 공감을 줄 수 있는 정책을 펼칠 수 있어야 하며, 가맹 본부에서 현장의 소리를 귀담아서 최고의 경영을 할 수 있도록 슈퍼바이저가 역할을 잘 이행하도록 해야 한다.

1. 가맹 본부 의의

가맹 사업을 하면서 가맹점 사업자에게 가맹점 운영을 할 수 있도록 권리를 부여해주는 사업자를 가맹 본부라고 지칭한다. 프랜차이즈가 아닌 본사 조직과는 다르게 이해관계가 얽힌 상대방, 즉 가맹점을 모집해서 가맹점에 가맹 본부 정책을 이행시켜서 상호 수익을 얻도록 만들어 놓은 사업 구조다.

가맹 본부는 성공적인 사업을 완수하기 위한 사업 시스템을 구축하고 있어야 한다. 예비 창업자는 경쟁력을 지닌 가맹 본부를 선택하게 되어있다. 가맹 본부는 가맹 사업을 전개하면서 주도적으로 펼칠 것이 많지만 상대적으로 지켜야 할 의무 사항도 많다. 가맹 본부가 의무를 준수하지 않으면 곧바로 가맹 분쟁으로 이어져 브랜드 가치가 하락하므로 가맹 사업을 전개하는 창업주 경영자는 유념하고 추진해야 한다.

가맹 사업은 가맹점 사업자가 가맹 본부의 브랜드명, 간판, 상표, 서비스 등 영업표지를 사용하면서 가맹 본부에서 규정한 제품이나 용역을 판매하며, 매장에서의 운영 활동에 대한 가맹 본부로부터의 지도 및 교육, 감독을 제공받는 대가로 가맹금과 로열티를 지급하는 거래 관계이다. 아울러 프랜차이즈 사업 시스템을 확립한 후 가맹점 확산을 위해 전략과 전술을 수립하여 매장을 늘려나가는 것을 의미한다. 가맹점이 오픈된 곳은 운영 매뉴얼 준수와 가맹 본부의 운영 방침을 지키면서 매장을 운영하도록 슈퍼바이저를 통해 지속적으로 매장을 지도하고 감독하여서 매출 증대를 꾀하도록 해야 한다.

가맹 사업을 추진하기 전에는 배달을 병행할 건지 내점만 판매할 건

프랜차이즈 슈퍼바이저의 정석

지 명확하게 사업 방향을 설정하는 것이 필요하다. 테이크아웃 판매를 시행하는지도 결정해야 한다. 경쟁력 있는 메뉴를 선정해서 매장에서 간단하고 효율적으로 제품을 조리하여 고객에게 제공할 수 있도록 시스템을 정립하는 것이 중요하다. 요리보다는 조리 제품의 메뉴가 프랜차이즈화하기가 수월한 편이다.

가맹 본부를 광의로 해석하면 가맹 사업과 같은 의미라고 표현할 수도 있다. 가맹 본부가 추구하는 방향과 역량에 따라서 전 가맹점의 성공 여부가 달려 있는 것이 가맹 사업이기 때문이다. 이것은 프랜차이즈가 지니는 특성이라 할 수 있다. 가맹 본부도 가맹점을 잘 만나야 하지만 가맹점은 특히 가맹 본부를 심사숙고해서 선택해야 낭패를 피할 수 있다.

가맹 본부가 이행해야 할 의무 사항은 꽤 많다. 가맹 본부는 가맹점을 운영할 수 있는 권리를 부여하는 사업자를 말하고, 가맹 희망자는 가맹점 운영권을 부여 받기 위해 가맹 본부와 상담하는 자를 말한다. 가맹점 사업자란 가맹점 운영권을 부여받은 사업자를 의미한다. 가맹금이란 명칭이나 지급 형태와 관계없이 가맹 희망자나 가맹점 사업자에게 가맹점 운영권을 받기 위해 가맹 본부에 지급하는 대가를 뜻한다. 프랜차이즈에서 기본적으로 알고 있어야 할 용어이다.

가맹 본부는 가맹점 사업자에게 일방적으로 부당하게 매장 운영을 하도록 강요해서는 안 된다. 객관적으로 누가 보아도 공정하지 않다고 판단되는 행위를 할 때는 가맹 사업의 존립이 위태로워질 수 있다는 점을 가맹 본부는 인지하고 있어야 한다. 잘나가는 가맹 본부가 별것 아니 겠지 하는 생각으로 추진한 정책이 가맹점의 동의를 구하지 않고 일방 적으로 실시하여 가맹점이 볼 때 가맹 본부의 갑질이라고 판단되어 불 미스러운 일이 발생하는 경우가 많다. 그 후유증이 크게 나타나서 브랜 드 가치가 일시에 훼손되어 사업이 휘청거리는 사례가 많으므로 불공정 행위를 가맹 본부는 해서는 안 된다.

■ 가맹 본부 불공정 행위
① 가맹점의 영업 지원 거절
② 부당한 계약 갱신의 거절
③ 부당한 계약 해지
④ 가격의 강제
⑤ 영업 지역 준수 강제
⑥ 가맹점 사업자의 상품 또는 용역의 판매 제한
⑦ 물품 구입 강제
⑧ 부당한 계약 조항의 설정 또는 변경

(1) 가맹 본부 의무

가맹 본부는 가맹 사업을 추진하면서 가맹점의 재산을 보호하고 수 익을 창출할 수 있도록 의무 사항을 준수해야 한다. 가맹 본부가 이를 지키지 않을 때부터 가맹 본부에 대한 신뢰가 무너지기 시작한다. 또 한 가맹 사업 번창이 수월하지 않을 수 있다. 가맹 본부는 가맹점과 동 반 성장할 수 있도록 효율적인 전략을 수립해서 가맹점이 만족할 수 있

프랜차이즈 슈퍼바이저의 정석

도록 최적의 안을 도출해내야 한다. 실행력을 높일 수 있는 가맹 본부가 되도록 임직원의 역량을 키우는 일이 중요하다.

가맹 사업 속성상 가맹 본부와 가맹점이 공동 운명체 형태를 이루고 있으므로 현장을 도외시하지 않는 경영 정책과 방침을 정하여 슈퍼바이저를 통해 전 가맹점이 통일성을 준수하고 매장을 운영하도록 프랜차이즈 시스템과 운영 매뉴얼을 확립해 놓아야 한다. 또한 프랜차이즈 원리인 공동 구매, 공동 물류, 공동 마케팅을 중시하고 경영 계획을 세워서 실행에 옮기도록 해야 한다.

(2) 가맹 본부 준수 사항

① 가맹 사업의 경영 정책과 세부적인 실천 계획을 수립하고 비전을 제시하고 가맹점과 공유한다.

② 가맹점에서 매출 증대로 인해 수익이 창출되도록 마케팅 및 홍보 활동을 적극적 펼친다.

③ 가맹점에서 편리하게 매장을 운영할 수 있도록 효율적이고 합리적인 주방 시설을 설계하고 만들어 놓아야 한다.

④ 가맹점이 운영 매뉴얼을 잘 이행할 수 있도록 교육 프로그램 구성과 교육 및 지도를 해주어야 한다.

⑤ 가맹 본부가 지켜야 할 객관적인 도덕적 의무 사항을 준수해야 한다.

⑥ 가맹점과 항시 원활한 소통을 할 수 있는 운영 시스템을 갖추고 실천해야 한다.

⑦ 가맹점에서 판매 행위를 하는 데 어려움이 없도록 원부재료 공급

을 원활하게 해줄 수 있는 사업 시스템을 구비하고 있어야 한다.

⑧ 가맹 본부를 대신하여 가맹점과 소통하고 지도 및 개선, 감독하는 슈퍼바이저 제도를 운영해야 한다.

⑨ 정기적으로 신메뉴를 출시하고 히트 메뉴 개발에 전력을 다해야 한다.

⑩ 예비 창업자에게 허위로 정보를 제공하지 않고 가맹 본부에 대한 과장 광고를 하지 말아야 한다.

⑪ 가맹점 사업자와 대화와 협상을 통해 분쟁 해결에 노력한다.

⑫ 상품이나 용역의 품질 관리와 판매 기법의 개발을 위해 지속적으로 연구하고 실천한다.

(3) 가맹 본부 팀 편제

가맹 본부의 조직도는 가맹 본부 사정에 따라 다양하게 구성되어서 운영되고 있다. 가맹점을 확산시키기 위한 필수 부서는 거의 비슷하게 이루어져 있다고 보면 된다. 한 가지 분명한 사실은 메이저급 프랜차이즈 가맹 본부가 되기 위해서는 "프랜차이즈 사업은 사람 사업이다."라는 말을 항시 염두에 두고 조직을 구축해야 할 필요가 있다는 것이다. 프랜차이즈는 조직 구성원의 역량에 따라서 목표 달성 여부가 결정되는 경우가 많다. 사람에 의해서 사람을 움직이게 만들어 실천하여 성과를 내는 시스템이기에 그렇다. 사람에 의해서 사람을 움직여서 실천하게 만드는 시스템이 프랜차이즈 속성이다. 가맹 본부는 현장에서 가맹점을 움직이게 하여 가맹 본부의 정책을 강력하게 실행할 수 있도록 라인 조직과 스탭 조직을 구분한 후 명확한 직무를 부여해 줄 수 있는 조직을 구성해야 한다.

① 영업부

신규 개설부터 오픈까지 예비 창업자의 영업 상담에서부터 계약 체결까지의 일련의 과정을 담당하는 부서이다. 점포 개발부터 사업 설명회를 비롯해서 창업 시장 추이까지 파악해서 보고하는 업무를 담당한다. 점포 개발팀이라 호칭하는 가맹 본부도 있는데 같은 개념이다. 가맹을 희망하는 자를 물색할 수 있어야 하고 창업박람회 참가를 준비하고 실천하며 지역 상권에 해박한 실력을 겸비하고 있어야 한다. 브랜드에 대한 확신을 갖고 성실하게 상담할 수 있는 인격을 지니고 있어야 한다.

② 운영팀

가맹점을 지도하고 관리하며 감독하고 개선하는 역할을 담당하는, 프랜차이즈 사업에서 중추적인 임무를 수행하는 부서이다. 현장의 최일선에서 가맹점 매출 증대를 위해 활동하는 슈퍼바이저들로 구성된 팀이다. 가맹 본부의 제반 정책을 가맹점에 전파하고 매뉴얼을 준수하면서 매장을 운영할 수 있게 지원해주는 일을 담당한다. 운영 팀장의 지휘를 받으며 업무를 이행하고 가맹점 수에 맞추어 1팀, 2팀, 3팀 등으로 세분화된다.

③ 마케팅 및 홍보

브랜드 파워를 높일 수 있도록 판매 촉진 정책을 수립하고 실행하며 각종 매체를 통해 브랜드에 대한 홍보와 고지 활동을 하는 부서이다. 브랜드의 특장점을 전파해서 대중에게 각인시키는 제반 활동을 한다. 업무 속성상 분야별 경력자로 구성되어 있다. 마케팅 직무는 업무가 지니는 고유의 성질로 인해 이직이 잦은 편이다. 프랜차이즈 특성상 마케팅을 통해 투자 대비 성과를 올리기가 쉽지 않은 면도 작용한다고 볼 수 있다.

④ 인테리어팀

신규 점포 실측을 하고 공사와 관련하여 전반적인 업무를 담당한다. A/S 관리 및 공사 협력 업체를 관리하고 가맹 본부 여건상 감리 활동을 병행하는 경우도 있다. 인력 조달이 의외로 용이한 부서이다. 타부서에 비해 적은 인원으로 업무를 담당하고 있는 경우가 많다. 공사 업체에서 도면을 그려주는 것이 일반적이지만 도면을 그리는 전문 인력을 두는 가맹 본부도 있다. 1명에서 2명이 주로 업무를 담당하고 있다.

⑤ 구매팀

원부재료 조달 및 관리를 담당하고 원가 절감을 위한 대책을 수립하며 협력 업체를 관리한다. 가맹점의 원부재료 클레임에 대응해주며 처리해 주어야 한다. 양질의 원부재료를 공급할 수 있고 다량의 수량을 확보할 수 있는 협력 업체 물색도 핵심적인 업무이다. 가맹점 수가 많아질수록 업무 영역이 넓어지는 부서이다. 운영팀과의 업무 공유가 필요한 부서이다.

⑥ 물류팀

가맹점에서 판매하는 제품에 대해 신선함을 유지한 상태로 배송하여 매장을 운영하는 데 차질 없게 해주는 기능을 담당한다. 프랜차이즈 가맹 본부 대다수는 가맹점 배송을 직영으로 운영하기보다는 삼자 물류를 통해서 배송하는 제도를 활용하고 있는 실정이다. 구매팀에서 병행하여 업무를 담당하는 경우도 있다. 통칭 구매 물류팀이라고 부른다.

⑦ 교육팀

신규 창업자와 매장을 운영하고 있는 가맹점 사업자 및 매장 근무자에 대한 교육을 담당한다. 메이저급 가맹 본부 교육팀은 임직원 교육도 병행한다. 교육팀은 매장 일에 대해 해박한 지식을 소유한 인력으로 구성해야 한다. 처음으로 가맹점에서 프랜차이즈 원리를 이해하고 공부하는 시점이기에 최고의 인력으로 편성해 놓아야 한다. 조직이 확대되면 교육개발팀 및 연수팀으로 세분화시키는 경우도 있다.

⑧ 전략기획팀

경영 비전 및 전략을 수립한다. 각 팀의 직무 조정과 통제 기능을 담당한다. 업무 성과를 분석하고 평가하며 보상 체계를 정립한다. 중장기 세부 실천 계획을 구체적으로 확립한다. 경영 목표를 정하고 분기별 및 월간 계획과 세부 실천 사항을 수립한다. 경영자 대외 업무를 보좌하고 대관 업무를 담당한다. 주요 정책을 결정하는 부서이다. 관련 부서와 업무 협조를 해야 효율적으로 정책안이 확정되어 현장에서 실천하여 성과를 내기 쉽다.

⑨ 영업지원팀

가맹점을 오픈하고 운영하는 데 필요한 사항을 지원하고 도와주며 자료화해서 현장에서 실행력을 높일 수 있게 지원 사격을 해주는 일을 담당한다. 슈퍼바이저의 업무를 덜어주는 역할을 해주는 부서이다. 가맹 사업의 연속성을 위해 현장의 일을 질서 있게 정리하고 자료화해 놓는 일을 한다. 별도로 영업 지원 부서를 안 두는 경우는 운영팀에서 직접 수행하게 된다.

⑩ 메뉴 개발팀

신메뉴 개발에 집중한다. 연간 2회 새로운 메뉴를 출시하는 것이 기본적이다. 메뉴 전문가로 구성하는 것을 원칙으로 한다. 중견 가맹 본부급 이상에서 활발하게 운영되고 있는 부서이다. 사업 초기는 메뉴 카피가 주류를 이루고 있는 편이다. 식자재 업체의 도움을 받아 메뉴 개발을 하는 사례도 있다. 기존 메뉴 매출 추이를 분석하고 대처하는 일을 한다. 슈퍼바이저 메뉴 교육도 실시한다.

⑪ 경영 지원팀

재무 및 회계 업무와 경영 전반의 자금 관련 업무를 담당한다. 인사 업무와 직원의 복지 관련 업무를 병행해서 담당한다. 가맹점이 확산하면 경리팀과 인사팀 및 총무팀으로 구분하여 편성하는 경우도 있다. 가맹 본부 여건에 부합하게 세분화시켜서 팀을 편제하는 것이 효과적이다.

2. 가맹 본부 선택 기준

가맹점 관리를 하다 보면 가맹점 사업자가 가맹 본부에 대한 불만 요인을 자주 거론하게 된다. 이때 슈퍼바이저가 가맹 본부를 대변하려면 가맹 본부에 대한 일정한 지식이 있어야 대화의 주도권을 가져올 수 있다. 상대를 설득하려면 설득하려는 분야에 대한 실력이 있어야 가능하다.

가맹 본부를 선택한다는 것은 브랜드를 선택하는 것이다. 예비 창업자는 차별성이 있고 경쟁력 있는 브랜드를 우선하여 선택하게 되어있다. 즉 가맹 본부는 브랜드에 따라서 당연하게 어쩔 수 없이 선택된다고보는 것이 옳다. 가맹점이 다수일수록 가맹점 사업자의 가맹 본부에 대한 평판이 신규 계약 체결에 영향을 미치는 사례가 많다. 슈퍼바이저가가맹점 지도 및 관리를 잘 해주어야 가맹 본부에 대한 우호도가 좋아져서 가맹점 확산으로 이어지기 쉽다.

가맹 본부에 창업 문의를 하거나 방문 상담을 받을 때 유난히 가맹본부 입장에서만 브랜드를 자랑하고 홍보하는 경우가 있다. 객관적인브랜드 경쟁력을 어필하는 데 주력할 필요가 있다. 예비 창업자는 브랜드 강점과 약점을 잘 파악한 후 가맹 본부를 선택하는 지혜가 요구된다.항상 어느 조직이나 장단점이 있으므로 유심히 살펴보고 신중하게 브랜드를 결정하고 가맹 본부를 선택해야 한다. 가맹 본부가 주관적인 브랜드의 우위보다는 상대적으로 비교할 수 있는 객관적인 경쟁력을 강조할 때 예비 창업자가 가맹 본부를 선택하게 하는 데 유리하다. 표면적이고 외형적으로 부각된 점만 보고 브랜드와 가맹 본부를 결정하지 말고 내부적인 사업 시스템을 확인한 후 최종 결정하는 것이 현명한 처사이다.

대부분 예비 창업자는 아이템을 선정해 놓고 그중에서 고객한테 호응도가 높고 수익이 괜찮을 것 같은 브랜드를 결정한 후 가맹 본부에 상담 문의 전화를 하여 창업 절차를 밟아가는 것이 기본이다. 가맹 본부가 곧 브랜드라고 통용되고 있어서 브랜드를 선택한 후에 가맹 본부는 크게 중시하지 않는 것이 외식 창업 시장의 현실이다. 메이저급 가맹 본부를 제외하고는 실질적으로 업무 시스템을 제대로 갖추고 가맹 사업을 전개하는 곳이 많지 않은 편이다. 제대로 된 운영 시스템을 갖추지 못한 가맹 본부는 브랜드 경쟁력을 갖추기가 용이하지 않아서 가맹점이 본의 아니게 피해를 볼 수 있다는 부분을 유념해야 한다.

(1) 브랜드 결정 핵심 요인
① 매장 운영이 용이하고 조리가 간편하다.
② 매장 매출과 수익이 보장된다고 확신이 든다.
③ 가맹점의 가맹 본부에 대한 평이 좋다.
④ 가맹 본부 시스템이 안정화되어 있다.
⑤ 대중성이 있는 아이템이다.
⑥ 안정성 및 성장 가능성이 있다.
⑦ 제품의 가성비가 좋다.

⑧ 직영점이 잘 운영되고 있다.

⑨ 정보공개서가 신뢰가 간다.

⑩ 첫 상담 시 왠지 믿음이 간다.

(2) 브랜드 선호 이유

① 기존 매장이 고객들로 꽉 차 있어서

② 지인이 권유해서

③ 계약 조건이 마음에 들어서

④ 성장 가능성이 있다고 판단되어서

⑤ 뜨고 있는 아이템이라서

⑥ 브랜드 스토리가 좋아서

(3) 피해야 할 가맹 본부

① 소규모 투자를 해서 큰 수익을 창출한다.

② 창업자 마음을 고려하지 않고 영업 실적에 급급해 창업을 재촉한다.

③ 매장 평균 매출 자료 제공을 회피한다.

④ 매출을 과대하게 포장해서 강조하는 기분을 준다.

⑤ 매장이 폐점하는 비율이 높다.

⑥ 다업종의 브랜드 가맹 사업을 하고 있다.

⑦ 슈퍼바이저 제도가 활성화되어 있지 않다.

⑧ 물류 시스템이 미흡하다.

⑨ 직영점이 활발하게 운영되지 않고 있다.

⑩ 상권 보호가 이루어지지 않고 있다.

(4) 가맹 본부 필수 확인 사항
① 정보공개서를 상세하게 확인한다.
② 가맹 비용을 감면하거나 할인해준다고 현혹돼서는 안 된다.
③ 물류 시스템을 확인해보아야 한다.
④ 가맹점 지원 관리 시스템을 살펴보아야 한다.
⑤ 매장을 운영하고 있는 가맹점 사업자의 평판을 들어본다.
⑥ 직영점 운영 상태를 알아본다.
⑦ 영업권 보호 구역을 확답받는다.
⑧ 영업 상담을 외부에 맡기는지 확인한다.
⑨ 성숙기인지 쇠퇴기로 접어들고 있는지 판단한다.
⑩ 메뉴 개발 및 교육 시스템을 확인한다.

3. 가맹 본부 필수 제공 사항

가맹점 사업자가 매장을 오픈하기 전에 가맹 본부에서 제공해야 할 사항과 준수해야 할 일이 있다. 미이행하는 가맹 본부는 불이익을 받게 되므로 영업 담당은 업무 숙지를 정확히 해서 실천해야 한다. 슈퍼바이저도 창업에 관련한 일을 숙지하고 있어야 가맹점 관리와 지도가 용이하다. 영업하고 운영은 항시 같이 이루어진다고 보아야 한다. 프랜차이즈가 지니는 속성이다. 슈퍼바이저가 멀티플레이어가 되어야 하는 이유다.

(1) 정보공개서 등록

가맹 사업을 위해서 가맹 본부는 정보공개서를 공정거래위원회에 반드시 등록한 후 가맹 사업을 추진해야 한다. 정보공개서 등록은 가맹 계약을 체결할 시에 쌍방의 당사자 사이에 정보 불균형으로 인해 약자의 위치에 있는 자가 불이익을 당하지 않도록 하기 위한 제도이다. 가맹 본부의 정책을 일방적으로 수행해야 하는 가맹점 입장에서는 약자의 위치에 놓인다고 할 수 있다. 가맹 본부의 전반적인 사항에 대해서 사실적으로 기재하여 등록하도록 의무화해 놓아서 가맹점이 정보 부재로 피해를 보지 않도록 안전장치를 마련해 놓은 것이 정보공개서 등록 제도이다.

▣ 정보공개서 기재 사항
① 가맹 본부 일반 현황
② 가맹 본부의 가맹 사업 현황
③ 가맹 본부와 그 임원
④ 가맹점 사업자의 부담
⑤ 영업 활동에 관한 조건과 제한
⑥ 가맹 사업의 영업 개시에 관한 절차와 소요 기간
⑦ 교육 훈련에 대한 설명

(2) 인근 가맹점 현황 문서 제공

가맹 희망자의 장래 점포 예정지에서 가장 인접한 가맹점 10개에 대한 현황을 제공해주어야 한다. 정보공개서 제공 시점에 가맹 희망자의 장래 점포 예정지가 속한 광역 지방자치단체에서 영업 중인 가맹점의 수가 10개 미만인 경우에는 해당 광역 지방 단체 내의 가맹점 전체의 상호, 소재지 및 전화번호가 적힌 문서를 가맹 본부는 예비 창업자에게 제공하여야 한다. 가맹을 희망하는 자가 브랜드에 대한 여러 궁금한 사항에 대해서 기존 운영 중인 매장을 방문하여 눈으로 직접 보고 결정할 수 있게 하는 것은 예비 창업자를 보호하기 위한 제도이다.

(3) 예상 매출액 산정서 제공

가맹 본부는 예비 창업자에게 향후 발생할 매출 및 수익에 관하여 서면으로 반드시 제공해주어야 한다. 가맹 희망자의 점포 예정지에서 영업 개시일로부터 1년간 발생할 것으로 예상되는 매출액의 최저액과 최고액으로 확정된 범위를 정한 문서를 제공해야 한다. 매출액의 최고액은 그 매출액의 최저액의 1.7 내로 산정해야 한다.

■ 예상 매출액 산정서 기재 내용
① 예상 매출액
② 예상 수익
③ 매출 총이익
④ 당기 순이익 및 장래의 예상 수익에 관한 정보

(4) 가맹금 예치 제도

가맹 사업을 추진하면서 가맹 본부는 가맹점 사업자로부터 최초의 가맹금을 수령할 때 직접 수령할 수 없고 일정 기간 금융기관 등에 예치하였다가 반환 사유가 없을 때만 수령할 수 있다. 예비 창업자를 보호해

주기 위한 제도이다. 단 가맹 본부에서 가맹 사업자 피해 보상 보험 계약을 체결해 놓았을 시는 직접 수령이 가능하다. 유동 자금이 필요한 가맹 본부에서 활용하는 방식이다.

(5) 가맹 계약서 제공

프랜차이즈 가맹 사업은 가맹 본부와 가맹점이 하나의 틀 속에서 함께 사업을 영위해가는 조직 형태의 사업 구조이다. 가맹 본부와 가맹점은 각자의 신뢰 속에 공동으로 투자해서 영리를 목적으로 운영하는 계약으로 맺어진 관계이다. 가맹 본부와 가맹점은 가맹 계약서에 의거 각자의 역할을 수행하고 있기에 신규 창업자는 가맹 계약서 내용을 충분하게 이해한 후 매장을 운영해야 향후 문제 소지가 발생하지 않게 되어 있다. 가맹 계약을 맺을 시는 계약서 내용을 꼼꼼하게 살펴보아야 한다. 가맹 본부에서는 가맹 계약서를 가맹 계약의 체결이나 가맹금의 최초 수령일 중 빠른 날 이전에 가맹 사업자에게 제공해야 한다.

가맹점 사업자는 계약 기간 만료 전에 가맹 본부에 계약 갱신을 요구할 수 있다. 가맹점 사업자의 계약 갱신 요구권은 최초 가맹 계약 기간을 포함한 전체 가맹 계약 기간이 10년을 초과하지 아니하는 범위 내에서만 행사 가능한데 현실은 그러지 아니하다. 10년 동안 한 브랜드의 가맹 본부를 선택해서 매장을 운영한다는 것이 쉽지 않고 실제로 10년 넘게 운영하고 있는 곳이 많지 않아서 가맹 본부는 특별한 사정이 없는 한 가맹점에서 원할 때 재계약을 해주고 있다. 매장 운영한 지 10년 넘었다고 가맹 본부에서 일방적으로 계약을 종료하는 경우는 극히 드물다. 프랜차이즈 사업을 영위하면서 가맹 계약 갱신은 가맹점보다는 가맹 본부의 주도하에 이루어지고 있는 편이다. 가맹점 하나를 오픈시킨다는 것이 말처럼 쉽지 않기에 재계약은 특이한 상황이 발생하지 않는 한 자동적으로 시행하고 있다.

가맹점에서 계약 기간 동안 가맹 본부의 운영 매뉴얼을 미준수했을 시는 가맹 본부에서 갱신하지 않아도 되는 예외 조항을 두고 있으므로 가맹점은 자신의 의무 사항을 준수해야만 권리를 주장할 수 있음을 인지하고 매장을 운영해야 한다. 슈퍼바이저가 이 점을 가맹점 사업자에게 주지시켜 주어야 한다. 프랜차이즈 가맹 계약 갱신은 최초 가맹 계약 기간을 2년으로 정하고 매년 또는 2년마다 정기적으로 재계약을 추진하고 있는 것이 일반적인 외식 프랜차이즈 추세이다. 가맹 본부에서 특정한 사실을 입증하지 못하면 재계약을 중단하기 쉽지 않아 재계약은 계약 기간이 경과되면 자동으로 행해지는 것이 일반적이다. 가맹 본부에서는 가맹점 하나가 수익과 직결되기에 섣불리 가맹점을 해지할 수 없기 때문이다.

■ 가맹 갱신 예외 조항
① 가맹점 사업자가 가맹 계약상의 가맹금 등의 지급 의무를 지키지 않은 경우
② 다른 가맹점 사업자에게 통상적으로 적용되는 계약 조건이나 영업 방침을 가맹점 사업자가 수락하지 않은 경우
③ 가맹 본부의 중요한 영업 방침을 지키지 않은 경우

▣ 가맹 계약서 기재 내용

① 영업표지 사용권

② 가맹점 사업자의 영업 활동 조건

③ 가맹점 사업자의 교육 경영 지도

④ 가맹금 등의 지급

⑤ 영업 지역의 설정

⑥ 계약 기간

⑦ 영업의 양도

⑧ 계약 해지에 관한 사항

⑨ 가맹금 예치 제도

⑩ 가맹거래사 및 변호사 자문

⑪ 가맹금 등 금전의 반환 조건

⑫ 설비 집기의 설치와 유지 보수

⑬ 계약의 종류와 해지에 따른 조치

⑭ 가맹 본부의 가맹 계약 갱신 거절

⑮ 가맹 본부의 영업 비밀

⑯ 계약 위반으로 인한 손해 배상

⑰ 분쟁 해결 절차

(6) 허위 과장 정보 제공 금지 의무

가맹 본부는 사실과 다르게 정보를 제공하거나 사실을 부풀려 정보를 제공하여서는 안 되고 계약의 체결 및 유지에 중대한 영향을 미치는 사실을 은폐하거나 축소하는 방법으로 정보를 제공하는 행위를 해서는 안 된다.

4. 가맹 본부 설립 절차

슈퍼바이저가 가맹 본부 설립 과정을 알고 있으면 프랜차이즈 원리와 특성을 이해하게 되어 가맹점 방문 시 대화의 주도권을 가져오는 데 유리하다. 슈퍼바이저가 간혹 향후 가맹 사업을 하게 될 경우도 있으므로 설립 절차를 숙지해 놓으면 도움이 될 수 있다.

(1) 아이템 선정

가맹점 확산이 용이한 아이템을 선정해야 한다. 점포를 손쉽게 구할 수 있는 평수와 저렴한 창업비로도 매장 오픈이 가능하고 수익이 나올 수 있는 아이템을 선정하는 것이 중요하다. 경쟁력이 있다고 판단되는 아이템이라도 매장을 얻기가 힘들고 특정 소수, 즉 자금력 있는 예비 창업자만 오픈이 가능한 아이템은 가맹점 확산에 한계가 있기에 프랜차이즈 사업을 펼치는 데 권장할 아이템으로 적합하지 않다고 할 수 있다. 대중성이 있는 아이템이 가맹 사업을 성공시키는 데 유리하다.

(2) 상표 등록

상표 등록이 가능한 브랜드 네임을 정해서 사전에 등록하는 것을 놓쳐서는 안 된다. 상표 등록은 다 때가 있는데 빠르면 빠를수록 유리하다. 브랜드명을 정하기 전에 상표 등록 결격 사유가 있는 네임인지 미리 상세히 알아보아야 하며 남이 향후 등록할 수도 있으니 서둘러서 상표 등록을 마치는 것이 유리하다. 유사 상호 및 고유 명사 등 생각보다 제약이 많이 따르게 되는 것이 상표이다. 사업을 전개하기 전에 사전에 상표 등록을 해놓는 것이 편리하다.

(3) 메뉴 개발

프랜차이즈 사업과 개인 장사는 성질이 완전히 다르므로 메뉴 개발 자체를 달리해야 한다. 가맹 본부는 전국적으로 동일한 맛을 낼 수 있는 메뉴를 개발해야 한다. 1차 가공이 되어 원팩으로 공급할 수 있는 제품을 개발해야 동일한 품질이 나오게 하는 데 유리하다. 메뉴의 경쟁력이 사업의 성패를 좌우하게 되기에 실력 있는 메뉴 개발자 발굴이 필요하다.

■ 세부 실천 사항
① 원가 분석을 통해서 수익성이 날 수 있는 메뉴 개발
② 합리적인 판매 가격 결정
③ 사실감 있는 메뉴 사진 촬영
④ 공산품 구분 확정
⑤ 전용 상품 확정
⑥ 원 팩 시스템 도입
⑦ 제품에 적합한 소스 개발

(4) 물류 업체 선정

완성된 제품을 전국에 공급해서 판매가 이루어지도록 물류 시스템

을 완비하도록 해야 한다. 사업 초기에는 가맹 본부가 자체적으로 배송하는 경우도 있는데 지양할 필요가 있다. 처음에는 지역적 한계가 있어서 그 지역에 국한한 물류 배송을 하는 경우가 많은 편이나 가급적 초기부터 전국 물류망을 구축하는 시스템을 갖추는 것이 경쟁력 측면에서 좋다.

　■ 물류 배송 방식
　① 지역적으로 배송하는 물류 방식
　② 전국을 동시에 배송하도록 대형 외주 업체에 위탁하는 물류 방식
　③ 가맹 본부에서 자체적으로 시행하는 물류 방식

(5) 인테리어

누가 보아도 프랜차이즈 가맹점이라는 인식을 갖도록 세련되고 무언가 짜임새 있으며 정형화되어 있고 안정감 있는 인테리어가 되도록 해야 한다. 인테리어는 브랜드와 조화를 이루게 구성하고 효율성을 고려한 평당 단가를 책정하여 시대 변화에 어울리고 트렌드를 감안한 설계를 하여야 한다. 프랜차이즈 외식업은 간판을 보는 순간 어떤 아이템이고 어떤 메뉴를 취급한다는 것을 한눈에 들어오게 해야 하는 것이 필수다. 외부 및 내부를 보면 프랜차이즈 브랜드임을 간파할 수 있어야 한다.

(6) 디자인

현대의 프랜차이즈는 디자인 경쟁 시대라 할 수 있다. 세련되고 럭셔

리하게 타 브랜드와 차별화할 수 있는 고급화된 디자인 구성을 하도록 해야 할 필요가 있다.

각종 디자인을 보면 기업의 품격을 간파할 수 있다. 예비 창업자에게 브랜드 파워를 전하기 위한 회사 소개서를 비롯해 브로셔 및 홍보물 제작에 심혈을 기울여야 하는 이유이다.

(7) 협력 업체

프랜차이즈 가맹 본부는 협력 업체와 좋은 비지니스 파트너 관계를 형성해야 한다. 좋은 원자재를 값싸게 공급받을 수 있고 사후 서비스를 잘해주는 협력 업체를 확보하고 있는 것도 가맹 사업을 하는 데 큰 행운이고 복이다. 의외로 가맹 사업을 하기 위한 협력 업체 수가 많다. 협력 업체는 안정적인 사업 시스템을 구축하여 가맹점이 만족할 만하게 양질의 물품을 공급할 수 있는 곳으로 선정해야 한다. 한번 협력 업체와 거래하게 되면 중간에 변경하기가 여건상 쉽지 않으므로 초기에 분야별로 경쟁력을 갖추고 있는 협력 업체를 정해야 한다. 가맹 사업이 확산되면 복수의 협력 업체와 거래하는 것이 효과적이다.

■ 필수 협력 업체
① 포스
② 간판
③ 주방 기기
④ 주류
⑤ 식자재

⑥ 디자인

⑦ 물류

⑧ 소스

⑨ 인테리어

⑩ 의탁자

⑪ 싸인 몰

⑫ 광고

(8) 개설 절차

가맹 본부는 예비 창업자가 아이템과 브랜드를 확정하고 창업 문의를 해서 매장을 오픈하기까지의 일련의 과정에 대한 개설 프로세스를 확립해 놓아야 한다.

■ 오픈 준비 사항

① 가맹비

② 교육비

③ 인테리어 평당 가격

④ 간판 가격

⑤ 의탁자 비용

⑥ 매장 평수

⑦ 교육 기간

⑧ 입지 및 상권

⑨ 공사 기간

(9) 정보공개서 등록

가맹 사업을 전개하려면 반드시 정보공개서와 가맹 계약서를 공정거래위원회에 사전에 등록해야 한다. 가맹 사업 거래의 공정화에 관한 법률 시행령에 의한 정보공개서 신규 등록 신청서가 양식화되어 있다. 정보공개서를 등록해본 경험이 있는 직원을 둔 가맹 본부를 제외하고는 가맹거래사를 통해서 등록시키는 것이 효과적이다. 가맹 사업을 하다 보면 수시로 정보공개서를 변경해야 할 시점이 많다. 정보공개서를 연 1회 신고하는 가맹 본부가 미래를 내다보며 정책을 추진한다고 말할 수 있다. 정보공개서 내용이 곧 가맹 계약서 내용과 직결되기에 동시에 수정해서 변경 신청해야 한다.

(10) 매뉴얼 수립

프랜차이즈는 전 매장이 통일성 있게 운영되어야 한다. 가맹점에서 매뉴얼을 준수하고 매장을 운영해야 가맹 사업이 성공하게 되어있다. 현장에서 동일하게 매장을 오픈하고 운영할 수 있는 가맹 본부의 지침서격인 오픈 및 운영 매뉴얼을 필히 만들어 놓아야 한다. 매뉴얼 없이 주먹구구식으로 가맹점을 지도하는 것으로 지도한다는 것은 성공적인 가맹 사업을 펼칠 수 없다. 가맹 본부는 사업 초기부터 분야별로 매뉴얼을 정립해 놓아야 한다.

◼ 매뉴얼 종류
① 오픈 매뉴얼
오픈 매뉴얼은 개점 매뉴얼이란 표현으로도 사용하고 있다. 신규 창

업자가 상담부터 오픈까지의 과정을 담은 매뉴얼과 매장에서 고객을 맞이하기 전까지 실시하는 매뉴얼로 구분해서 만들어야 한다. 이 부분을 대다수 프랜차이즈에서 분리해서 사용하지 않고 병행해서 사용하는 경우가 많다. 여기서 말하는 매뉴얼은 쉬운 표현으로 매장 문을 열기 전까지 준비해야 할 각종 절차와 실천해야 할 일을 뜻한다.

② 운영 매뉴얼

가맹점에서 고객에게 양질의 제품을 완성하여 고객이 만족할 수 있는 서비스를 제공하기까지의 제반 사항에 대한 매뉴얼을 말한다. 운영 매뉴얼을 얼마만큼 전국 가맹점에서 준수하느냐가 브랜드 가치를 증대시키는 1차적인 요인이라고 할 수 있다. 매뉴얼을 준수하도록 슈퍼바이저가 가맹점을 지도하고 감독하는 기능을 강조해야 하는 이유이다. 가맹점마다 특유의 환경이 있어서 운영하는 방식이 제각기 다르게 될 수 있다. 이 점을 바르게 하여 일률적인 매장 운영이 되도록 잡아 주는 것이 슈퍼바이저가 해야 할 일이다. 제본을 만들어서 가맹점에 비치해서 수시로 확인하면서 매장을 운영하도록 해야 한다.

③ 교육 매뉴얼

신규 창업자가 매장을 운영하기 위해서 받는 기초 교육부터 매장을 운영하면서 일정 기간이 경과한 후 받는 보수 교육까지 다양한 교육 커리큘럼을 정해놓고 체계적인 가맹점 교육을 실시해야 한다. 교육은 프랜차이즈 사업의 성패를 가르는 중요한 부분이기에 최고의 인력으로 편성해서 체계적으로 강력하게 실시해야 한다. 교육은 어떤 교육을 누가 누구를 대상으로 할 것인지를 명확하게 규정해 놓아야 한다. 교육 참석률을 중요시해야 하며 불참 시 불이익 사항을 사전에 명시해서 참석률을 높이도록 해야 한다. 이것이 강력한 브랜드가 될 수 있는 단초이다.

④ 안테나 매장 오픈

어느 장소에 어떤 식으로 안테나 매장을 오픈하느냐가 가맹점 확산의 핵심적인 요인이 된다. 가맹 사업에서 1호점의 성공 여부와 상징성은 매우 크다. 안테나 매장이 성공해야 사업의 미래가 보이기 때문이다.

기존에 장사하던 곳은 프랜차이즈 사업만이 가지는 고유의 인테리어 특성에 부합하기가 어려워 모델 매장으로 활용하는 데는 한계가 있다. 이럴 경우는 그곳은 굳이 리뉴얼을 하지 말고 원조 매장으로서 스토리가 있는 매장으로 활용하는 것이 유리하다. 안테나 매장은 프랜차이즈라는 이미지가 눈에 확 들어오도록 장소를 정하고 인테리어하는 것이 원칙이다. 그렇다고 장소를 굳이 번화가만 고집할 필요는 없다. 보통의 상권, 즉 적절한 창업비가 소요되는 곳에서 투자 수익률이 나올 수 있는 곳을 물색해서 오픈시키는 가맹 본부도 있다. 점포 비용을 최소화할 수 있는 지역에서도 수익이 나올 수 있다는 것을 보여주기 위해 A급지가 아닌 지역에 안테나 매장을 오픈하는 것도 고려해볼 만하다.

⑤ 가맹 본부 인력

가맹점이 활성화되기 시작하면 부서별로 인력을 확보해야 하는데 외식업 특성상 창업주 경영자와 평소 신뢰를 쌓고 있는 지인을 영입해서 육성시켜 가맹 사업을 추진하는 경우가 많은 편이다. 사업 초기는 지인으로 구성된 조직이 안정되게 사업을 전개하는 데 유리하다. 믿을 수 있는 인력과 함께 사업을 펼친다는 것은 경영자로서는 최대의 축복이다.

인복이 유난하게 있는 사업가가 있다. 역량이 출중한 책사가 있어서 사업의 중심과 방향을 잡아주어 프랜차이즈 사업이 번창하는 곳이 많다. 특히 외식 프랜차이즈에서 인재가 차지하는 비중은 말로 할 수 없을 정도로 크다. 사람 사업이라고 표현하는 이유이다.

⑥ 사무실 구비

가맹 사업 초기의 사무실은 넓은 평수가 아니어도 무방하나 가급적 주차 시설이 되어 있는 곳으로 구하는 것이 좋다. 가맹 사업 초기에 안테나 매장 한쪽에 사무실을 구하는 경우도 있는데 비효율적이다. 브랜드 간판을 한눈에 보이도록 설치하고 법인명까지 하단에 표기하는 것이 브랜드를 대중에게 알리고 신뢰를 줄 수 있다. 프랜차이즈 가맹 본부는 값비싼 역세권이라든지 유동인구가 많은 복잡한 곳에 설립할 필요는 없다. 대중에게 많이 알려진 간판이 있는 곳이면 더욱 좋다. 예비 창업자와 가맹점 사업자가 찾아오기 편리해서이다. 상담실과 교육장은 필수이다.

⑦ 마케팅

프랜차이즈에서 최고의 브랜드 마케팅 전문가는 현재 매장을 운영하고 있는 가맹점이다. 가맹점에서 고객이 문전성시를 이루어 웨이팅이 걸리면 자연적으로 브랜드 가치는 하늘을 치솟게 되어 있다. 가맹 본부에서 마케팅에 치중 안 해도 예비 창업자의 창업 문의가 쇄도하게 되어 있다. 이것은 입증된 사실이다. 단 이 단계까지 오게 하기가 쉽지 않다는 것이 문제이다. 이것이 풀어야 할 가맹 본부의 숙제다. 매장에 고객이 많다고 가맹점 확산이 용이하게 이루어지는 것은 아니다. 가맹점 사업자가 수익 면에서 만족하고 있느냐가 최대의 관건이다. 프랜차이즈 사업에서 어떻게 하는 것이 최고의 마케팅이고 홍보인지 해답을 찾기가 쉽지 않다. 여건에 맞게 실행하는 것이 최선이다.

part 7

슈퍼바이저 역할에 따라
가맹 분쟁을 최소화할 수 있다

1. 가맹점 속성

슈퍼바이저는 프랜차이즈를 명확하게 이해하려면 가맹점의 특징이나 성질을 이해하고 있어야 한다. 가맹 분쟁을 사전에 차단하기 위해서는 더욱 그렇다. 가맹점은 가맹 본부로부터 상호 및 상표와 지적 재산권과 운영 노하우를 전수받아서 일선 현장에서 고객과 최초 접점에서 판매 행위를 하는 곳을 지칭한다. 가맹점은 개인이 운영하는 매장과는 달리 가맹 본부가 정하고 있는 정책에 따라 현장에서 매장을 운영해야 하는 특수성을 지닌 곳이다. 가맹점은 일반 매장과는 달리 가맹 본부의 역량에 따라서 매출과 수익이 나타나게 되어있는 특수 매장으로 장사 경험이 미천해도 가맹 본부의 매뉴얼과 방침을 지켜가면서 손쉽게 매장을 운영할 수 있는 장점을 갖고 있다. "가맹점은 가맹점일 수밖에 없다,"라는 말이 있는 것처럼 가맹점 사업자는 거의 자신의 매장에만 국한하여 문제를 보려는 시각을 갖는 특성을 지니고 있다고 보아도 무방하다. 외식 프랜차이즈가 갖는 고유의 성질이다. 이렇게 다양한 생각을 지니고 매장을 운영하는 가맹점이 모두 가맹 본부의 방침을 이행할 수 있도록 하기 위해 슈퍼바이저가 존재하는 것이다.

(1) 가맹점 의무

가맹점은 가맹 본부의 정책을 현장에서 그대로 이행해야 하는 의무를 지니고 있다. 프랜차이즈 시스템은 가맹 본부와 가맹점이 공동체이기 때문에 개별적으로 운영해서는 성과를 내기가 어려운 구조이다. 함께 해야만 수익이 발생할 수 있는 시스템이다. 가맹점은 독단적으로 매장을 운영하여서는 안 된다. 가맹점은 프랜차이즈를 선택했을 때는 가맹 본부의 정책 사항과 매뉴얼을 준수하겠다는 생각을 지니는 것이 무엇보다도 중요하다. 이것이 선행되어야 가맹점으로서 권리를 주장할 수 있다.

프랜차이즈 산업은 가맹 본부와 가맹점이 일방적인 행동으로서는 성공할 수 없는 사업 형태이기에 그렇다. 가맹점이 본연의 의무를 이행하도록 지도 및 관리 감독하는 기능을 슈퍼바이저가 잘 해주어야 한다. 그래야 가맹 본부와 가맹점이 서로 상생하여 수익을 낼 수 있게 된다. 슈퍼바이저의 역할이 가맹 사업에서 막중하고 중요한 이유이다.

한 개의 가맹점에서 가맹 본부의 정책을 지키지 않을 경우 고객의 입김을 통해 타 가맹점으로 걷잡을 수 없이 파급되어 브랜드 가치가 점점 하락하게 되는 현상을 보이게 되므로 슈퍼바이저는 가맹점에서 매뉴얼 준수를 잘할 수 있게 지도해야 하는 사명을 가지고 있다는 점을 인식하면서 매장 관리를 해야 한다.

(2) 가맹점 준수 사항

① 매장을 운영하면서 운영 및 조리 매뉴얼을 준수해야 한다.

② 장사가 아닌 사업가 마인드를 갖는 것이 필요하다.

③ 공동체 의식을 갖고 통일성을 지켜야 한다는 생각을 가져야 한다.

④ 매장에서 발생하는 일은 일차적으로 슈퍼바이저와 논의한다.

⑤ 브랜드 가치를 하락시키는 언행을 삼간다.

⑥ 사입 제품을 사용하지 않고 가맹 본부의 원부재료를 사용한다.

⑦ 제품의 맛을 유지하고 위생을 청결하게 하는 데 만전을 기하고 서비스에 충실한다.

⑧ 가맹점에서 변동 사항 발생 시 가맹 본부의 승인 후 실천한다.

⑨ 계약기간 내에는 유사 브랜드를 겸업하지 않는다.

⑩ 가맹 본부와 상생한다는 자세로 매장을 운영하며 슈퍼바이저가 매장을 방문했을 때는 상호 협조하여 현안 과제를 풀어가는 자세를 가진다.

⑪ 고객의 수요 충족에 필요한 적정한 재고 유지 및 상품을 주문한다.

⑫ 가맹점 사업자의 자료 확인과 매장 점검을 위한 가맹 본부 임직원 출입을 허용하고 협조해준다.

⑬ 가맹 본부의 영업 기술이나 영업 비밀을 누설하지 않는다.

(3) 가맹점 수익 창출

가맹 사업이 연속성을 갖기 위해서는 지속적으로 가맹점 수익이 창출되어야 한다. "가맹점이 살아야 가맹 본부가 산다."는 슬로건을 다수의 가맹 본부가 사용하고 있는 이유이다. 매장 운영과 관련하여 기본적인 수익 분석을 통해서 가맹점 운영상 어느 부분을 놓치고 소홀히 하여 가맹점 수익이 안 나고 있는지를 슈퍼바이저는 정확히 진단할 수 있어야 한다. 슈퍼바이저의 임무 중 중차대한 업무 중의 하나가 가맹점 손익 분석이다. 가맹점 손익 분석을 해주는 슈퍼바이저는 가맹점 사업자가 신뢰하게 되며 가맹 본부의 정책을 실행시키는 데 수월하다. 손익 분석을 통해서만 매장의 재무 상태와 현금의 흐름을 파악할 수 있다.

슈퍼바이저는 담당 매장에 대해 모르고 있었던 부족한 부분들을 발견해서 운영 방향을 개선하도록 지도해 줄 수 있어야 한다. 슈퍼바이저는 매장의 손익 분석은 매월 필히 실행해야 한다. 작금의 현실은 슈퍼바이저가 현실적으로 매장 손익 분석을 정기적으로 실시하지 않고 있다는 것이 아쉬운 부분이다. 손익 분석을 해주는 슈퍼바이저가 최고의 유능한 슈퍼바이저이다. 경영자는 슈퍼바이저가 해당 가맹점의 손익 분석을 하도록 의무화하는 장치를 제도적으로 마련해 두는 것이 유익하다.

슈퍼바이저는 가맹점에서 매출 자료를 기본으로 인건비, 식자재비, 임대료, 기타 세부 운영상 지출되는 비용을 세밀하게 파악하여 매장 운영에 대한 설계와 잘못 지출되는 비용, 비효율적으로 집행되는 비용을 올바르게 사용할 수 있도록 처방해줄 수 있어야 한다. 가맹점에서 매월 사용하는 제반 증빙 자료 관리와 매출 관련 데이터를 손쉽게 활용할 수 있도록 지도해 주는 것도 필요하다. 월 단위보다는 주 단위로 가맹점 손익을 관리하면 보다 빠르게 문제점을 파악해 대응 방안을 수립할 수 있는 이점이 있다. 실제적으로 주 단위 손익 분석을 실시한다는 것이 여건상 용이하지 않은 것이 사실이다. 슈퍼바이저는 월 단위로 가맹점 손익 분석을 정기적으로 실시하는 것을 일상생활화해야 한다.

한 달 동안 매장에서 발생한 전체 판매 행위의 대가가 매출액이 되고 매출에 소요된 제반 원부재료 구입가를 매출 원가라고 지칭한다. 매출액에서 매출 원가를 차감하면 매출 이익이 된다. 점포 임대료, 직원 인건비, 수도광열비, 소모품비, 직원 식대, 판매촉진비, 통신비 등 제반 비용을 판매 관리비라고 지칭하는데 매출 이익에서 판매 관리비를 차감하면 영업 이익이 된다. 영업 이익에서 영업 외 수익을 더하고 영업 외 비용을 뺀 것을 경상 이익이라고 부르는데 당기 순이익과 같은 말이다. 손익 분석은 외형상 거창하게 느껴지고 힘든 일 같으나 용어를 이해하고 한두 번 해보면 어려운 일이 아니다. 슈퍼바이저가 가맹점 손익 분석을 해준다는 것 자체를 소홀히 하며 중시하지 않기에 실시하지 않게 되며 상사가 체크하지 않는 이유도 있다. 가맹점 방문 시 한 달에 한 번씩 손익 분석 자료를 제시하며 상담하고 지도해주면 가맹점과 신뢰가 즉시 쌓이게 되어 가맹점 관리가 수월해지며 가맹 본부에 대한 우호도를 좋게 만드는 데 큰 효과가 있다.

2. 가맹점 불만 대책

가맹점에서 가맹 본부에 대한 불만은 대체적으로 매장 수익과 직결되는 사항이 주를 이룬다. 슈퍼바이저가 역할을 잘 완수해야 가맹점 매출 증대에 기여하게 된다. 슈퍼바이저의 궁극적인 목적은 교량적 역할을 통한 가맹점 매출 증대에 있기 때문이다. 금전적으로 이익이 발생하면 가맹 본부에 대한 이해도가 높아져서 불만 소지가 없어지게 되어 있다. 불만을 최소화할 수 있는 비책은 슈퍼바이저가 가맹점과 원활한 소통을 가맹점과 하는 것이다. 대화를 자주 해야만 상대 입장에서 생각을 한 번 더 하게 되어서 오해가 풀리고 이해하게 되어 작은 불씨가 사라질 수 있다. 슈퍼바이저가 가맹점 방문을 열심히 해야 하는 이유이다.

슈퍼바이저의 불손한 태도와 언행이 불만을 초래하는 경우도 많다. 같은 사안에 대해서도 가맹점과 대화하는 방식에서 슈퍼바이저 개인차가 있어서 오해와 부정적인 시각으로 받아들여지는 사례가 있을 수 있다.

슈퍼바이저의 역량에 따라 가맹점 불만을 최소화하게 되는 것이 프랜차이즈 원리이다. 서로 의견 대립이 생겨서 불만이 쌓였을 때 대처를 어떻게 하느냐에 따라 타 가맹점으로 확산이 되어 브랜드 가치가 하락하게 될 수도 있고 반면에 가맹점과 사이가 더욱 돈독해질 수 있다. 가맹점은 가맹 본부에서 상생을 중시한다고 하면서 실제는 그렇지 않다는 것이 한편에 지니고 있는 생각이다. 진정으로 가맹점을 최우선으로 여기고 가맹 사업을 전개한다는 말을 가맹점 사업자로부터 듣고 있는 브랜드가 있는데, 이런 곳은 분쟁이 생길 이유가 없는 곳이다. 가맹 본부의 합리적인 정책 수립과 실천이 가맹점과의 분쟁을 없애는 지름길이다.

■ 핵심 불만 요인

① 매장을 열심히 운영했는데도 남는 것이 없다.

② 가맹 본부 원부재료 품질이 좋지 않다.

③ 슈퍼바이저가 자주 방문하지 않는다.

④ 주문한 제품이 제대로 공급되지 못한다.

⑤ 슈퍼바이저에게 필요 사항을 요청했는데 피드백이 없다.

⑥ 자신의 매장 인근에 말도 없이 매장을 오픈시켰다.

⑦ 슈퍼바이저 교체를 원했는데 이행하지 않는다.

⑧ 가맹점 동의 없이 행사를 한다.

⑨ 가맹 본부 직원이 불친절하다.

⑩ 신메뉴가 마음에 들지 않는다.

⑪ 사전 동의 없이 강제 판촉을 실시한다.

⑫ 마케팅 및 홍보를 자주 안 한다.

⑬ 가맹 본부에서 도와주는 것이 없다.

⑭ 제품 원가가 높다.

3. 가맹 분쟁 원인

가맹 사업을 전개하는 동안 가맹 본부와 가맹점 사이는 끊임없이 여러 사유로 인해 분쟁이 발생할 수밖에 없다. 가치 기준이 상이하며 상호 이해관계로 얽혀 있는 특수 관계이기 때문이다. 작은 불만의 불씨가 크게 불거져서 송사로 이어지는 경우가 있다. 브랜드의 이미지 훼손은 물론이고 브랜드 가치가 하락하는 원인을 제공하게 된다. 평소에 슈퍼바이저는 가맹점 관리를 잘하여 원활한 소통을 통해 가맹점의 불만 요인을 해소해서 가맹 본부와 원만한 관계를 유지하도록 지도해야 한다. 또한 가맹 본부와 가맹점이 각자의 위치에서 본연의 임무를 할 수 있도록 현장의 소리를 가감 없이 상사에게 보고해서 해결책을 찾아 가맹점의 불만 요인을 풀어주어야 한다. 슈퍼바이저는 가맹점 사업자가 가맹 본부 매뉴얼을 잘 준수하여 매장을 운영하여 브랜드 가치를 훼손하지 않도록 지도하고 감독하는 역할을 지속적으로 실천할 수 있도록 만들 수 있어야 한다.

가맹 본부와 가맹점의 분쟁은 창업 상담 시에도 발생하는 경우가 있다. 영업 담당자의 불쾌한 말투와 거만한 태도로 인해 언쟁하여 브랜드 가치를 훼손시키는 경우가 있다. 분쟁은 작은 실마리부터 비롯된다.

가맹점 분쟁이 발생하는 주된 요인은 가맹 본부의 일방적인 정책으로 인해 생기는 경우가 많다. 전 가맹점의 요구를 다 받아들이고 정책을 추진하기가 물리적으로 어렵다. 가맹점의 견해를 받아들이지 않고 가맹 본부에서 방침을 정해 현장에 적용할 수밖에 없는 경우가 많다. 가맹점은 자신의 매장 여건에 맞는 정책을 펼쳐주기를 희망한다. 사람마다 개인차가 있어서 받아들이는 생각이 달라 마찰이 생기게 될 수밖에 없다. 이런 간극을 최소화하도록 슈퍼바이저가 역할을 해주어야 하는 것이다.

조직에서 분쟁은 언제나 생기게 되어있다. 조직은 문제가 없는 것이 문제라는 말이 있다. 이를 효율적으로 해소해줄 수 있는 업무 프로세스를 구축하고 있을 때 경쟁력을 갖춘 조직이 될 수 있다. 프랜차이즈 사업을 성공적으로 수행하기 위해서는 위법하지 않은 규정을 절차대로 가맹점 사업자가 실행할 수 있도록 시스템화해 놓아야 한다. 그래야 가맹 분쟁 소지를 극소화할 수 있다. 가맹 본부는 가맹점을 희망하는 예비 창업자가 상담부터 매장을 오픈하기까지 가맹점 사업자에게 정보를 제공해야 할 의무를 반드시 이행해야 한다. 과정마다 지켜야 할 의무 사항이기에 놓치지 말고 실천하도록 임직원 교육을 철저하게 시켜야 한다. 본의 아니게 직무 담당자가 놓치는 일이 있을 수 있다.

■ 가맹 분쟁 사례
① 가맹 본부에서 가맹금 예치 제도를 활용하지 않았을 경우
② 가맹 본부에서 정보공개서를 사전에 제공하지 않아서
③ 가맹 본부에서 허위 및 과장으로 정보공개를 했을 경우
④ 가맹 본부에서 불공정한 거래를 했을 경우
⑤ 운영 중인 가맹점의 영업 지역을 침해해서 입점시켰을 경우
⑥ 가맹 본부에서 부당하게 영업을 종료시켰을 경우
⑦ 가맹 본부에서 부당하게 계약을 변경시켰을 경우
⑧ 가맹 본부에서 부당하게 계약을 해지했을 경우

4. 가맹 분쟁 예시

가맹 본부와 가맹점 사이는 항시 서로 다툴 소지가 도사리고 있다. 힘의 불균형으로 인해 가맹점은 가맹 본부로부터 일방적으로 결정된 사항에 대한 실행을 한다는 생각을 늘 염두에 두고 있는 이유가 있다. 이해관계가 얽힌 쌍방이기에 분쟁이 없을 수는 없다. 슈퍼바이저는 분쟁이 발생하는 요인을 사전에 차단할 수 있도록 역할을 해야 한다. 가맹 분쟁이 생겼을 시 브랜드 이미지 실추는 물론이고 타 가맹점에도 영향을 미치게 되어 후유증이 예상보다 크고 오래가게 되므로 미연에 방지할 수 있도록 방침을 정하고 슈퍼바이저 역량을 강화시켜야 한다.

프랜차이즈는 분쟁 발생 시 대처를 잘못해서 한순간 가맹 사업이 휘청거리게 되는 일이 빈번하다. 예비 창업자와 고객은 브랜드에 대한 이미지와 믿음을 최우선으로 생각하기 때문이다. 가맹 분쟁 발생 시 끝장을 보자는 생각보다는 타협을 통한 화해를 하는 것이 효율적인 행동이다. 프랜차이즈는 일대일이 아니라 일대 다수의 사업 시스템이기 때문에 긍정보다는 부정으로 파급되는 경우가 많아서이다. 가맹 본부가 직격탄을 맞는 일이 많다.

▣ 가맹 본부 핵심 분쟁 요인
① 판단 기준이 상이함에 따른 상호 이해관계가 얽혔을 시
② 동의를 구하지 않고 판촉 비용을 부담시켰을 경우
③ 가맹점과 근거리에 신규 매장을 알리지 않고 오픈시켰을 때
④ 가맹 계약 해지 절차를 따르지 않고 일방적으로 해지 통보를 했을 때

⑤ 객관적인 사실이 없이 재계약 중단을 통보할 시

⑥ 운영 매뉴얼 미준수 시 가맹점에 불이익을 줄 때

⑦ 로열티 미수금을 완납하지 않아서 패널티 부여 시

⑧ 인테리어 공사가 설계도와 부합하지 않고 사후 관리가 미흡할 경우

⑨ 강제로 마케팅 및 판촉 비용을 가맹점에 전가했을 경우

⑩ 창업 상담 시 받았던 가맹 본부 직원의 상담 내용이 거짓일 경우

⑪ 사입 제품으로 적발되었을 때 사후 조치에 대한 불만이 있을 경우

⑫ 원부재료 원가 인상 및 가격 인상에 따른 매장 수익 하락 시

⑬ 약속 사항 미이행으로 피해를 보았을 때

■ 가맹점 핵심 분쟁 요인

① 폐점 후 인근 지역에 동종 업종을 오픈했을 때

② 규정에 어긋난 원부재료 사용 시

③ 브랜드를 비방하고 악의적으로 선동할 경우

④ 정책을 이행하지 않을 시

⑤ 매뉴얼을 미준수할 시

⑥ 부당한 내용증명 송달 시

⑦ 타 업종 병행 운영 시

⑧ 사전 통보 없이 일탈 행위를 했을 시

⑨ 미수금이 장기간 체납될 시

⑩ 정당한 사유 없이 교육 참석을 하지 않을 시

part 8

슈퍼바이저는 프랜차이즈의 최종 가치인
고객을 충족시키는 기술을 습득해야 한다

1. 고객 서비스 취지

고객 서비스란 고객이 매장을 이용하면서 만족하고 충족하여 지속적으로 방문할 수 있도록 쾌적한 환경과 친절한 서비스를 제공하는 행위를 말한다. 슈퍼바이저는 매장에서 고객한테 어떻게 서비스를 제공하는 것이 최고이고 최선인지를 알고 있어야 한다. 서비스가 좋지 않으면 고객은 소리 없이 재방하지 않는다.

슈퍼바이저가 최고의 서비스를 제공하는 방법이 무엇인지를 잘 모르면서 매장 관리를 하는 경우가 있다. 고객에게 만족감을 주고 편안함과 편리함을 제공해서 매출 증대로 이어질 수 있도록 슈퍼바이저는 매장 방문을 하였을 때 근무자가 올바로 고객 서비스를 제공하고 있는지를 점검하여 미비한 사항은 교육을 통해 개선시켜줄 수 있어야 한다.

상대를 처음 본 15초 안에 상대를 파악할 수 있다는 말이 있듯이 첫 인상이 주는 효과는 매우 크다. 불만이 가득한 고객에게 신속히 배려하면서 대처하고 정중하게 사과하고 적절한 보상을 해주며 진심 어린 양해를 구한다면 불만 고객이 단골 고객으로 전환되는 사례가 많다. 고객에 대한 서비스 회복을 시킬 수 있도록 가맹점을 지도하는 일을 슈퍼바이저가 해야 한다.

슈퍼바이저는 불만 고객의 특성과 성향을 파악할 수 있어야 한다. 가맹점에서 고객 불만 사항이 표출되어 문제를 야기하게 되는 경우 대부분은 매장 근무자의 고객 응대에서 비롯되는 경우가 많다. 고객이 재방하지 않는 첫 번째 원인은 매장 근무자의 불친절이다. 슈퍼바이저의 교육 필요성이 절실한 이유다.

고객 서비스의 처음은 인사이다. 인사만 잘해도 먹고 산다는 말이 있다. 인사는 상대에게 신뢰를 줄 수 있는 상징성과 같다. 인사는 형식에서 벗어나 거짓 없이 참된 마음으로 해야 한다. 상대를 존중하며 배려하는 마음으로 인사할 줄 알아야 한다. 인사는 당사자의 삶이 반영되어 밖으로 표출되는 것이고 좋은 인상에서 참된 인사가 나오게 되어있다. 외모보다는 표정에 투자하고 관리하는 습성을 지녀야 상대로부터 신뢰를 받게 되어있다. 슈퍼바이저는 직무 자체가 항상 상대방이 있는 일을 하므로 진정성 있는 인사가 업무에 미치는 영향이 크다고 할 수 있다. 가맹점을 방문하여 인사 예절부터 서비스 전반적인 부분에 대해 솔선하여 모범을 보여줄 수 있어야 한다.

2. 고객 만족

매출 증대와 하락세를 보이는 가맹점의 가장 큰 차이는 고객한테 어떻게 서비스를 제공하는지에 달려 있다고 해도 지나친 말이 아니다. 단골 고객을 확보하기 위해서는 우수한 품질을 청결하고 편안한 분위기에서 고객이 원하며 바라는 서비스를 제공해주어야 한다. 고객은 현실에 만족하지 않고 끊임없이 새롭고 다양한 것을 추구하기를 좋아한다. 생활의 질적 수준이 향상되고 서비스 경험이 다양해서 더 높은 서비스를 제공해 주어야 만족하게 된다.

고객이 마음에 들어 하는 매장은 남과 다른 차별화된 무언가가 있다. 매장 관리자의 서비스 마인드와 직업의식이 남다르고, 열정이 많고, 항시 개선책을 찾으려고 노력한다는 점이다. 가족적인 매장 분위기를 조성하고 있으며 직원들과 친밀도가 높고 말보다는 행동으로 실천하며 긍정적인 사고를 지니며 표정이 밝다. 매장 직원 역시 직업의식이 강하고 서비스 정신이 투철하다. 또한 능동적으로 행동하고 사람들과 빠르게 친해지며 겸손한 태도를 가지고 있다. 고객한테 먼저 다가가고 먼저 시작하며 먼저 배려하는 정신을 갖는다. 주인 정신이 있고 내 일처럼 맡은 일을 완수한다.

잘되는 매장은 그곳만의 경쟁력이 있다. 슈퍼바이저는 이 점을 파악하여 부진한 매장에 잘되는 곳의 성공 사례를 전파하여 전환점을 맞는 계기가 되도록 해줄 수 있어야 한다.

고객에게는 상품을 팔기보다는 이미지를 팔고 미소를 팔고 신뢰를 팔아야 고객의 가슴에 오래 간직되어 매장을 다시 찾게 될 확률이 높다. 고객한테 인사만 잘해도 매출의 50%는 확보한다는 말이 있다. 인사는 상대방에게 마음으로부터 우러나오는 존경심이고 관심의 표현이며 서로의 마음을 따뜻하게 열어주는 열쇠이고 인간관계의 시작이라 할 수 있다. 인사는 인품 평가의 척도이고 상대를 감동시키기도 하며 남에게 첫 번째로 표시하는 표현이다. 인사는 슈퍼바이저가 맡은 역할을 이행하면서 지녀야 할 최고의 덕목이다. 매장에서 고객에게 브랜드에 대해 각인시킬 수 있는 첫 번째는 친절한 인사이다. 인사는 서비스 직종에서 고객한테 서비스를 제공하는 요소 중에서 가장 중요시해야 할 부분이다.

(1) 고객 만족 요소

① 상품 – 양질의 우수한 품질, 경쟁력 있는 메뉴 구성, 고유의 독특한 음식, 유일한 히트 메뉴

② 청결 – 쾌적하고 여유를 주는 홀, 깨끗한 주방 환경 조성, 청결한 화장실, 단정하고 깔끔한 유니폼

③ 서비스 – 고객에게 다가가는 서비스, 유익한 정보 제공, 다양한 이벤트 및 판매 촉진 행사

④ 이미지 – 믿음 있는 브랜드 인지도, 선호할 수 있는 기업 신뢰도, 기업의 사회적 책임 실행, 편안하고 안락한 디자인, 밝은 매장 분위기, 쾌적한 환경, 편의시설 완비

(2) 서비스 실천 전략

① 미소를 지으며 환하게 밝은 인사를 한다.

② 긍정적인 언어를 구사한다.

③ 신속하고 정확하며 가슴에 와 닿게 서비스를 제공한다.

④ 현장의 소리를 정성껏 귀담아듣는다.

⑤ 상황에 효율적으로 대처하도록 탄력적인 서비스를 제공한다.

(3) 서비스의 기본 예절

① 진실 되게 고객에게 인사한다.

② 대표성 있는 제품의 특성이 강조되도록 고품질을 유지한다.

③ 규정된 레시피를 지켜서 제품을 완성한다.

④ 항상 자연스럽고 편안한 미소를 짓는다.

⑤ 고객이 부르기 전에 미리 예측하고 대응한다.

⑥ 고객이 만족하고 감동할 수 있는 서비스를 제공한다.

⑦ 정중하고 정성스럽고 겸손한 자세로 예의 있게 대한다.

⑧ 청결한 매장을 유지하고 편안하고 밝은 분위기를 유지한다.

⑨ 매장과 근무자의 위생 청결을 유지한다.

⑩ 신선하고 깨끗한 제품을 제공할 수 있도록 관리를 잘한다.

(4) 고객이 재방하지 않는 이유

① 종업원이 고객에게 관심을 보이지 않을 때 - 70%

② 제품이 만족스럽지 못해서 - 15%

③ 동종 업종의 경쟁사가 있어서 - 10%

④ 이사를 가거나 일신상의 이유로 – 5%

(5) 고객 감동 행동

① 인사는 밝고 환한 미소를 지으며 고객과 눈을 바라보면서 한다.

② 매장을 방문한 인원수를 파악하고 좌석을 친절하게 안내한다.

③ 고객이 원하는 메뉴를 선택했을 시 고객의 눈높이에 맞게 자세를 낮추고 주문을 받으며 주문 내역을 확인한다.

④ 주문한 메뉴가 나오기 전에 물과 컵 등 기본적인 안주를 먼저 제공한다. 주메뉴가 나오면 메뉴명을 한 번 더 말해준다.

⑤ 고객이 계산할 시 맛과 서비스에 대한 만족도를 알아본다.

⑥ 고객이 매장을 나갈 때 문밖에까지 나가서 감사의 인사를 정중하게 한다.

(6) 고객이 브랜드를 평가하는 시기

① 고객이 매장에 발을 디디는 순간부터 매장 분위기를 보면서

② 고객이 제품을 주문하는 순간에 직원의 언행을 보면서

③ 주문한 제품이 테이블에 오는 순간에 메뉴와 직원의 태도를 보면서

④ 고객이 매장을 나가는 순간 매장 내에서 있었던 일을 생각하면서

(7) 고객 불만 행동

① 매장 근무자가 자신에게 마음에 안 드는 말과 행동을 하면 즉석에서 지적한다.

② 불만 부분이 해소되지 않으면 지인에게 몇 배로 불려서 부정적인

말을 전한다.

③ 매장을 재방문하지 않으면서 남들한테 안 좋다는 말을 지속적으로 하는 안티 고객으로 전환된다.

④ 화가 많이 났을 시는 아예 말도 안 하면서 소리 없이 나가버리고 재방하지 않는다.

⑤ 제품에 대한 하자가 있을 시 성질이 급하고 자존감이 강한 고객은 그 자리를 박차고 나가면서 변상해 달라고 한다.

(8) 고객 불만 해소

① 고객이 왜 만족하지 못하는지 파악하고 이해하며 응대한다.

② 고객의 입장에서 생각해보고 대안을 찾는다.

③ 고객의 불만 요인에 대해 함께 공감해준다.

④ 고객에게 진실 되며 공손하게 사과를 하고 양해를 구한다.

⑤ 고객이 인정할 수 있게 심적으로 물질로 충족시켜준다.

(9) 고객 유형에 따른 대처 요령

① 전문가처럼 보이고 싶어 할 때 – 인정을 해주고 높여줌

② 우유부단한 성격 – 질문을 하면서 원하는 내용 파악

③ 빈정대려고 할 때 – 자존심을 살려주면서 공감을 표출

④ 흥분한 상태일 때 – 목소리를 낮추고 차분하게 우회적으로 대응

⑤ 호의적일 경우 – 상대가 말을 하도록 유도하고 대안까지 도출시킴

⑥ 무리한 요구를 하는 경우 – 실현 불가능하다는 것을 말해줌

⑦ 쾌활한 경우 – 가능 여부를 알려주고 친밀도 있게 응대

⑧ 의심이 많을 경우 – 확실하고 명확한 근거를 제시함

⑨ 까다로울 경우 – 반대 의견을 말하지 않고 자존심을 세워줌

⑩ 안하무인일 경우 – 목소리 톤을 낮추고 여유 있게 환경을 변화시킴

3. 접객 기술

(1) 접객 흐름

① 고객이 매장에 발을 디디는 순간 친절하게 좌석을 안내한다.

② 메뉴판을 제공하며 머뭇거리는 고객한테 히트 메뉴를 추천한다.

③ 주문은 공손하게 받고 감사의 마음을 전한다.

④ 형식적인 느낌을 받지 않도록 하면서 음식을 제공한다.

⑤ 식사 도중에 더 필요한 것을 파악하여 제공해준다

⑥ 주문 제품에 대한 확인과 함께 감사의 마음을 표시한다.

⑦ 고객이 매장 문을 나갔을 시 최종 정리한다.

(2) 접객 원칙

매장 직원은 매장 이미지 자체이다. 매장이 아무리 깨끗하다고 해도 매장 직원이 고객을 맞이하는 태도가 불량하다면 매장을 바라보는 고객의 마음은 부정적인 시각이 앞설 수밖에 없다. 접객은 매장 근무자 전체가 진정으로 마음에 와 닿아서 어떻게 해야만 고객이 감동할 수 있는지를 이해하고 숙지해서 실천할 때 효과를 볼 수 있다. 정형화된 접객 기술을 근무자 개인이 아닌 전체가 실행할 수 있도록 슈퍼바이저가 가맹

점을 관리해야 한다.

(3) 고객이 원하는 서비스

① 상대에게 웃음을 잃지 않는 밝고 명랑한 서비스

② 용모 단정하고 예의 바르며 왠지 공감할 수 있는 서비스

③ 고객이 희망하는 사항을 미리 예측해서 사전에 제공하는 서비스

④ 언제나 한결같고 편안함을 주는 서비스

⑤ 언제나 방문하면 기억해주는 서비스

(4) 5대 서비스

① 인사 – 상대와 눈높이를 맞추고 대화가 끊어지지 않게 하면서 밝은 표정을 짓고 인사를 한다.

② 표정 – 늘 웃음이 가득 찬 얼굴로 대하고 목소리 톤을 조절하여 상대가 거부감을 느끼지 않도록 한다.

③ 몸가짐 – 편안하고 청결하며 화려하지 않은 몸가짐을 한다.

④ 말씨 – 고객이 좋아할 수 있는 표현을 하고 밝고 상냥하게 알아듣기 쉬운 언어를 구사한다.

⑤ 태도 – 진실이 가득 담겼다는 것을 느낄 수 있는 언행을 하고 연기가 아닌 진심으로 응대한다.

(5) 매장 근무자 마음가짐

① 고객이 자신에게 항상 관심을 갖고 있다는 것을 보여준다.

② 기다려야 할 경우에는 사전에 양해를 구한다.

③ 고객에 대해서 어떠한 평도 하지 않는다.

④ 불쾌한 일이 있어도 고객과 설전을 하지 않는다.

⑤ 득과 실이 없다고 무관한 척하지 않는다.

⑥ 바빠도 요란스럽게 느끼지 않도록 한다.

⑦ 바르고 깨끗한 몸가짐을 한다.

(6) 고객 응대 요령

① 고객을 맞이할 때 - 안녕하세요, 어서오세요. ○○○입니다.

② 고객을 안내할 때 - 몇 분이세요? 이쪽으로 모시겠습니다.

③ 고객이 주문할 때 - 네, 고객님 ○○○ 맞는지요? 감사합니다.

④ 고객을 기다리게 할 때 - 죄송합니다. 잠시만 기다려주세요.

⑤ 고객을 오래 기다리게 했을 때 - 오랫동안 기다리게 해서 죄송합니다.

⑥ 고객이 용건이 있어 부를 때 - 네 무엇을 도와 드릴까요?

⑦ 고객에게 음식을 제공할 때 - 실례합니다. 주문하신 ○○○입니다. 맛있게 드십시오

⑧ 고객이 현금으로 계산할 때 - 고맙습니다. 고객님 ○○○원 받았습니다.

⑨ 고객을 배웅할 때 - 안녕히 가세요, 다음에 또 뵙겠습니다. 감사합니다.

(7) 접객 실수 유형

① 테이블 위에 음식을 쏟아서 고객의 옷을 더럽혔을 경우

　　　　　　　　　　　　　프랜차이즈 슈퍼바이저의 정석

② 그릇 및 집기류를 떨어뜨려서 깨진 경우

③ 그릇 정리 시 파손하거나 큰소리가 났을 경우

④ 음식물을 바닥에 쏟아 부었을 경우

⑤ 음료수나 주류를 바닥이나 옷에 엎질렀을 경우

(8) 접객 실수 처리 방법

① 신속하게 즉시 처리한다.

② 진정으로 사죄하는 마음을 갖고 정중하게 사과한다.

③ 머뭇거리지 말고 즉각적으로 대처한다.

④ 당사자가 사과한 후 매장 관리자가 사과를 다시 한다.

⑤ 고객한테 양해를 구한 후 수습책을 강구하여 제시한다.

⑥ 기겁하는 표정과 소리를 내서는 안 된다.

⑦ 몸 둘 바를 몰라 쩔쩔매는 행동을 하지 않는다.

⑧ 멋쩍은 표정을 짓지 않는다.

4. 고객 클레임

클레임은 고객의 불만족의 표현이다. 제품과 서비스에 대한 부정적인 시각을 지니고 있음을 뜻한다. 고객이 마음에 들지 않아도 겉으로 드러내는 것은 20%조차도 안 된다. 고객이 말을 안 했기에 만족했다고 생각하면 큰 오산이다. 정말로 싫으면 아예 모르쇠로 일관하는 경우가 의외로 많다. 불만을 표시하는 고객이 매출에 효자 노릇을 한다고 보아야 한다. 불평하는 고객에게는 매장 관리자가 직접 나서서 불만 사항을 들어주고 해결해주는 것이 빠른 수습을 하는 데 효과적이다. 매장에서는 웃는 표정을 짓고 가급적 참는 것이 좋다. 미소와 인내심이 있어야 한다. 고객의 편에서 모든 것을 판단하고 고객과의 논쟁은 가급적 피하는 것이 단골 고객을 확보하는 데 유리하다. 하지만 비합리적인 근거를 가지고 항의하고 무리한 요구를 하며 타 고객에게 피해를 입히는 경우는 단호하게 대처하는 것이 좋다.

(1) 클레임 원인
① 제품에 하자가 있을 경우
② 자신만의 특별한 관심을 받길 원해서
③ 자격지심이 생겨서 오해하게 될 때
④ 매장 직원이 자신한테 대하는 태도가 안 좋아서
⑤ 자신이 누구라는 것을 알려서 우쭐대고 싶어서

(2) 클레임 처리
1단계 - 사과한다 - 정말 죄송합니다. 진심으로 사과드립니다.
2단계 - 경청한다 - 고객의 말을 중간에서 끊지 말고 끝까지 차분히 듣는다.
3단계 - 요약 정리한다 - 화가 많이 나셨겠네요. 이해가 갑니다.
4단계 - 대안을 제시한다 - 죄송하지만 어떻게 해드리면 좋을까요?
5단계 - 신속 처리한다 - ○○분 정도만 시간을 주시면 곧바로 처리해드리겠습니다.
6단계 - 확인 및 감사의 말을 한다 - 불만 사항에 양해를 구하고 사

프랜차이즈 슈퍼바이저의 정석

과와 고마움을 표시한다.

(3) 금전 보상 요구 시

금전 보상을 요구할 때는 대부분 식중독과 치아 손상 등 음식물 관련 피해를 입었을 경우가 많다. 슈퍼바이저는 현장 상황을 잘 파악하여 상사와 협의 후 처리 방안을 알려주어야 한다. 이때 정중하게 고객한테 사실적으로 말해주어야 한다. "고객님, 금전적인 보상 부분은 여기서 확답을 드리기는 어렵습니다. 가맹 본부와 상의하여 피해를 입으신 부분에 대한 해결책을 모색하여 연락드리겠습니다. 성함과 연락처를 알려주세요."라고 진정성 있게 전해야 한다.

(4) 상황별 응대 요령

① 고객이 컵이나 기물을 파손하여 다쳤을 경우 - "고객님 다치지 않으셨어요? 제가 치우겠습니다. 괜찮습니다."
② 고객이 수저 및 젓가락을 떨어트린 경우 - "고객님 제가 치워 드리겠습니다. 여기 새것으로 사용하세요."
③ 고객이 메뉴 및 음식물을 쏟았을 경우 - "고객님 괜찮으세요, 다친 곳은 없으세요? 여기 물수건 있습니다."
④ 오픈 준비 시 고객이 방문하는 경우 - "고객님, 현재 오픈 준비 중입니다. ○○분 이후에 주문이 가능합니다. 잠시만 기다려 주세요."
⑤ 영업 마감 시간일 경우 - "고객님, 죄송하지만 저희 영업시간이 ○○시까지입니다. 주방 마감 시간은 ○○시입니다. 추가 주문을 하실 것이 있는지요?"

part 9

슈퍼바이저와 가맹점 확산은
상관관계이다

가맹점을 확산하기 위해서는 기존 매장의 수익이 창출되고 가맹점 만족도가 좋아야 가능하다. 슈퍼바이저가 역할을 잘 완수해야 다수의 예비 창업자가 발생하여 가맹점 확산으로 이어지게 되어있다. 슈퍼바이저가 가맹점 관리를 왜 잘해야 하는지 이유가여기에 있는 것이다. 가맹 사업 초기에는 지인이나 신선한 브랜드 이미지가 가맹점을 확장해 가는 데 영향을 미친다고 할 수 있으나 매장이 오픈된 후부터는 운영 중인 가맹점의 브랜드 충성도가 더 큰 비중을 차지한다고 볼 수 있다.

1. 프랜차이즈 사업의 목적

프랜차이즈 가맹 사업의 근본 목적은 가맹점 확산

에 있다. 가맹점이 많을수록 가맹 본부의 경쟁력이 강화되어 브랜드 가치가 증대되고 브랜드 파워가 생기게 되는 것이 프랜차이즈가 지니는 특질이다. 프랜차이즈 사업은 전국에 보다 많은 가맹점을 오픈시켜서 다수의 고객이 좋은 제품과 서비스를 제공받게 하고 많은 고용 창출을 하여 기업의 사회적인 책임에 공헌할 수 있도록 하는 것이 근본 목적이라 할 수 있다. 슈퍼바이저가 임무를 완벽하게 수행하는 것이 가맹점을 확산하게 하는 지름길이다.

슈퍼바이저가 가맹점을 방문했을 시 예비 창업자를 소개하거나 추가로 출점하고 싶어서 신규 오픈과 관련하여 궁금한 사항을 문의하는 경우가 있다. 이때 말문이 막히면 믿음이 약해질 수 있으므로 슈퍼바이저도 영업 프로세스를 숙지하고 있어야 한다. 가맹점에서는 슈퍼바이저가 가맹 본부를 대신하고 있다고 생각하기에 전반적인 일들을 질의하게 되어 있다는 점을 필히 인식하고 있어야 한다.

프랜차이즈 사업의 생명력은 전 매장의 통일성에 있다고 할 수 있다. 가맹 본부의 사업 시스템과 맞지 않는 것을 편리성과 가격 경쟁을 앞세워 타 관련 업체가 가맹 본부와 상의 없이 가맹점과 직접적으로 영업 행위를 하는 경우가 있다. 슈퍼바이저가 평소 가맹점 관리를 어떻게 하느냐에 의해서 통제 여부가 결정된다. 외부보다 내부 단속을 할 수 있어야 통일성을 유지시킬 수 있다. 전체 가맹점에서 매뉴얼 준수를 잘하여 최상의 제품과 서비스를 고객이 제공받을 수 있도록 슈퍼바이저가 역할을 다할 때 프랜차이즈의 사업 목적인 가맹점 확산이 순탄하게 이루어진다는 것을 염두에 두어야 한다. 슈퍼바이저가 가맹점 관리를 하는 목적이 신규 가맹점을 확장시키기 위함이라고 단정해도 틀린 말이 아니라 할 수 있다.

2. 영업 기법

신규 창업자를 상담해서 계약 체결까지 도달하는 것이 결코 쉬운 일이 아니다. 일반적으로 보험 영업, 자동차 영업, 제약 영업을 3대 영업이라고 일컫고 있는데 프랜차이즈 가맹 영업은 상이하다고 보아야 한다. 전 재산을 올인해서 창업하는 외식업은 창업 희망자가 여러 가지를 고려해서 결정할 수밖에 없기 때문에 계약 체결이 상대적으로 어렵다. 브랜드 파워가 강해서 예비 창업자가 스스로 창업을 희망할 경우를 제외하고는 영업력이 큰 영향을 미친다. "누구나 영업할 수는 있지만 아무나 계약을 체결하는 것은 아니다."라는 말이 있다. 그만큼 영업이 어렵다는 것을 입증해 주는 말이다. 예전에는 영업 담당의 순간적인 지략으로 계약이 성사되는 일도 있었지만 현재는 진실하게 브랜드 경쟁력을 전하면서 영업 활동을 해야만 계약이 성사될 확률이 높다. 객관적인 사실을 확인하기 위해 현장을 방문해서 물어보고 본 후 창업을 결심하기에 진정성이 결여된 영업 활동을 해서는 성사되기가 힘들다. 이 부분은 영업 담당뿐만 아니라 슈퍼바이저도 마찬가지이다. 신뢰와 믿음을 가맹점 사업자에게 주려면 성실한 태도로 진실만을 말해주어야 한다.

영업에는 정도가 반드시 존재한다. 어떻게 영업하는 것이 정답이라고 말할 수는 없다. 하지만 예비 창업자를 유선으로 상담할 경우나 대면을 해서 브랜드 설명을 할 때 올바른 상담 방법은 엄연하게 존재한다고 할 수 있다. 속칭 영업의 귀재라고 불리는 영업 담당을 보면 확실하게 남과 다른 점이 있다. 그들만의 남다른 영업 상담 기법이 있다.

유능한 영업 담당의 첫 번째 공통점은 성실하고 예의가 바르다는 것이다. 진실하면 상대에게 우선적으로 신뢰를 심어주게 된다. 말 한마디와 행동은 상대로 하여금 진실성이 엿보이게 만든다. 상담하는 내용에 대한 믿음을 주기 위해서다. 영업 담당의 진정성이 있느냐 없느냐가 계약을 성사시키는 데 크게 영향을 미친다. 유능한 영업 담당은 자신이 상담한 고객에 대해 후속 관리를 치밀하게 잘한다. 적당한 시점을 두고 밀고 당기며 상대가 재촉하는 부담을 느끼지 않게 하면서도 확신이 들게 유도하는 능력을 지니고 있다. 예비 창업자에게 노련하게 대처한다는 뜻이다. 계약하라고 강요하지 않는 것처럼 보이지만 브랜드의 강점을 은근히 피력하면서 클로징할 수 있게끔 사후 관리를 한다.

사람을 만나서 이야기하는 것이 영업이라고 말할 수 있다. 영업 대상이 아는 사람인가 모르는 사람인가에 따라서 접근 방법과 대화하는 방식이 달라야 하는데 분명한 점은 사전에 철저한 자료 준비와 핵심적인 상담 내용을 머릿속에 담고 진행해야 한다는 점이다. 구체적인 상담 계획이 없이 순간적인 임기응변으로 추진하겠다는 생각은 금물이다. 지난날에는 이 방식의 영업 활동이 간혹 통했던 적도 있었다. 속칭 바람 영업이 통하기도 했는데 현재는 관리 영업이 우선시 되어야 한다. 그래야 창업자 소개가 끊이질 않고 연쇄 반응이 일어나게 되어 훌륭한 영업 실

프랜차이즈 슈퍼바이저의 정석

적을 보이게 되기 때문이다. "영업은 남의 정신으로 해야 한다."는 말이 있다, 오랫동안 영업을 하다 보면 나태해질 수 있기 때문이다. 은근과 끈기가 있어야 하는 부서가 특히 영업 부서이다. 영업부는 성과급이 지급되어야 장기간 수행할 수 있는 직종임에 틀림없다. 실적이 좋은 영업 담당은 자긍심을 갖고 오랜 기간 근무하게 되는 반면에 영업 역량이 미흡해서 실적이 없으면 자연적으로 중도 포기할 수밖에 없게 된다. 그만큼 영업 부서는 개인차에 따라서 실적 차이가 극명하게 구분되는 부서이다.

타이트하게 활동 관리와 실적 관리를 할 때 좋은 성과가 나타나게 되어있다. 영업은 자신을 통제할 수 없으면 중도 포기하기 십상이다. 부진한 실적으로 인해서 오랫동안 근무를 못 하거나 적성이 안 맞아 이직하는 일이 외식 프랜차이즈 업계에서 다반사이다.

브랜드 파워가 있을 때는 계약을 성사시키기가 용이하다. 가맹점이 손쉽게 확산되는 가맹 본부를 보면 강력한 브랜드 파워가 우선적으로 뒷받침해주어서이다. 영업 실력자들은 한곳에 오래 머무르는 편이다. 잦은 이직을 하는 경우는 영업 실적이 큰 원인을 차지한다. 영업 실적에 대한 부담은 경험자만 알 수 있다. 영업 업무는 보통 입사 20일 정도 지나보면 가능성을 결정할 수 있다. 활동하는 태도와 자세 및 기본적인 언어 표현력만 보아도 영업 실적을 올릴 수 있는지 판단이 가능하다. 영업의 실력자는 입사 첫날부터 자신감 넘치고 확신에 차서 당당하게 상담하며 행동한다.

가맹점 수익이 좋아서 매장마다 고객으로 붐비는 브랜드는 영업 담당이 영업하는 것이 아니고 예비 창업자에게 상담해 준다고 보는 것이 옳은 해석이다. 창업자가 이미 브랜드를 결정한 상태에서 상권과 창업비에 관심 있어서 상담 전화를 하는 경우가 대부분이기에 그렇다. 굳이 외근 활동을 하지 않고 가맹 본부 방문을 유도해서 기본적인 창업 절차와 창업비만 설명해 주면 되는 경우가 많은데, 매우 특이한 케이스이고 흔치 않은 일이다. 브랜드 파워 덕택이다. 필자가 직접 경험했다. 예비 창업자가 원하는 곳으로 찾아가서 상담해야 하고 주야로 상권을 분석해 주며 여러 번 소통해도 결정을 한다는 보장이 없기에 영업이 힘든 것이다. 어려운 여건 속에서도 영업의 고수들은 높은 수당을 받을 수 있어서 영업 아니면 다른 업무는 잘 안 하려고 한다. 참 아이러니한 상황이다. 그만큼 영업이 쉽다면 쉽고 어렵다면 어렵다고 할 수 있다. 슈퍼바이저는 상담부터 오픈까지의 일련의 업무 프로세스를 익혀둘 필요가 있다.

영업 담당은 브랜드의 속성과 특징을 정확히 숙지하고 있어야 한다. 브랜드에 대한 확실한 믿음이 있을 때 상대를 설득할 수 있다. 브랜드 경쟁력이 있는 가맹 본부의 영업 부서에서 근무하는 것이 영업 담당 입장에서 큰 복이다. 슈퍼바이저도 마찬가지이다. 매장 수익이 신통치 않은 브랜드를 자신의 수당만 생각한 나머지 과대 포장해서 예비 창업자에게 영업 활동을 하면 오래지 않아 진실이 밝혀져서 후유증이 만만치 않다. 때로는 순발력을 요하는 업무가 영업이긴 하지만 진실이 아닌 순간적인 대처 방법은 오래갈 수 없다. 특히 영업에서는 더욱 그렇고 뒷감당이 쉽지 않은 일이 발생할 수 있으니 반드시 유념하고 영업 활동을 해야 한다.

3. 예비 창업자 발굴

최고의 예비 창업자 발굴 방식은 기존 가맹점의 브랜드 만족도가 높아서 타인에게 적극적으로 창업을 권유하는 것이다. 가맹점에서 수익이 발생하게 되면 가맹 희망자가 스스로 찾아오게 되어 있다. 가맹 사업을 전개하기 전에 확실하게 인식하고 매장 수익 발생에 모든 초점을 맞추면서 전략을 수립하고 실천하는 것을 중시해야 한다. 가맹점이 가맹 본부에 대한 만족도가 부족하면 가맹 사업 성공은 물론이고 신규 창업자 발굴 자체가 힘들게 될 수밖에 없다. 이것은 외식 프랜차이즈 사업이 지니는 특성이다.

(1) 홈페이지 활용

사업 설명회 개최 및 창업 박람회에 가맹 본부가 참석한다는 공지를 하는 경우가 일반적이다. 브랜드의 경쟁력을 홈페이지에 눈에 확 잘 띄게 표기해 놓는 것으로 예비 창업자를 관심 있게 만드는 효과가 크다. 가맹 본부는 홈페이지 제작에 비용이 지출되어도 가급적 고품질의 수준으로 만들어 놓을 필요가 있다. 브랜드의 장점과 강점을 홈페이지를 방문하는 고객 및 예비 창업자가 한눈에 알 수 있도록 제작하는 것이 좋다. 실제로 홈페이지를 방문하는 대상층은 음식을 먹으러 방문하는 층보다 창업을 희망하는 예비 창업자가 대부분이기에 이 점을 감안하여 홈페이지를 구축하는 것이 효과적이다.

(2) 사업 설명회

월에 한두 번씩 정기적으로 시행하는 것이 일반적이다. 사업 설명회는 장점과 단점이 극명하게 갈린다. 전체를 한곳에 모아서 브랜드를 설명하므로 예비 창업자를 응집시키는 데는 한계가 있을 수 있으나 사업 설명회의 좋은 점은 꼭 이 브랜드를 해야겠다는 생각보다는 무언가 아이템을 찾고 있는 예비 창업자의 발걸음을 옮기게 한다는 점이다. 창업을 할까 말까 고민 중이고 어떤 브랜드를 결정해야 하나 하면서 여기저기 알아보는 예비 창업자한테 관심을 갖게 하기에 유용한 창업자 물색 형태이다. 일대일로 창업 상담을 받는 것을 꺼리는 경우도 생각보다 많다. 사업 설명회를 통해서 전체 속에서 하나가 되어 브랜드 경쟁력을 접할 수 있게 환경을 조성시켜 주는 것도 효율적이다. 사업 설명회를 듣고 마음이 바뀌어 창업 결정을 하는 케이스도 의외로 많다. 개별 상담이 갖는 맞춤형 상담의 장점을 접목할 수 있는 영업 스킬이 첨가되어야 계약 체결률이 높아지게 된다는 점을 숙지하고 있어야 한다. 일정한 기간을 정해서 영업부에서는 정기적으로 실행하는 것이 가맹점을 확산하는 데 효과적인 영업 방식이 될 수 있다. 얼마나 지속성을 유지하느냐가 관건이다.

(3) 창업 박람회

프랜차이즈 창업 박람회는 현재 여러 곳에서 주관하여 전국적으로 빈번하게 개최하고 있다. 참가하는 가맹 본부는 신규 창업자 물색도 있지만 브랜드를 널리 홍보하는 목적도 있다고 볼 수 있다. 창업 박람회를 다니다 보면 창업비 혜택을 준다는 명목으로 경제적으로 도움을 준다는 홍보물을 자주 접하게 된다. 예비 창업자 입장에서 거액의 투자를 하여서 매장을 오픈해야 하는데 약간의 금액에 이득을 준다고 하여 그것이 매장 오픈의 결정적인 계기가 될 수는 없다. 브랜드 경쟁력이 예비 창업자가 창업을 결심하는 데 더 크게 영향을 미치게 되어있다.

가맹 본부가 창업비 특전을 주어도 신규 오픈으로 이어지는 확률이 높지 않은 것이 현실이다. 창업 박람회 방문객이 한곳에서만 상담하는 것이 아니고 많은 곳의 브랜드에서 창업 설명을 듣기에 한 브랜드를 결정한다는 것이 쉽지가 않다. 실제 창업을 희망하는 예비 창업자는 아이템과 브랜드를 사전에 신중히 검토하고 기존 매장 현장 방문을 통해 브랜드에 대해 웬만한 것은 다 알고 있다고 보아야 한다. 창업 박람회장을 방문하는 예비 창업자는 어떤 아이템이 뜨고 있고 어느 브랜드가 창업 박람회에 나와 있는지를 알아보려는 마음이 사실상 더 크다. 계약 체결 의사가 있어서 방문하여 상담받는 예비 창업자는 극히 드물다. 가맹 본부도 계약 체결보다는 브랜드 홍보에 더 큰 참가 목적을 가지는 경우가 많다고 할 수 있다.

(4) 가맹점 추천 제도

가맹점을 확산시키는 데 가장 효과적인 방법은 기존 가맹점 사업자의 입소문에 의한 지인 추천이다. 창업에 관심이 있어서 이것저것 알아보는 예비 창업자에게 긍정적인 대답을 해주면 가맹 본부 입장에서는 브랜드 홍보 대사 역할을 해주는 것이다. 현재 매장을 운영하는 가맹점의 가맹 본부에 대한 우호도를 좋게 만들어야 하는 이유다. 평소에 슈퍼바이저 제도를 잘 운영해서 상호 원활하게 소통하고 현장의 고충 처리를 해줄 때 가능한 일이다. 가맹점 추천 제도를 활성화하려면 기존 가맹점에 신규 창업자 추천을 해줄 경우 시책을 지급한다는 것을 공지하는 것이 중요하다. 계약이 성사되었을 시 성과급은 명쾌하게 지급해주어야 한다. 일부 가맹 본부에서 간혹 가맹점에 지급해야 할 시상금 지급을 미루거나 다른 이유로 미지급해서 신뢰를 잃는 경우가 있다. 시책에 대한 수혜 금액을 신속히 지급해주어야 타 가맹점으로 파급이 되어 추천 제도가 활성화할 수 있다. 가맹점에 예비 창업자가 스스로 창업에 관심이 있어서 방문한 고객을 자신이 추천했다고 주장해서 가맹 본부와 시책을 가지고 실랑이하는 경우도 있으므로 사전에 확실하게 시상 기준을 규정하여 공지해주는 지혜가 필요하다. 자칫 잘못 관리하면 오히려 가맹점 추천 제도가 가맹 본부와 가맹점 사업자 사이의 믿음을 저버리게 되는 일이 생길 수 있다. 가맹점 사업자가 브랜드에 대한 확신이 있을 때 효과를 볼 수 있는 제도이다.

(5) 임직원 지인 소개

가맹 본부 임직원이 지인에게 자신이 다니는 브랜드의 창업을 권유하는 방식이다. 시행하는 가맹 본부가 있는데 생각처럼 실효를 거두지는 못하고 있다. 처음에는 의기가 넘치다가 점점 흐지부지되어 버리는 일이 많다. 보상이 필히 수반되어야 조직 구성원의 도전 의욕이 발로되기에 임직원한테 예비 창업자 추천에 따른 시상금을 듬뿍 준다고 공지했을 때 아무리 큰 수혜를 받을 수 있다고 해도 브랜드에 대한 확신이 없으면 지인들한테 추천해준다는 것 자체가 힘들기 때문에 성과를 내기가 만만치 않은 제도이다. 금전적인 손해를 볼 수 있다는 생각이 앞서는 상황에서 자신을 알고 있는 사람들에게 거액의 창업비를 투자해서 오픈 시킨다는 것이 어렵기 때문이다. 반대로 브랜드 파워가 있고 금전적인 이익을 본다는 굳은 확신이 서면 가까운 친척 및 지인들에게 소개하게 된다. 브랜드 가치와 수익성이 검증되는 브랜드냐가 임직원 지인 추천 제도의 성공 열쇠이다.

(6) 신문 및 잡지

현대는 신문이나 잡지 등 오프라인에 의한 창업 광고가 생각처럼 효과를 보기 어려운 실정이다. 얼마 전까지만 해도 예비 창업자 물색에 대세를 이루던 창업자 발굴 방법이었다. 인터넷 발달과 스마트폰 활성화 영향으로 오프라인 홍보 방식이 퇴조를 보이는 현상에 기인했다고 볼 수 있다. 스포츠 신문을 보면 외식 프랜차이즈 창업 광고가 주류를 이루는 것이 많았는데 지금은 퇴색되어서 신문에서 창업 광고를 찾아보기 힘든 정도이다. 시대적인 흐름이 어쩔 수 없이 프랜차이즈 산업을 변모시키고 있다고 볼 수 있으므로 변화하는 환경에 재빠르게 적응하도록 현장 활동을 위주로 근무하는 슈퍼바이저의 정보력이 요구되고 있다. 취업이 힘들다 보니 젊은 세대가 창업하려는 경향이 많아짐으로써 자연적으로 신문보다는 인터넷에 익숙해지는 영향도 한몫한다고 볼 수 있다. 오프라인에 익숙한 중장년층이 주 창업 대상인 브랜드는 신문 광고를 활용해 보는 것도 브랜드를 알리는 데 유용한 방식이 될 수 있다.

(7) TV 창업 광고

가맹 본부가 자금력이 있을 때 활용할 수 있는 방식이라는 제약이 따르는 창업자 발굴 방식이다. 종종 TV를 보면 예비 창업자 모집 광고가 나오는데 특정 브랜드에 한정해서 나오는 것을 볼 수 있을 것이다. 과다한 광고비로 인해서 자금력이 확보된 가맹 본부에서 활용하고 있는 창업 광고 형태이다. 특정 지역에 속한 가맹점의 매출 증대를 위해 케이블 광고를 활용하는 경우가 있는데 브랜드 광고가 곧 신규 창업자 발굴로도 이어지는 경우도 있다. 현대는 종편 채널이 활성화되어 있어서 브랜드 창업 광고 수단으로 활용하고 있는 실정이다. 케이블 광고보다는 종편 TV를 애용하여 브랜드 광고를 하고 있는 추세이다. TV 광고는 반복적으로 실시하거나 인기 있는 드라마 협찬으로 방영될 때 효과가 큰 편이다. 사람의 심리가 자신과 이해관계가 있을 경우에 광고가 나왔을 시 유심히 보게 되어있기 때문이다.

(8) PPL 광고

일정 기간 동안 한 번에 다수의 창업자를 발굴하는 데 최적의 창업 광고 방법이다. 어느 정도 가맹점이 확보되었을 때 실행해야 효과가 극대화될 수 있다. 가맹점 매출과 신규 창업자 발굴과 관련하여 동시에 효과를 볼 수 있기 때문이다. 인기 있는 드라마에 브랜드가 노출될 때 더 큰 성과를 거둘 수 있는 장점이 있는데 워낙 비용이 많이 들어서 자금 여유가 있든지 경영자가 과감하게 투자할 수 있는 배짱이 있는 가맹 본부에서나 실시할 수 있는 브랜드 창업자 발굴 채널이다. 드라마를 보다 보면 자신의 의지와는 무관하게 브랜드가 노출되기에 보고 싶지 않아도 보게 되는 경우가 있다. 브랜드가 눈에 익게 되어 창업에 관심이 있을 때 그 브랜드가 생각이 나서 가맹 본부에 문을 두드리게 되어 효과를 보게 되는 창업 광고 방식이다.

(9) 인터넷 광고

창업을 희망하고 있는 예비 창업자에게 빠르게 브랜드를 노출할 수 있는 창업 광고 방법이고 현재 가장 활성화되어 있다. 인터넷 광고의 중요성을 느끼는 강도가 클 경우에 선택하게 되는 창업 광고 방법이다. 인터넷 검색을 하다 보면 외식 브랜드 창업광고를 자주 접하게 되는데 대부분 젊은 예비 창업자가 선호할 수 있는 아이템이라는 것을 감지할 수 있다. 대중적인 메뉴로 구성된 브랜드에 대한 광고가 많은 편이다. 합리적인 비용을 지출하고 효과를 볼 수 있어서 젊은 창업주 경영자가 선호하는 신규 창업자 발굴 요령이다. 월정액을 주고 분기 동안 창업 광고를 하면 영속성이 있어서 좋은 점이 많다. 인터넷 창업 광고를 할 때는 홈페이지와 연동을 시켜서 곧바로 브랜드에 대한 경쟁력을 확인할 수 있게 하면 효율적이다.

4. 오픈 프로세스

가맹점을 확산하기 위해서 가맹 본부는 영업 프로세스를 수립해 놓아야 한다. 가맹 본부마다 영업 절차가 상이할 수 있으나 대체로 흡사하게 현장에서 진행되고 있다. 슈퍼바이저는 가맹점 방문 활동을 하면서 언제 누가 창업 문의를 하더라도 궁금증을 풀어줄 수 있는 영업 능력을 갖추고 있어야 하기에 영업 프로세스를 숙지하고 있어야 한다. 말문이 막히는 순간부터 믿음이 약해질 수 있기 때문이다. 과정을 소홀히 한 결과는 언젠가 생각지도 못한 곳에서 문제가 발생할 수 있으므로 절차대로 가맹 영업을 추진해야 한다. 특히 가맹 사업법상 창업자 보호 제도가 강화되어서 더욱 주의를 요해야 한다. 자칫 잘못하다 보면 신규 창업자한테 절차마다 제공해야 할 일들을 놓쳐서 난감해질 상황이 생길 때가 있다. 브랜드 가치가 실추될 수 있으니 각별히 유의해야 한다. 체계적으로 프랜차이즈 가맹 영업을 실시할 때 브랜드 경쟁력이 생겨서 오픈 후에도 가맹점에서 매뉴얼 준수와 정책 수행을 잘하게 됨을 유념해야 한다.

(1) 신규 가맹 상담

신규 가맹 상담은 전화 및 온라인 또는 가맹 본부에서 진행하는 것이 일반적이다. 누가 어떻게 상담을 하느냐에 따라 계약 클로징 비율이 상이하게 나타나게 된다. 창업 희망자와의 첫 번째 상담 통화 내용이 매우 중요하다. 처음으로 브랜드 이미지를 전달하는 시기이므로 밝고 당당하게 확신에 찬 목소리로 응대해야 상대를 움직이게 하는 시발점이 될 수 있다. 창업 상담은 가맹 본부 사무실에서 실시하는 것이 계약 성사에 효과적이다. 예비 창업자가 거액의 자금을 투자하기에 직접 가맹 본부를 방문해서 전반적인 믿음을 가지는 것이 좋지 않으냐고 설명을 잘해서 가맹 본부로 방문을 하도록 유도하는 것이 계약 체결에 유리하다. 큰돈을 투자하는데 시간이 없어서 방문이 힘들다고 하는 경우 특별한 예외 사항을 제외하고는 진성 창업자가 아닐 확률이 많다. 정말로 창업을 원하는 고객은 대부분 아무리 거리가 멀어도 가맹 본부를 찾게 되어 있다.

창업 상담 시 브랜드 경쟁력을 한눈에 볼 수 있도록 자료를 만들어

설명해주는 것이 좋다. 창업자는 근거에 입각해서 브랜드 특장점에 대해 확인한 다음 결정하려는 마음이 강하다. 진실하게 대하고 진정성을 심어 주는 것이 무엇보다도 필요하다. 때로는 약간의 포장도 필요할 경우가 있다. 창업 상담을 하면서 반드시 지켜야 할 사항은 영업 담당의 브랜드에 대한 확신에 찬 태도이다. 당당하고 자신감 있게 브랜드 경쟁력에 대한 설명을 할 수 있어야 한다.

(2) 상권 분석 의뢰

상담이 진행된 후 예비 창업자는 본인이 희망하는 지역의 점포에 대한 상권 의뢰를 대부분 한다. 창업자가 점포를 물색해서 의뢰하는 경우와 아예 점포 자체를 영업 담당에게 의뢰하는 때가 있다. 되도록 창업자가 스스로 점포를 찾아서 의뢰하게 하는 것이 좋다. 간혹 가맹 본부에서 점포를 찾아 주었을 때 매장을 오픈한 후 매출이 생각보다 저조하면 가맹 본부 탓을 하게 되어 불미스러운 일이 발생하는 경우가 있다. 어찌 보면 상권은 보는 사람의 주관적인 요소가 강하다. 여기가 최적의 상권이라고 명확하게 단정 짓는다는 것이 오류를 범하는 경우가 있으므로 최종 결정은 창업자가 하게 해야 한다.

신규 오픈 시에는 인근 가맹점과의 상권 이격 거리를 신중히 검토해야 한다. 근거리에 새로운 가맹점을 오픈시킬 때 기존 가맹점에 사전 통보 없이 입점을 시켜서 분쟁으로 이어지는 경우가 있으니 면밀하게 파악해서 입점시킬 수 있도록 해야 한다.

(3) 가맹 계약서 작성

점포가 확정되면 가맹 계약서를 작성해야 한다. 가맹 계약서는 반드시 가맹점 사업자가 직접 작성하도록 해야 한다. 이 점은 철저히 영업 담당이 고수해야 할 부분이다. 가족이나 지인이 대필해서는 안 되는 점을 확실하게 설명해서 원칙에 입각한 가맹 계약서를 작성하도록 해야 한다. 가맹 계약서 내용을 명확하게 주지시키면서 가맹점 사업자로부터 자필 서명을 받도록 해야 매장 운영을 규정대로 이행하게 될 확률이 높다. 가맹 계약서 내용이 곧 매장을 운영하는 운영 매뉴얼과 다름이 없기 때문이다.

창업자가 매장을 운영하면서 현장에서 준수해야 할 사항들을 강조해 주어 프랜차이즈 가맹점으로 의무를 다할 수 있게 해줄 필요가 있다. 가맹 계약서 내용대로 매장을 운영하면 가맹 본부와 분쟁이 생길 소지가 극히 적다. 가맹점 수가 확산할수록 가맹점 관리는 가맹 계약서에 의해서 추진하는 것이 효과적이다.

(4) 점포 설계

점포가 확정되면 실측을 하게 되고 도면을 그려서 협의를 하게 된다. 점포 실측은 인테리어 시공을 담당하는 업체에서 하는 것이 통상적이다. 도면 협의는 창업자, 인테리어 담당, 담당 슈퍼바이저, 공사 업체가 함께하는 것이 원칙인데 가맹 본부 여건에 따라 다소 상이하게 이루어지고 있다. 가급적 창업자 견해를 참조하여 점포 설계를 해주는 것이 좋다. 특히 주방 동선을 편리하고 효율적으로 설계해주는 것을 유념할 필요가 있다. 슈퍼바이저가 도면 협의 시 참가하여 효율적인 설계가 될 수 있도록 자신의 견해를 피력할 줄 알아야 한다.

슈퍼바이저는 평소 매장을 관리하면서 매장 동선의 장단점을 파악하고 있어야 한다. 담당 지역의 점포 설계부터 슈퍼바이저가 관여하는 것이 향후 매장 관리에 많은 도움이 된다. 가맹점 사업자와 친숙해지고 실력을 인정받을 수 있는 계기를 마련하는 자리가 될 수 있다.

(5) 인테리어 시공

인테리어 시공은 직영 공사 이외에 자체 공사를 하는 경우가 있다. 자체 공사 시는 감리를 철저히 해야 브랜드 통일성을 유지할 수 있다. 때로는 자체 공사를 할 때 인테리어가 더 잘 나올 때도 있다. 한 달에 매장 여러 곳이 동시에 추진될 때는 자체 공사도 요긴하게 활용되고 있다. 직영 공사를 위주로 추진하겠다면 감리비를 평당으로 책정하는 것이 유리하다. 월 고정비로 산정하면 자체 공사를 하려는 창업자가 많은 것이 현실이다.

가맹 본부가 가맹점 사업자로부터 믿음을 얻는 첫 번째 계기가 인테리어 공사이다. 실제 인테리어 공사로 인해 가맹 본부에 대한 믿음이 없어지게 되는 일이 있다. 월 임대료가 연관되어 있어서 공사 기간도 민감할 수밖에 없다. 이때는 여유 있게 미리 설명해주는 것이 좋다. 대부분 인테리어 불만 사항은 A/S 처리를 제대로 해주지 않을 경우 생기는 것이 대부분이다. 마찰을 없애기 위한 공사 업체 선정과 관리가 중시되는 이유다. 슈퍼바이저는 담당 지역에 매장 공사가 진행 중일 때 수시로 방문하여 공사 진행 사항을 체크해야 한다. 공사 현장에서 창업자를 마주쳤을 때 매장 운영과 관련하여 이런저런 이야기를 하면서 친숙해지는 것이 좋다.

(6) 개점 준비

공사가 진행되는 동안 창업자는 매장 직원 채용을 해야 하고 사업자 및 오픈에 필요한 제반 행정 업무를 하게 된다. 슈퍼바이저의 도움이 필요한 시기이다. 가맹 본부에 따라서 인테리어 담당이 진행해주는 경우도 있는데, 슈퍼바이저가 해야 할 일이다. 개인 사정에 맞추어 가맹 본부에서 주관하는 교육 입소를 할 경우도 있다. 처음으로 매장 관리를 하는 창업자는 어떤 일부터 시작해야 하는지를 잘 모르는 경우가 많다. 이 때 슈퍼바이저가 친절하고 상세하게 알려줄 때 믿음과 신뢰가 싹트게 될 수 있으므로 특별히 염두에 두고 있어야 한다. 이것은 실제 가맹점 사업자의 후일담에서 입증된 사실이다.

창업자는 인력 채용에 신경을 많이 쓰게 되어 있고 몇 명을 고용해야 하는지 궁금해한다. 매장 규모에 맞게 적정 인원을 조언해 주는 일을 슈퍼바이저가 해줄 필요가 있다. 이 부분도 슈퍼바이저가 매장 관리에 대한 능력을 갖추고 있을 때 할 수 있는 일이다. 슈퍼바이저가 만능이 되어야 하는 이유이다.

(7) 오픈 준비 교육

창업자는 매장 운영 전반에 관하여 교육을 받게 된다. 교육 기간은 아이템과 가맹 본부 여건에 의해 정해지는데 철두철미하게 배운 후 매장 운영을 해야 브랜드 가치가 증대되므로 오랫동안 실시하는 것이 효과적이다.

프랜차이즈는 교육에 의해서 교육으로 끝난다는 말이 있다. 교육은 육군사관학교 생도가 받는 것처럼 시킬 필요가 있다. 교육생이 참으로 교육이 힘들었다는 소리가 나올 정도로 체계적인 교육 프로그램을 수립해서 타이트하고 짜임새 있게 실시해야 한다. 특히 매장 운영자를 필히 입소시켜야 하며 교육 태도 및 실습 평가를 통해서 미진할 경우 재교육을 할 수 있다는 것을 강조하며 긴장감을 유발시켜 성실히 교육에 임할 수 있도록 해야 한다.

누가 어떻게 교육을 시키느냐가 교육 효과에 영향을 미친다. 일명 기초 교육이라고도 불리는 오픈 교육은 브랜드 통일성을 결정지을 정도로 중요하다는 인식 아래 확실하고 철저하게 진행해야 한다. 프랜차이즈 사업을 교육 사업이라고 하는 이유가 분명히 존재한다. 가맹 본부에서 규정한 제반 사항들을 가맹점이 준수하면서 현장에서 고객을 상대로 판매 활동을 하게 만들어야 가맹 사업의 목적을 이룰 수 있다는 점을 슈퍼바이저는 인지하면서 가맹점 관리를 해야 한다.

(8) 원부재료 및 주방 기기

매장을 오픈하고 고객에게 제품을 판매하기 위한 원재료와 부재료를 입고하게 된다. 원부재료와 식자재는 같은 뜻이다. 오픈 전에 처음으로 입고되는 물품을 초도 물품이라고 한다. 여기에는 원부재료 이외에 오픈 시 사용할 동반된 물품을 총칭해서 표현하고 있다. 슈퍼바이저가 초도 물품 발주를 넣고 입고되는 시점에 매장을 방문해서 확인 작업을 해야 한다. 현장에서는 주방기기 및 집기를 편의상 초도 물품하고 같은 날에 입고시키는 사례가 있을 수 있다. 초도 물품은 대다수 가맹 본부가 정해진 물품과 수량을 입고시키는 것이 일반적이다. 오픈 초기에 매출 예측이 쉽지 않아 주문량 조절을 잘못하여 식자재가 부족하고 남을 경우가 있는데 슈퍼바이저가 매장 특성에 맞게 도움을 줄 수 있어야 한다.

공사가 마무리 단계에 접어들면 오픈을 위한 제반 주방 기기가 매장에 설치된다. 이때 담당 슈퍼바이저가 해당 매장을 방문해서 주방 기기 설치를 도와주어야 한다. 발주한 대로 규정에 맞게 입고가 되었고 수량은 정확한지 등을 점검해주어야 한다. 오픈하는 데 지장이 없는지 이상 유무를 체크해야 한다. 담당 지역 내에 신규 오픈 매장 일정을 사전에 파악해서 오픈하는 데 문제가 안 생기게 조력자 역할을 해주어야 한다. 여기서 주목해야 할 점은 창업자가 자신이 아는 지인한테 주방 기기를 사적으로 주문하려는 경우가 있는데 지양해야 한다. 맛의 통일성이 결여될 수 있어서이다. 같은 제품이라도 사양이 다를 경우 맛이 변질되는 사례도 있다. 주방 기기는 점포 여건에 맞게 효율적으로 활용할 수 있는 동선을 고려하여 설치해야 한다는 것을 슈퍼바이저는 유념해야 한다.

(9) OPEN

가맹 본부의 정책과 브랜드 특성에 따라서 오픈 행사를 하는 경우와 생략하는 때가 있다. 가맹점 사업자와 공동 부담으로 하기도 하고 때로는 가맹점 사업자 단독으로 시행하는 경우도 있다. 매장 그랜드 오픈 행사는 담당 슈퍼바이저가 가맹점 사업자와 함께 기획하고 실행을 같이 해주어야 한다.

그랜드 오픈 행사 시 슈퍼바이저가 가맹점 사업자와 신뢰를 쌓을 수 있는 계기가 된다. 가맹점 사업자는 슈퍼바이저가 지원을 나와서 성의 없이 행사에 참여하는지 열정적으로 도와주는지를 알게 되어 있다. 표현은 안 하지만 머릿속에 다 입력을 시켜놓고 있다. 중시할 대목이다.

요즘은 그랜드 오픈 행사는 생략하는 추세이다. 브랜드가 경쟁력이 있을수록 오픈 행사를 하지 않는 경향이 많다. 이미 브랜드 가치가 널리 알려져 있어서 효과가 크지 않기 때문이다. 매장 오픈 시는 담당 지역을 맡고 있는 슈퍼바이저가 오픈 지원을 해주는 것이 통상적이다. 오픈 지원 기간이 가맹점과 돈독해지는 관계를 형성할 수 있는 좋은 시기이다.

프랜차이즈 사업의 성공 여부는 실행력에 있다

프랜차이즈 사업은 가맹 본부에서 사업 시스템을 효율적으로 구축해놓고 조직의 구성원이 이해하고 숙지해서 각자 역량을 발휘하여 현장에 적용시키는 사업으로 가맹점에서 실행할 수 있게 하느냐에 가맹 사업의 성패가 달려 있다고 할 수 있다. 가맹 사업은 가맹점이 공감해서 가맹 본부 정책을 실천해야 목적을 달성할 수 있는 사업 구조이다. 가맹 본부가 가맹점과 상생하는 정책을 수립하는 것을 전제 조건으로 강력한 슈퍼바이저 체제를 구축하고 가맹점으로부터 현장에서 고객에 대한 실행력을 높일 수 있게 시스템화하지 않고는 추구하는 목적을 달성하기가 수월하지 않다.

일선 현장에서 가맹 본부의 정책과 방침을 이행하게 만드는 일을 직접적으로 수행하는 자가 슈퍼바이저이다. 프랜차이즈 시스템에서 막중한 중책을 담당하는 슈퍼바이저의 모든 것에 대해 신랄하게 현실적으로 정리하였다. 프랜차이즈의 핵심 자원인 슈퍼바이저를 이해하는 데 조금이나마 도움이 되었으면 하는 마음으로『프랜차이즈 현장의 모든 것』이라는 저서에 이어서 슈퍼바이저를 집중적으로 다룬『프랜차이즈 슈퍼바이저의 정석』을 내놓게 되었다.

프랜차이즈 가맹 본부에서 두루 직무를 경험하면서 아무리 훌륭한 가맹 본부의 전략과 전술이 있어도 현장 실행력이 없이는 어떤 결과를 낼 수 없다는 것을 절감하였다. 최대의 매이저급 프랜차이즈 회사에 입사하기 위해 면접을 볼 때 최고 경영자께서 슈퍼바이저가 지녀야 할 최고의 덕목이 무엇이냐는 질문을 받은 기억이 지금까지 생생하게 머릿속을 맴돌고 있다. 슈퍼바이저가 해야 할 역할 중 가장 중요한 핵심은 '실행력'이라는 것이었다. 이 말을 슈퍼바이저로 시작하여 고급 관리자가 되기까지 항상 뇌리에 간직하고 주어진 일을 수행했다. 후배한테 늘 강조한 말 또한 강력한 실행력이었다. 실행력이 있어야 프랜차이즈 사업의 비전 달성이 가능하다고 해도 지나치지 않다.

슈퍼바이저는 가맹 본부와 가맹점이 늘 함께한다는 생각을 하게끔 가맹점과 원활한 소통을 이루어 교량적 역할을 잘해야 할 책무가 있다. 슈퍼바이저의 역량에 따라서 가맹점 실행력에 차이를 보이게 된다. 유능한 슈퍼바이저를 육성시켜 정착시키는 것이 중요한데 이는 프랜차이즈 시스템이 구축되었을 때 용이해질 수 있다. 메이저급 가맹 본부에는 유능한 슈퍼바이저가 많은 편이다. 우수한 선배 및 동료로부터 배우고 교육을 받을 수 있기 때문이다. 또한 체계적인 프랜차이즈 시스템을 구축해놓고 있어서 효율적이고 생산적인 직무 수행을 하는데 수월하다는 것도 한몫을 차지한다.

가맹 사업을 막 시작하는 가맹 본부는 슈퍼바이저 직무를 교육해서 유능한 슈퍼바이저로 육성시킨다는 것이 말처럼 쉽지 않다. 그보다 더 신경 쓸 부분이 많은 것도 이유가 될 것이다. 사업 초기부터 체계적이며 정통적으로 슈퍼바이저 임무와 역할 및 자질에 대해서 교육한다는 것은 물리적으로 한계가 있다. 『프랜차이즈 슈퍼바이저의 정석』은 이 점을 해소시켜 주기 위한 서적이다. 슈퍼바이저의 세세한 부분에서부터 기술적인 부분까지 모두 다루었기에 프랜차이즈 경험이 미천한 분과 경력이 많은 분 모두 직무를 완수하는 데 보탬이 될 것이라 확신한다.

가맹 사업을 추진하는 경영자를 비롯하여 임직원 모두 프랜차이즈 시스템과 슈퍼바이저를 쉽게 이해하고 현장에서 즉각 활용할 수 있도록 현실적인 내용을 집중해서 정리하는 데 주력하였으므로 프랜차이즈의 전반적인 원리를 터득하고 슈퍼바이저가 왜 가맹 사업을 추진하는 데 중요하고 핵심적인 자원인지를 간파할 수 있을 것이라 믿는다.

슈퍼바이저가 역할을 잘 수행하기 위해서는 프랜차이즈가 지니고 있는 속성을 알고 있어야 한다. 슈퍼바이저는 역동적으로 주어진 일을 할 수 있어야 하며 가맹점 입장에서 가맹 본부를 바라보는 마음과 고객의 위치에서 가맹점을 보는 시각이 무언지를 간파할 줄 알아야 한다. 슈퍼바이저가 임무를 수행하면서 현장에서 바로 적용이 가능한 내용 위주로 실질적이고 구체적으로 상세하게 표기하였기에 프랜차이즈 관련 업종에 근무하는 분들의 바이블이 되리라 확신한다.

프랜차이즈에 관심을 갖고 있거나 현재 근무하고 있는 모든 분의 앞
날에 행운과 번영이 깃들기를 진심으로 기원한다.

프랜차이즈
슈퍼바이저의 정석

초판 1쇄 인쇄	2020년 07월 27일
초판 3쇄 인쇄	2023년 08월 07일
지은이	김진석
펴낸이	김양수
디자인·편집	이정은
교정교열	박순옥
펴낸곳	휴앤스토리
	출판등록 제2016-000014
	주소 경기도 고양시 일산서구 중앙로 1456(주엽동) 서현프라자 604호
	전화 031) 906-5006
	팩스 031) 906-5079
	홈페이지 www.booksam.kr
	블로그 http://blog.naver.com/okbook1234
	포스트 http://naver.me/GOjsbqes
	이메일 okbook1234@naver.com
ISBN	979-11-89254-39-1 (03320)

＊ 이 책의 국립중앙도서관 출판시도서목록은 서지정보유통지원시스템 홈페이지(http://seoji.
nl.go.kr)와 국가자료종합목록 구축시스템(http://kolis-net.nl.go.kr)에서 이용하실 수 있습
니다.
(CIP제어번호 : CIP2020031020)